我心光明

大学生心理健康教育

主　编◎朱海荣　徐　敏　公长伟

副主编◎田　营　赵英芳　王一小

清華大学出版社

北　京

内 容 简 介

本书紧密结合大学生心理发展及所面对的社会环境，为大学生提供自我意识、人格塑造、人际交往、情绪管理、挫折应对、压力管理、恋爱与性、生涯规划、生命教育等关键领域的知识和训练，注重理论与实践、线上与线下、课堂与课外交互融合，体现价值引领、数智赋能，使这门素质教育课程更具实用性、开放性、可操作性，更好地服务于大学生良好心理品质的养成。每一章中都适当融入案例、心理拓展等内容，设置了课前思考、扩展阅读、课堂活动、问题思考、推荐阅览、即测即练等栏目，力图做到富有内涵、符合学生需求，对学生能产生积极的影响。

本书既可以作为大学生心理健康教育相关课程的教材，也可供高校学生管理工作者、思想教育工作者和广大学生家长参考。

图书在版编目（CIP）数据

我心光明 ：大学生心理健康教育 / 朱海荣，徐敏，公长伟主编. -- 北京 ：清华大学出版社，2025. 7.
ISBN 978-7-302-69953-8

Ⅰ. ①G444

中国国家版本馆 CIP 数据核字第 20254T3T06 号

责任编辑： 付潭蛟
封面设计： 胡梅玲
责任校对： 王荣静
责任印制： 杨　艳
出版发行： 清华大学出版社
　　网　　址： https://www.tup.com.cn，https://www.wqxuetang.com
　　地　　址： 北京清华大学学研大厦 A 座　　　**邮　　编：** 100084
　　社 总 机： 010-83470000　　　**邮　　购：** 010-62786544
　　投稿与读者服务： 010-62776969，c-service@tup.tsinghua.edu.cn
　　质 量 反 馈： 010-62772015，zhiliang@tup.tsinghua.edu.cn
　　课 件 下 载： https://www.tup.com.cn，010-83470332
印 装 者： 小森印刷（天津）有限公司
经　　销： 全国新华书店
开　　本： 185mm×260mm　　**印　张：** 13.5　　**字　　数：** 319 千字
版　　次： 2025 年 7 月第 1 版　　**印　　次：** 2025 年 7 月第 1 次印刷
定　　价： 44.00 元

产品编号：112460-01

本书编委会

前言

培养身心健康的高素质人才是大学教育的基本要求，如何引导大学生自觉主动地调适心理、激发潜能，更好地适应大学生活和职业生涯是摆在高等教育工作者面前的重要课题。

为适应新时代大学生心理健康教育需求，针对当今大学生的心理成长特点，结合多年的大学生心理健康教育经验，在汲取最新理论与实践成果的基础上，我们对本书进行了全面修订。在修订过程中，我们立足实际，大胆创新，力求做到理论的深入浅出与操作的易行有效相结合，学术的严谨科学与学习的生动活泼相统一，在确保内容科学性和前沿性的基础上，注重增强内容的吸引力，强化数智赋能应用。

全书共分十一章，内容基本涵盖了大学生在校学习、生活期间可能会面临的各种问题。本书注重以学生为中心，将心理知识学习、能力培养与实践体验有机结合，通过课前思考、扩展阅读、课堂活动、问题思考、即测即练等栏目，拓展大学生心理视野，以期达到知行合一、学以致用的效果。

在编写本书的过程中，我们参考和借鉴了国内外专家、学者的大量成果，在此表示衷心的感谢。法乎其上，得乎其中。应然与实然总是存在差距。尽管我们在努力追求完美，但囿于编者水平所限，书中疏漏不妥之处在所难免，敬请专家和读者不吝赐教。

编　者

2025年3月

目录

第一章

我本将心向明月——心理健康教育导论

幸福是灵魂的一种香味，是一颗歌唱的心的和声。

——罗曼·罗兰

【学习目标】

1. 理解心理健康的内涵、标准，区分正常心理与异常心理；
2. 识别大学生常见的心理问题，分析其产生原因；
3. 形成关注心理健康的意识，积极维护自身与他人的心理状态；
4. 掌握完善认知、改变行为、调适心理的成长策略。

思维导图

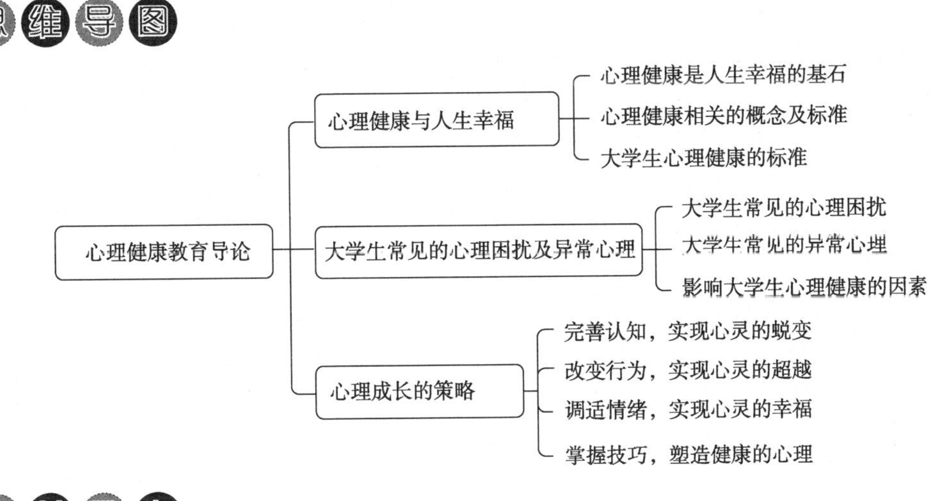

课前思考

什么是幸福？

幸福是晨曦中母亲端来的荷包蛋的温热，是收到录取通知书时对未来的憧憬，也是热恋时目光相触的悸动……这些平凡时刻的暖意，构成了生活的美好底色。但幸福更深远的意义，在于让个人心跳与时代脉搏共振——当大学生志愿者为留守儿童辅导功课时，当科研工作者突破技术瓶颈时，他们的笑容里不仅有个体成就的喜悦，更跃动着“小我融入大我”的生命光华。

真正的幸福如同双面镜：一面映照家庭温暖与自我成长，另一面折射对社会的责任担当。那些在服务他人时获得的感动，在集体奋斗中收获的成长，正在书写新时代的幸福方程式：个人的满足感越与社会的需要相结合，幸福的分量就越厚重。你认为幸福是什么呢？

第一节 心之所向：心理健康与人生幸福

一个年轻人整天愁眉苦脸，抱怨自己命运不好，没有万贯家财。一天，在公园里，一位智慧老者见他唉声叹气，便上前询问。得知年轻人的烦恼后，老者问："年轻人，假如有富商出巨资买你的双手，让你再也无法使用它们，你卖吗？"年轻人立刻拒绝："不行，没了手我连生活都不能自理。"老者又问："那要是买你的双腿，让你再也不能走路呢？"年轻人连忙摆手："更不行，没腿我哪儿也去不了。"老者微笑着说："你看，你的双手和双腿是用多少钱都买不来的财富，它们能让你去创造价值，感受生活的美好。你本就很幸福，只是没意识到罢了。"年轻人听后恍然大悟。从此，他不再抱怨，而是努力奋斗，积极面对生活，去追寻属于自己的幸福。

每个人都在追求幸福，没有其他追求可以凌驾于追求幸福之上。我们无论做什么，其本质都是为了得到幸福。但是在这个世界上，我们每个人都会面临各种挑战，有的人越战越勇，有的人沉沦不起。事实证明，只有心理上的强者，才能战胜一切困难；只有心理健康水平较高的人，才能更好地体验人生之幸福。一言以蔽之，只有健康的心理才是人生成功之根本、幸福之源泉。

一、培根固基：心理健康是人生幸福的基石

心理健康是大学生自我成长和发展的基础，是大学生提升自我的动力，是大学生获得人生幸福的基石。《道德经》中有言："合抱之木，生于毫末；九层之台，起于累土；千里之行，始于足下。"幸福的人生就像一棵参天大树，根深方能叶茂，枝繁才有叶荣。而健康的心理无疑是幸福人生的毫末之源、幸福之台的累土之基、幸福之路的足下之始。

（一）幸福是什么？

在五千年文明滋养的中华大地上，幸福始终是个人追求与家国情怀的协奏曲。清晨阳光轻抚枕畔的温暖与母亲忙碌的身影交织，这是中华文化中阖家美满的现代回响；收到硕士研究生录取通知书时的喜极而泣，不仅个体价值得以实现，更翻开了新时代青年积蓄力量报效祖国的庄严序章。面试成功的雀跃、科研攻关突破的欣喜等都闪耀着"青春梦融入中国梦"的时代光芒。

真正的幸福观应当如《礼记・礼运》所言，"大道之行也，天下为公"，不仅包含"暗香浮动月黄昏"的个人小确幸，而且有着"先天下之忧而忧"的精神境界。当西部支教志愿者点亮学生求知明眸时，当社区工作者见证老旧小区焕发新生时，这种将个人幸福熔铸于集体福祉的价值选择，正是社会主义核心价值观的生动实践。就像冬奥会志愿者在风雪中守护火炬一样，他们诠释的幸福是"功成不必在我，功成必定有我"的责任担当。

那么幸福到底是什么？所谓幸福，就是一种持久的状态，是身体和心理的愉快感受。简单地说，幸福就是一种心态、一种感觉，更是一种发现幸福、体验幸福、感受幸福的能力。与其说幸福，不如说幸福感。心之所至，茶亦甘甜。幸福感不依赖于丰富的物质生活，而主要蕴含在积极的心理体验里。积极的心态使人保持良好的心情，促使其发现万事万物

的美好。即使遇到艰难和困苦，凭借阳光向上、勇敢向前的积极品质也能将问题逐一解决。不管是在顺境还是在逆境，只要拥有积极心态，就能乐观地对待生活中的苦与乐，从而感受到持续的幸福感。

总之，幸福时时刻刻荡漾在我们每一个人的周围。我们是否感觉到幸福，并不取决于我们拥有多少财富，过着多么富有的生活，而取决于内心有没有酿造幸福的工厂，有没有获取幸福的智慧，有没有发现幸福和感受幸福的能力。只要我们努力靠近幸福、发现幸福、创造幸福，幸福就会陪伴我们左右。

（二）心理健康是大学生成长成才的基础，是大学生收获幸福的“责任田”

心理健康是大学生健康成长的基础。健康的身体是幸福生活的基础。《集验良方》一书中提出“养生以养心为主，心不病则神不病，神不病则人不病”。一项心理学研究证明，积极心态可以增强人体免疫力，有利于人体抵御病毒和细菌的侵袭。实验者对 124 名大一新生进行为期一年的免疫测试，结果显示当学生保持乐观心态时，免疫系统功能较强，反之较弱。因此心理健康可以使大学生远离躯体疾病，健康快乐成长。

心理健康是大学生适应社会、走向成功的前提。良好的心理素质既是时代发展的需要，也是当今社会对高素质创新人才的必然要求。当今社会挑战与机遇并存，大学生既有多方面发展的机会，也需要承担多方面的巨大压力，需要较强的社会适应能力。心理健康有助于培养大学生积极的品质，引导大学生主动解决问题、开展社交、适应社会，进而走向成功。

扩展阅读 1-1　心理探索：心之所至是桃源（节选）

让我们看看下面两个例子：

例一：拿破仑·希尔是著名的潜能激励大师，他幼年时就立下大志，将来要成为一名出色的作家。他清楚地知道，要想成为一名作出色的作家，一定要拥有娴熟运用文字的技巧，因此他需要一部好字典。可是，他的家庭很贫困，要想获得足够的零用钱去买一部好字典，对他来说几乎是不可能的事。然而他从不悲观，每天都保持积极的心态，竭尽全力地去积攒所能获得的每一分钱。几个月后，他存够了钱，买到了当时讲解最翔实的一部字典，那时的他感觉特别幸福。

例二：晓峰是一名大学生，他和几个志同道合的朋友组建团队参加创新创业大赛。在备赛期间，他们面临着巨大的压力。为了完善商业计划书，团队成员常常在狭小闷热的宿舍里一讨论就是一整天，废寝忘食。无数个夜晚，大家对着电脑屏幕上的数据和方案愁眉不展，不断地修改、推翻、重来。为了获取市场调研数据，晓峰和伙伴们在烈日下奔波于各个商圈、写字楼，遭受了无数次拒绝和白眼。但晓峰却觉得自己特别幸福。他说：“这段时间虽然辛苦，可我学会了如何与团队高效协作，还掌握了市场调研、数据分析这些实用技能。更重要的是，大家一起为了目标拼搏，我们的友情也越来越深厚，这一切都太值得了。”

上面两个案例中的人物，他们心中都充满了幸福感，他们的幸福感源自哪里呢？应该说源自心理的和谐与统一，心理的和谐与统一就是心理健康。他们对生活充满热情与希望，积极乐观，感恩惜福，一个人只要拥有积极的心态和乐观的思维方式，就能够拥有健康的心理，他就会是幸福的。心理健康的人在面临来自环境的挑战时，能充分利用其心理机制的调节潜能，做出适应性的行为抉择，从而能够感受到幸福。由此可见，心理健康是获得幸福的基石，不仅为个体追求幸福提供必要保障，更为大学生的成长成才奠定基础。作为影响个人成败与幸福感高低的核心要素，心理健康在人的全面发展中发挥着不可替代的支撑作用。

课堂活动 1-1

我的幸福账本

幸福，一个人人追求却又常常慨叹自己得不到的无形的东西，仁者见仁，智者见智。到底什么才是真正的幸福？杜甫有诗云：“安得广厦千万间，大庇天下寒士俱欢颜！”这是杜甫认为的幸福。“须行即骑访名山，安能摧眉折腰事权贵。使我不得开心颜！”自由自在的幸福是李白的人生写照。司马迁用“人固有一死，或重于泰山，或轻于鸿毛”诠释着自己对幸福的理解。而登上岳阳楼的范仲淹面对滚滚的江水，吟诵着“先天下之忧而忧，后天下之乐而乐”，以此为幸福。作为大学生，我们的幸福是什么？有的说：“我的爸爸妈妈对我很好，我觉得很幸福。”有的说：“老师经常表扬我，我也觉得很幸福。”还有的说：“我能吃到一碗热气腾腾的拉面，我就感觉很幸福。”是的，在孩子眼里，他们想得到的东西得到了，就是幸福的。但幸福仅仅在于此吗？肯定不是。它应该是不光想到自己，还要想到别人。它不仅是对现状的一种满足，更是对美好未来的一种追求。

活动目的：

引导学生了解自己的幸福感受，学会体验并记录自己的积极情绪。引导学生观察生活中的细节，了解“日常生活中处处存在着幸福”，从而提升主观幸福感。

活动步骤：

1. 我的幸福有几分？

发给每位同学一本“幸福账本”，上面印有十颗幸福之星，每位同学用彩笔涂代表自己幸福感受的星星，每一颗星星代表一方面的幸福。

	代表含义（如：有幸福的家庭、有好朋友、成绩优秀等）
☆	
☆	
☆	
☆	
☆	
☆	
☆	
☆	
☆	
☆	

2. 分享我们的幸福

思考你涂的每一颗星分别代表哪个方面的幸福，没有涂色的代表自己在哪些方面不够幸福。请写下来，并与身边的同学分享你的“幸福账本”。也许你会发现，生活中不是缺少幸福，而是缺乏发现幸福的眼睛、耳朵和心灵，关键是我们能否用心去感受、体验幸福。

3. 以下是贫困山区儿童眼中的幸福

幸福就是喝上干净的自来水；

幸福就是依偎在妈妈温暖的怀里；
幸福就是每天能吃上馒头；
幸福就是可以重新捧起书本上学；
幸福就是能有一双新鞋；
幸福就是简陋的教室里能有一张我的课桌；
幸福就是能有一个篮球；
幸福就是能有一间挡风遮雨的教室；
幸福就是每天的饭盆里能有一片菜叶；
幸福就是能有一副手套，每年的冬天不至于冻伤双手；
幸福就是能有一条通往学校的山路；
幸福就是读书时有一盏灯；
……

请同学生分享看完贫困山区儿童眼中的幸福后的感受。

4. 提升幸福价值

幸福不仅在于拥有，还在于付出，在于被肯定的那一刻。说说你有没有付出后感到幸福的例子。

5. 重新为自己定一个幸福指数

再次取出“幸福账本”，重新为自己打一个幸福分数。请大家思考一下多出来的星星包含哪些内容。

6. 总结

与贫困山区的儿童相比，我们有太多的幸福。我们没有感受到，是因为我们平时没有在意。如果我们用心感受，会觉得生活中处处有幸福。愿每一位同学都用自己的耳朵、眼睛和心灵去发现，记下生活中幸福的点点滴滴，寻找和感受生活的乐趣，做一个幸福快乐的人。

二、健康之钥：心理健康相关概念及标准

幸福来自健康的心理。曾任世界卫生组织总干事的马勒博士说过：“有了健康并不等于有了一切，但没有健康就等于没有了一切。”可见，健康是无价之宝。

那么，什么是健康呢？没有躯体疾病就是健康吗？

（一）什么是健康？

清代石成金的《传家宝》中有云：“身安不如心安，心宽强于屋宽。”一个健康的人既要有健康的身体，也要有健康的心理。世界卫生组织（WHO）于1989年提出“健康”的新概念：“一个人只有在身体健康、心理健康、社会适应良好和道德健康等四个方面都健全，才算是完全健康的人。健康不仅仅是指没有疾病或病痛，而是一种身体上、精神上和社会上的完全良好状态。”由此可见，健康不仅包括躯体因素，同时强调了心理因素和社会因素的重要性，是身体、心理、社会适应和道德品质相互依存、相互促进、有机结合的完全良好状态。

1999年，世界卫生组织具体地提出了身体健康和心理健康的衡量标准，即用“五快”来衡量机体的健康状况，用“三良”来衡量心理的健康状况。

所谓“五快”是指吃得快、睡得快、便得快、说得快、走得快。①快食：吃饭不挑食、

不偏食，津津有味。②快眠：较快入眠，睡眠质量好，精神饱满。③快便：快速通畅地排泄，感觉轻松自如。④快语：说话流利，头脑清醒，思维敏捷。⑤快行：行动自如协调，迈步轻松有力，动作流畅。

所谓“三良”是指良好的个性、良好的处事能力和良好的人际关系。①良好的个性：情绪稳定，性格柔和，意志坚强，感情丰富，胸怀坦荡，豁达乐观。②良好的处事能力：观察问题客观现实，具有良好的自控能力，能适应复杂环境，对事物的变迁保持良好的情绪，有知足感。③良好的人际关系：与人相处自然融洽，朋友多，助人为乐，待人宽厚，不过分计较。

记住“五快”“三良”，你就随时可以评价自己的健康状况。

那么，心理健康又是什么呢？

（二）什么是心理健康？

心理健康又称精神健康，是一种持续的心理正常状态，是一个相对的概念。国内外学者从不同角度阐述过心理健康的定义与内涵。1946 年，第三届国际心理卫生大会将“心理健康”定义为“在身体、智能和情感上，在与他人的心理健康不相矛盾的范围内，将个人心境发展成最佳状态”。世界心理卫生联合会则将“心理健康”定义为“身体、智力和情绪十分协调；适应环境，人际关系中彼此谦让；有幸福感；在工作和职业中，能充分发挥自己的能力，过着有效率的生活”。简而言之，心理健康就是“个体内部协调与外部适应相统一的良好状态”，即各类心理活动正常、关系协调、内容与现实一致、人格处于相对稳定的状态。

那么，一个人达到什么样的标准才算是心理健康呢？

（三）心理健康的标准

美国学者坎布斯认为，一个心理健康的人应该具有以下四种特质：①积极的自我观；②恰当地认同他人；③面对和接受现实；④主观经验丰富，可供取用。

美国著名人格心理学家奥尔波特认为，心理健康应包括以下六个标准：①力争自我的成长；②能客观地看待自己；③人生观的统一；④有与他人建立亲睦关系的能力；⑤具有各种技能，并专注于工作；⑥具有同情心，对生命充满爱。

中国多位学者也提出了各自的心理健康的标准。段鑫星提出大学生心理健康水平的八个标准：①智力正常；②情绪健康；③意志健全；④人格完整；⑤自我评价正确；⑥人际关系和谐；⑦社会适应正常；⑧心理行为符合大学生的年龄特征。郑日昌认为心理健康的标准包括以下六个方面：①正视现实；②了解自我；③善于与人相处；④情绪乐观；⑤自尊自制；⑥乐于工作。

从上述不同的心理健康标准中，我们可以简单归纳出三个共同之处，即“三看”法则：一看心理活动过程是否正常。这里的心理过程指人的认知过程、情绪过程和意志过程。上述情绪问题、意志品质问题等都是考察一个人的心理活动过程是否正常的标准。认知过程方面的感知觉问题、思维问题等也都可以作为衡量心理健康与否的标准。二看人格是否稳定。人格是一种具有典型性和稳定性的心理特征。如果一个人的人格出现明显改变，那么这个人的心理可能出现了异常。三看社会功能问题。即考察一个人是否适应社会，人际关系是否正常。上述人际关系问题、社会适应问题和心理行为问题都可以涵盖在这个范围里。这些问题都可以作为我们判定一个人的心理是否健康的标准。

心理健康是一种波动的动态平衡状态。一个人的心理是健康的还是不健康的，很难做出非此即彼的、简单而明确的界定，每个人的一生中都会或多或少地遇到困难，会失意、沮丧甚至抑郁。心理健康的人总会自发地进行心态调整，或者及时发现自身状态不对劲，而后寻求帮助。心理健康是一种状态，更是需要逐步掌握的一个过程。因为心理健康本身是一个动态的过程：它可能因个体自身的发展而变化，也可能因个体所处环境的不同而不同。这样，就有大量的处在亚健康状态的人存在。据学界的一般看法，就一般人群而言，真正称得上心理健康的人只占 10%～15%，有心理问题或心理不健康的人只占 5%～10%，而八成左右的人都处在亚健康状态。从个体心理发展来看，心理健康也是一个动态的过程，既存在由健康向不健康转化的可能，也存在由不健康向健康转化的可能。

三、心之规矩：大学生心理健康的标准

大学生的年龄一般在 18 岁至 25 岁之间，由于大学生特有的年龄阶段和角色特征，大学生的心理健康状态有着区别于其他人群所特有的内在特质与外显表现。概括地讲，大学生需要符合以下七项标准，才称得上拥有健康的心理状态。

（一）正确认识自我和悦纳自我

正确地接纳自我是大学生心理健康的重要条件。大学生要做到恰当地认识自我，既能欣赏自己的长处，又能正视自己的不足。摆正自己的位置，既不因自己在某些方面高于别人而自傲，也不因在某些方面低于别人而自卑。能够自我悦纳，学会喜欢自己、接受自己，要自尊、自强、自制、自爱，努力正视现实，善于调整自我，能够保持自我的和谐与统一。

（二）保持较浓厚的求知欲望和学习兴趣

大学期间是人生中最璀璨的一段时光，是人生中最为关键的黄金时期，是人生中系统地接受教育和建立基础知识的重要阶段。大学期间，大学生要保持浓厚的学习兴趣，既有探求知识的强烈欲望，又能够积极地参与学习活动，做到乐于学习和善于学习。

（三）拥有和谐的人际关系

不管是在生活中还是在工作中，我们都要与人打交道，而一个人的人际关系在一定程度上决定了他的幸福指数。良好的人际关系是事业成功与生活幸福的前提。《积极心理学入门》（*A Primer in Positive Psychology*）一书指出，进化给了人类爱与被爱的本能。当这种本能被满足时，我们就会感到幸福。塞利格曼（Martin E.P. Seligman）和迪纳（Ed. Diener）调查了一批大学生，想弄明白幸福的人究竟是什么样的。他们的结论是幸福的人在人际关系的各个方面（如友情、亲情、爱情）的得分都更高，别人对他们的人际关系的评价更好，他们也更乐于与别人在一起。人际关系好的人更幸福，而幸福的人拥有更好的人际关系。比如，乐于助人的人更幸福，同时，如果一个人处在更幸福的状态时，他也更乐于助人。

大学生要维持良好的人际关系，其表现为乐于与人交往，尊重他人，对他人真诚、宽容，既有广泛的人际关系，又有知心朋友；在交往中保持独立而完整的人格，有自知之明，不卑不亢；能与他人进行较好的沟通和交往，保持和谐的人际关系。

（四）拥有积极、乐观、稳定的情绪

一般来说，自我需求得到满足时，就会产生快乐和积极的情绪情感，如满意、喜悦、狂喜、欣喜等积极、肯定的情绪。积极的情绪可明显提高人的活动能力和解决问题的能力，

促进事情顺利进行，使生活变得更美好。

大学生要能够接纳自己的各种情绪，保持情绪稳定和心情愉快；乐观开朗，富有朝气，对生活充满希望；善于控制与调节自己的情绪，既能克制又能合理宣泄；能使情绪反应与环境相适应。

（五）具有完整和谐的健康人格

人格结构包括气质、性格、能力、信念、需要、动机等方面。大学生要具有完整和谐的人格结构，同时具有正确的自我意识，不产生自我同一性混乱。一个人的所想、所说、所做都是协调一致的。以积极进取的人生观作为人格的核心，努力完善人格，使自身人格的各个方面都能得到合理而平衡的发展。

（六）拥有良好的适应能力

人生是一个不断使自己适应环境的过程。生活的成功与否，要看适应能力与其内外机遇调剂的难度是否相称。我们每个人从小学升入中学，从中学升入大学，从大学步入社会，都需要学会积极地适应环境。为了使自我得到充分发展，大学生应积极主动地调整自己的行为，增强自己在环境中的主动性、积极性，使自身得到发展。面对不理想的环境时，大学生应学会不抱怨、不逃避，根据现实环境的要求，及时调整个人的需要和愿望，使自己的思想和行为与环境相协调，从而能在各种环境中获得成长和发展。

（七）心理行为符合大学生的年龄特征

不同年龄阶段有其相对应的心理行为模式。大学生是处于特定年龄阶段的特殊群体，大学生应具有与年龄和角色相对应的心理行为特征。如果一个人的心理和行为经常严重偏离自己的年龄特征和角色身份，一般都是心理不健康的表现。

总之，心理健康是一种积极的、建设性的协调状态，是一种和谐的关系，是自我内部和谐及自我与环境和谐的统一。

人人都渴望心理健康，大学生都在关注自身的心理健康和心理成长，让我们共同体验、共同努力、共同成长、共同践行大学生心理健康公约，做到心有智慧在方寸。

大学生心理健康公约：第一，我愿意做一个心理健康的人，做好眼前事，珍惜身边人。第二，我学习接纳自己不同的性格侧面，接纳别人与我的不同，我们同样精彩。第三，我学习向别人敞开心扉，用一生的时间学习如何去爱，如何付出真情，成为一个可以给别人带来温暖和快乐的人。第四，即使在我的生命中发生了不尽如人意的事情，我也坚信一切都会过去，而那逝去的将成为未来成长的资源。第五，我相信在最低谷中孕育着改变的能量，在尘埃中滋养着最绚烂的花朵，是危难督促我们思考和改变，而改变带来机会。即使我不确定是对是错，至少我知道自己正在成长。第六，任何时候，我都明白我不能完全控制生活中发生的事情，但我至少可以选择如何应对它。

第二节 心之魔咒：大学生常见的心理困扰及异常心理

心理健康是每个人都在努力追求的，但由生理、心理、社会等因素造成的心理困扰也是客观存在的，在较复杂的社会生活中难免会出现心理失衡，产生各种心理问题或异常心理，令心灵的天空布满沉重的阴霾。

心理的“正常”和“异常”之间没有严格的界限，人的心理及行为是一个由“正常”逐渐向“异常”转化、从量变到质变、相互依存、相互转化的连续谱（见图 1-1）。

扩展阅读 1-2　心理探索：你有一个朋友

当代大学生心理健康已成为高等教育领域的重要议题。部分案例显示，心理健康状况可能影响大学生的学业持续性，这需要教育工作者给予大学生更多的关注。根据权威研究数据，有 0.8%～2% 的大学生存在需要临床干预的心理健康问题，这类情况需要家校医协同支持；另有 25%～30%的大学生有着阶段性心理困扰，这正是学校心理健康服务体系的重点服务对象，通过早期识别和系统干预，能有效帮助大学生重建心理平衡。

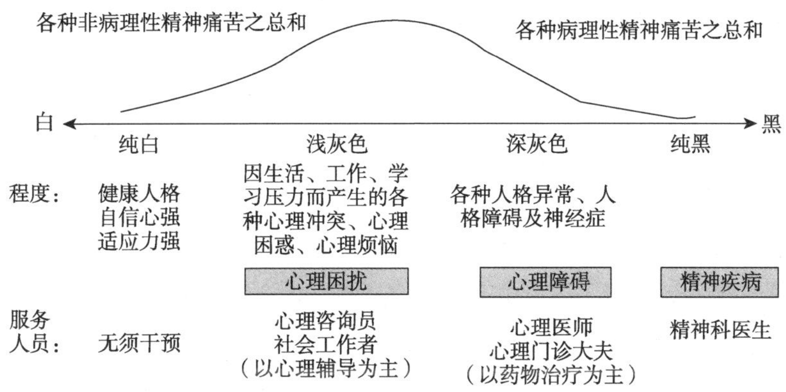

图 1-1　心理健康“灰色区”示意图

一、心之乱象：大学生常见的心理困扰

大学生正处在人生发展的重要阶段，处于成长的关键时期，面临着学习、交友、恋爱、就业、成长等种种问题，难免产生心理困扰。大学生的心理困扰是指大学生在日常学习和生活中经常遇到的、导致心理适应不良的问题，它是正常人暂时的心理失调，由现实因素激发，持续时间较短，情绪反应能被理智控制，不严重破坏社会功能，不是心理疾病。

解决一般性的心理困扰以自我调适为主，他人的心理疏导和专业人员的心理辅导均能起到很好的作用。若不及时调节和疏导，持续发展下去就可能导致心理障碍或精神疾病，给家庭和社会造成巨大的损失。

大学生主要存在以下几方面的心理困扰：

（一）环境与生活适应问题

大 新生来自全国各地，家庭环境、受教育环境、成长经历等相差很大，来到大学后，在自我认知、同学交往、自然环境等方面都面临着全面的调整适应。例如，一名女同学刚入校一个星期就申请退学，原因是不能适应集体生活，晚上睡不着，白天在学生食堂吃饭也没胃口，时常感到精神紧张、心情烦躁，以致影响正常的学习和生活，不能坚持下去。

（二）自我意识问题

大学生处于自我意识成长成熟的过程中，存在着理想自我和现实自我的差距。有些大学生不能恰当、客观地评价自己，总是陷于自傲或自卑的漩涡中不能自拔；有些大学生企图逃避与现实的矛盾冲突；有些大学生用攻击的方法发泄对现实的不满；有些大学生过分爱慕虚荣，精神空虚，消极颓废，不求上进，沉溺于玩乐放纵，找不到自己的方向；等等。

（三）情绪问题

大学生的社会情感丰富而强烈，具有一定的不稳定性，表现为情绪波动大，会因一点小小的胜利而沾沾自喜，也易为一次考试失败、情感受挫而一蹶不振，特别是对负面情绪的控制能力较弱，难以驾驭自己的情绪。也有大学生会产生抑郁、焦虑等不良情绪。例如，一个学生近两个月来一直情绪低落，并伴有身体不适、睡眠不足等问题，心情压抑、沮丧，做什么事都提不起精神，逃避参与等，由此可以判定他有抑郁情绪。

（四）学业问题

很多大学生存在学习问题，包括学习动力不足、学习方法不当、学习态度不端正、学习动机功利化、注意力不集中、对考试过度焦虑等。也有大学生进入大学后离开了家庭的约束，完全放纵自己，甚至迷上了网络游戏，最后将学业荒废。例如，有一位同学因对专业不满意而提不起学习兴趣，经常想着转系或回家重考大学，就这样在矛盾中度过了第一个学期，结果期末考试两门功课不及格，导致自尊心、自信心受挫。

（五）人际关系问题

良好的人际关系是学生成长与社会化过程中的重要组成部分，是心理健康的必要条件。不良的人际关系会使人感到压抑和紧张，承受孤独和寂寞，身心健康就会受到损害。大学生渴望与同学真诚、平等地进行交往，渴望获得友谊、理解和尊重；同时，又怀有多疑、戒备、封闭的心理。孤独和猜疑是影响人际关系的重要因素。人际交往问题主要表现在：缺少知心朋友；与个别人难以交往；感到交往有困难；不想交往；等等。

（六）性问题

大学生常见性问题包括性意识困扰、性行为心理困扰、异性恐惧等。常见的性意识困扰有被异性吸引、性幻想及性梦等。由于认识偏差，性意识困扰常常造成心理冲突，表现为焦虑、厌恶、内心不安和自责等。还有些大学生会出现异性恐惧症状：遇到异性同学会脸红、紧张、竭力回避目光接触、面部表情不自然等。大学生由于性压抑、对性发育成熟缺乏心理准备，对异性的好奇、恐惧和渴望常常交织在一起，由此容易产生各种心理问题，严重的还会导致心理障碍，如单相思、窥视癖等。

二、心弦紊乱：大学生常见的异常心理

异常心理也称心理障碍、心理疾病和精神障碍，是指一个人由于精神上的紧张、干扰，而使自己在思维上、情感上和行为上发生显著偏离正常的现象，这些异常状态给患者的正常生活、学习和工作带来了消极影响。

根据不同的标准或其严重程度进行分类，异常心理主要包括神经症、人格障碍、性心理障碍、精神病等。

（一）神经症

神经症是一种非器质性的心理疾病，即神经系统并没有器质性的病变，仅仅是大脑神经机能轻度降低或失调。通常认为神经症是由各种心理因素引起高级神经活动的过分紧张，致使大脑机能活动暂时性失调而造成的。神经症患者的共同表现主要有焦虑情绪、防御性行为、人际关系不协调、躯体不适感等。病程不足三个月不能诊断为神经症。

神经症患者对自己的病态有充分的自知力并能主动求医，大部分患者以痛苦的主观体验为主，但又无力摆脱，其生活自理能力、社会适应能力和工作能力基本没有缺损，其病态表现比较复杂，且患者大多能应付必须面对的现实问题。

神经症是大学生中最多见的一类心理疾病，常见的神经症主要包括焦虑性神经症、强迫性神经症、恐怖性神经症、疑病性神经症、神经衰弱等。

1. 焦虑性神经症

焦虑性神经症（简称焦虑症），是以发作性或持续性情绪焦虑、紧张为主要特征的一种神经症。患者的焦虑情绪并非由现实情况引起，常表现出不安的内心体验，并伴有躯体症状。焦虑症是个体在面临不良刺激或预感到挫折情境时可能会产生的消极或不愉快的情绪状态。大学生以考试焦虑症状居多。

2. 强迫性神经症

强迫性神经症是以反复的、持久的强迫观念、强迫意向和强迫行为等强迫症状为中心的一种神经症。所谓强迫症状是指患者主观上感到有某种不可抗拒的、不能自行克制的观念、意向、情绪和行为的存在。患者虽然认识到这些观念、意向、情绪和行为是不恰当的或毫无意义的，但又难以将其排除，进而导致严重的心理冲突并伴有强烈的焦虑和恐惧。

3. 恐怖性神经症

恐怖性神经症是指患者对某些事物或特殊情境所产生的十分强烈的恐惧。此种情绪与引起恐惧的情境和事物通常很不相称，有的甚至让人难以理解。患者虽然明知自己的恐惧不合理，但是仍然难以自我控制地深陷于引起恐惧的事物或情境中，不能以积极的态度去认识和克服，从而导致严重的情绪和行为退缩。患者以女性居多。常见的恐怖性神经症有社交恐怖症、旷野恐怖症、动物恐怖症、高空恐怖症等。

4. 疑病性神经症

疑病性神经症又称疑病症，是一类表现为对自身的健康状况过分关注，在没有任何证据的情况下深信自己患了某种疾病，处于对疾病持续而强烈的恐惧中，经常诉说某些不适，但与实际健康状况不符的病理状态。患者表现得极为焦虑，当医生检查证明其没有病时，他也会断定医生的诊断是错误的，又去找其他医生诊断。疑病性神经症的症状常常是患者不自觉地希望从家人或周围人那里获得关注、关心和同情。

5. 神经衰弱

神经衰弱是指精神容易兴奋，脑力容易疲乏，伴有情绪烦恼和心理生理症状的一种神经症。病情易受到心理社会因素的影响而波动。神经衰弱的常见症状主要有以下四类：一是情绪控制能力差，表现为易激动、易怒、烦躁不安，一点小事就会引起强烈的情绪反应；二是睡眠障碍，表现为入睡困难、睡眠浅、多梦、易惊醒等；三是精神活动功能下降，表现为注意力涣散、记忆力减退、学习工作效率降低；四是自主神经功能失调，表现为心悸、胸闷、多汗、食欲不振、易疲劳等。

（二）人格障碍

人格障碍也称病态人格，是指人格特征显著偏离正常，致使患者的情绪和行为反应方式与他人明显相悖，与社会不相适应。其主要特征是：患者一般意识清醒，认识能力保持完整；情绪极不稳定，敏感多疑；心胸狭隘，自我评价过高，思想偏激，对生活中的不良事件看法极端，对别人吹毛求疵，对人感情淡薄甚至冷酷无情；对于他人的批评不以为然，不肯改变对人对事的认知；行为活动极易受冲动、偶然动机和本能欲望支配，缺乏目的性、计划性，自制力差，常常与周围人甚至亲人发生冲突，不能适应社会环境。

患者通常很难与周围人相处，常被视为“怪人”。但他们较少对自己的人格特点感到不妥，对自己的不良行为无自知之明。常见的人格障碍主要有偏执型人格、强迫型人格、分裂型人格、癔症型人格和反社会型人格等。

（三）性心理障碍

性心理障碍又称性变态，是指性冲动的障碍和性对象的歪曲，即寻求性欲满足的对象与性行为的方式与常人不同，违反社会习俗而获得性满足的行为。患者对于正常的性生活通常没有期待甚至心怀恐惧，其行为常带有强迫性、反复性，受惩罚后感到后悔，但又难以自控，往往屡犯难改。性心理障碍主要包括性身份障碍、性偏好障碍和性指向障碍三种类型，涵盖了性身份异常、性对象异常、性目的异常、性行为手段方法异常四个方面，包括露阴癖、窥阴癖、恋物癖、异装癖等多种类型。

（四）精神病

精神病是指人脑机能活动失调，丧失自知力，不能应对正常生活和现实的严重心理障碍。精神病常表现为病情严重，不能维持正常的人际关系，常出现幻觉、妄想、思维障碍、认知功能衰退、自知力丧失等特征。

精神病一般分为精神分裂症、情感性精神病、反应性精神病三类。精神分裂症是一种常见的重性精神病，主要表现是基本个性改变、精神活动分裂，如联想混乱、思维混乱、情感迷乱、行为错乱、幻听幻视、精神活动与环境不协调等。情感性精神病是一种以情感显著而持续地高涨或低落为主要临床特征的精神障碍，常伴有相应的思维改变和行为改变，又称躁狂抑郁性精神病，有时两种状态交替出现。反应性精神病又称应激相关障碍，是一种心因性精神疾病，由急剧或持久的精神刺激所引发。

除此之外，常见的精神病还有偏执性精神病。偏执性精神病又称妄想性精神病，是以持久存在的妄想为主要临床症状的精神障碍。

三、望闻问切：影响大学生心理健康的因素

就当前大学生的现状而言，影响大学生心理健康的因素是多方面的，是个体因素、学校因素、家庭因素和社会因素综合作用的结果。

（一）个体因素

1. 自我认知

古人云：“人贵有自知之明。”人类的自我认知过程是一个不断探索的过程。自我认知是大学生对自己人格的认知，是大学生感受和理解自己各个层面的方式。大学生的自我认知可能是正确的、积极的，也可能是错误的、消极的。当大学生的自我认知符合自我内心期望时，就会感觉舒适健康；当自我认知的结果破坏了自我的内在心理平衡时，就会出现心理问题。自我认知不仅影响着大学生现实的行为方式和对过去经验的解释，而且影响着其对未来的期望。实证研究表明，大学生焦虑、自卑、抑郁、人际关系敏感等心理问题的根源往往与他们不恰当的、消极的自我认知有关。

2. 应对方式

应对方式是指大学生在面对挫折和压力时所采用的认知和行为方式。它是心理应激过程中一种重要的中介调节因素。从应对效果的角度来看，应对方式可以分为积极的应对方式、消极的应对方式和中间型的应对方式。实证研究表明，大学生的心理问题往往与其消极的、不成熟的应对方式显著相关。

3. 人际关系

人际关系始终是影响大学生心理健康的一个重要因素。丁瓒教授指出：人类心理的适应最主要的就是对人际关系的适应；人类心理的病态主要是由人际关系的失调导致的。大学生如果处理不好人际关系，就会形成持久而顽固的心理困扰。大学生的人际关系与自我认知及认知他人相关，大学生期望建立和谐、友好、真诚的人际关系，而事实上，这种期望又往往过于理想化，即对别人的要求或期望太高，从而造成对人际关系状况的不满。

4. 社会支持

社会支持是指以大学生为核心，由大学生和他人通过支持行为所构成的人际交往系统，包括客观支持、主观支持和对支持的利用度三个维度。实证研究表明，获得客观支持较多、主观上对获得的支持较满意、对社会支持的利用度高的大学生能保持较好的心理健康状况。

5. 归因方式

心理学上把人们推断事情发生原因的过程称为归因。不同的归因会导致不同的情绪反应和行为。同样是求职受挫，若进行消极归因，把受挫归于运气不好或上天不公，此人则会丧失斗志，从此一蹶不振；若进行积极归因，把受挫归于自己努力不够，此人会屡败屡战，加倍努力。如果多次将失败归于内部、稳定、不可控，则会产生习得性无助感。研究表明，大学生的自卑、抑郁等心理问题往往与他们在归因过程中的认知偏差和动机偏差有密切的关系。

（二）学校因素

1. 学习环境变化造成的压力

在大学里，竞争的内容不局限于学习成绩，眼界学识、文体特长、社交能力、组织才干等都成了比较的内容。如果大学生不能恰当地对待学业成绩，就会出现自信心下降、自卑感上升，甚至还会出现强烈的嫉妒心理和攻击行为。在大学里需要学生有较强的自学能力和学习自觉性，还要学会研究性学习，学生容易出现焦虑、紧张等情绪反应。

扩展阅读 1-3 心理探索：你知道大学生心理健康节吗？

2. 不健康的校园文化的影响

少数学生或醉心于牌桌酒楼，或流连于花前月下，“课桌文化”和“厕所文化”更是不堪入目。这些校园消极现象严重影响了大学生的健康成长，使得一些大学生变得颓废而无朝气。

3. 心理教育薄弱

中学的升学压力严重制约着学生的身心发展，致使学生的许多心理发展课题延缓到了大学，这使得学生心理素质和心理健康不能达到应有的水平，无形中又增加了在大学期间的成长负担。

（三）家庭因素

1. 家庭氛围

大学生在步入大学之前，很大程度上受家庭成员言谈举止的影响。父母经常吵架甚至相互敌视，家庭氛围紧张，尤其是父母离异，往往会使大学生在人际交往中表现出自私、敌视心理和道德方面的缺点，进而形成冷漠、孤僻、自卑、多疑等不良性格特点。与父母关系较差或关系疏离的大学生更容易忧虑。

2. 教养方式

家长的教养方式从不同方面直接或间接地长期影响着孩子的心理健康水平。否定的、消极的、拒绝的教养方式对孩子的心理健康起着负面影响，而肯定的、积极的教养方式则对孩子的个性特征、社会交往和自我评价起着积极的作用。

3. 家庭期望

当今社会，家长的望子成龙心态普遍存在。为了孩子的前途，诸如考大学、考研究生或出国留学等，家长可谓是煞费苦心，不惜一切代价。这样一种来自家长的强烈期望，一方面可以成为孩子勤奋学习的动力，但另一方面也可能适得其反，给孩子造成难以承受的心理压力。

4. 经济压力

经济压力是大学生群体面临的普遍挑战。学费负担、生活开支、就业预期等都可能给大学生带来心理影响。例如，有些学生在平衡学业与兼职时产生时间压力，消费水平差异可能影响大学生的社交自信，对未来的经济担忧也会增加大学生的焦虑感。学校通过奖助学金、勤工俭学等支持措施，配合心理辅导，能有效帮助大学生缓解压力、维护心理健康。

（四）社会因素

1. 社会转型，价值多元

在社会转型过程中，大学生需要适应社会资源分配差异、多元价值认知碰撞、道德规范重构等复杂环境。部分个体常常感到茫然和混乱，诸如在个人利益与个人主义、个性发展与个性放纵等认识上的模糊，大学生容易因此陷入紧张、压抑、混乱、空虚的状态，不少大学生舍弃自身价值和远大理想去单纯追逐经济利益。在此过程中，大学生也会产生心理冲突，长时间的心理冲突必然会给心理健康带来不良影响。

2. 信息矛盾引起的认知问题

随着信息时代的到来，广播、电视、报纸、杂志、互联网进行着日新月异的发展，各方面信息纷繁复杂、良莠共存，而有些大学生辨别能力弱，对信息的加工处理能力不强，使理论与现实产生激烈的矛盾冲突，如果这些矛盾冲突得不到及时解决，就会产生心理问题。

3. 社会竞争，就业压力

现如今，大学生面临着新的就业环境：从过去的统一分配到现在的自主择业，这要求大学生既要扎实学习，又要积累实践经验。一些大学生在应对学业、考证、实习等多重任务时，可能会感到焦虑或迷茫，对未来感到不确定，这也容易导致大学生产生心理问题。

第三节　玉壶冰心：心理成长的策略

“山重水复疑无路，柳暗花明又一村。”掌握心理成长的策略可以让我们从心理泥沼中踏出一条平坦的路，让心灵拨云见日，实现心的超越，追求心的幸福，走向阳光灿烂的日子。

一、华丽转身：完善认知，实现心灵的蜕变

在整个人生的旅途中，工作和生活的坎坷容易让我们陷入心理困境，或忧愁不安，或悲伤痛苦，等等。当我们面对心理困境时，要善于采取各种方式来恢复心理平衡，实现心理超越。让我们看看自然界的蜕变和超越会给我们心灵的改变带来怎样的启示吧！

（一）蜕变之美

一条毛毛虫，身上长满了难看的毛，令人厌恶。但是没有多久，这条丑陋的毛毛虫脱去了丑陋的外衣，换上了新装，顷刻间，变成了一只美丽的蝴蝶。这种“蜕变”的过程，是生物界最富戏剧性的一种现象。

人的成长也需要蜕变，由蛹化蝶，才能达到心灵的自由境界，才能使生活更加幸福。一个心理健康的人是一个接受改变、欢迎改变、愿意改变，也有能力改变的人。你要做什么才能成为这个世界上最快乐、最充满力量的人呢？我们怎样才能获得内心的自由呢？那就要改变。改变意味着新的可能，改变意味着发展。

（二）心灵蜕变

很多时候，我们的心理感受和随之而来的行为并不直接源于我们所遇到的事情本身，而是源于我们对事情的认知、评价。莎士比亚说：“事情的好坏多半出于想法。”于是，同样的事情可能会引起不同的心理感受和行为。在日常生活中，抛弃消极的、无益的认知可以让我们的感觉好起来；形成积极的、正向的认知可以激励我们行动起来，实现人生目标，享受人生幸福。认知调节的关键是找到人们所持的不合理的信念，建立合理的信念。因为合理的信念会引起人们对事物适当的、适度的情绪反应；不合理的信念则会导致不适当的情绪和行为反应，长期处于不良的情绪状态中，就会导致情绪障碍的产生。认知调节法就

是通过改变人们对人、对己或对事的看法与态度，形成正向的认知，从而达到改善其行为状况和情绪状态的目的，实现心灵蜕变。

扩展阅读 1-4 心理探索：第三心理状态

一个女大学生失恋了，男方又有了心上人。她说："是他伤害了我，他将我困在他给予的伤害中，我挣脱不出来。"其实，任何经验都是我们的选择，所有的情绪都是我们自己选择的结果。无论我们感到愤怒、悲伤、害怕，还是高兴、愉快、幸福、有力量，都是我们自己的选择。别人不对此负责，唯一负责的人是自己。因此，该女生只有认识到自己必须接纳这次恋爱的结果，才会从"受害者"的角色中走出来，才能实现心灵蜕变。

"世人都说路不齐，别人骑马我骑驴。回头看看推车汉，比上不足比下余。"这首打油诗说的就是由于认知的完善，心态得以改变，进而提升了幸福体验。

有人说："我们无法左右天气，但可以改变心情；我们无法选择容貌，但可以选择表情；我们无法选择工作，但可以选择态度；我们无法改变环境，但可以改变自己。"的确，事情本身也许是无法改变的，但是我们对事情的认知、评价确实为我们所控制。

二、变为王道：改变行为，实现心灵的超越

（一）小行为，大改变

很久以前，人类都还赤着双脚走路。有一位国王因为路面有很多碎石头，刺得他又痛又麻，所以他下了一道命令，要将国内的所有道路都铺上一层牛皮，让大家走路时不再受刺痛之苦。但即使杀尽国内所有的牛，也筹措不到足够的牛皮。

一位聪明的仆人谏言："国王啊！为什么您要牺牲那么多头牛呢？您何不只用两小片牛皮包住您的脚呢？"国王采纳了这个建议。这就是"皮鞋"的由来。

如果你希望看到世界改变，那么第一个必须改变的就是你自己——"将自己的双脚包起来"。与其改变全世界，不如先改变自己，自己改变后，眼中的世界自然也就跟着改变了。一旦我们决定改变了，就要立刻行动。如果你已经行动了——哪怕是强迫自己行动——就可以通过行动来改变你的情绪和心理。因为，外在的行动可以改变内在的认知，促进心理的成长。从身边小事做起，每天坚持一个小小的行为，慢慢地由量变到质变，就一定会带来心理的巨大成长，实现心灵超越。

一个大一学生分享了自己的心理成长体验。她说："从前，为了避免和陌生人有目光接触，我走路时一般都会低着头。我也不经常笑，同别人讲话时会很拘谨，把自己伪装得很好。后来，我开始慢慢地相信自己、爱自己、发现自己的美丽。再后来，我不再吝啬自己的微笑，我会对每一个认识我的人发自内心地微笑。每天坚持对别人主动微笑，主动、友好地打招呼，坚持一段时间，就养成了微笑的习惯，自然就感觉到自己是一个受欢迎的人，是一个非常幸福的人。"是的，一些在我们看来不可思议的事情，我们只需要坚持用很小的行动去追求就能实现。要相信细微的改变能带来巨大的不同，小行为一定能带来大改变和大幸福。

（二）行为训练，心理超越

行动可以促进认知完善，提升认知水平。对于大学生遇到的自我认知、情绪、人际关

系、人格成长、恋爱等人生课题，都可以通过行为训练，帮助他们实现一次次重大的心灵成长与超越。

一个被心理问题困扰的大学生自述："过去我一直认为没有人喜欢我，没有人愿意与我交往，一与人接触就紧张害怕，后来干脆逃避与人交往。我更害怕面对公众，有点社交恐惧。我一直以来都想改变自己，但不知怎样才能做到。"

正如认知影响情绪、情感和行为，行为也可以影响人的认知。如果行为习惯不改变，认知态度就会被拉回到原来的水平。据此，我们给他这样的建议：

（1）大声地告诉自己："我是一个受欢迎的人。"

（2）在咨询师的鼓励和指导下，每天练习与10位陌生人打招呼。越害怕，越要去面对，经过多次行动训练后，就能主动地与人打交道，紧张情绪能够得到缓解和消除。

（3）坚持锻炼身体，如跑步、练习瑜伽等，运动可以缓解焦虑。

（4）多和家人、朋友交谈，逐渐要求自己在公众面前发言。

（5）相信自己，坚持自己，表达自己的观点和想法。不要因为在乎别人的看法而放弃自己的主见。有想法的时候一定要表达出来。自我表现是对自己最好的鼓励。

经过一系列努力，该同学那些不良的状态得到了改善，走上了良性循环的道路。的确，要想让自己舒服，必须先要面对不舒服，通过系统、科学的行为训练，跨越自己的心理限制，达到内心舒适自由的境地。

三、我理我心：调适情绪，实现心灵的幸福

情绪就像奇妙的天气，年轻的心情更是跌宕起伏，我们应该敏锐地觉察情绪，进而平静地接纳情绪、管理情绪。给自己的情绪上一把锁，该释放时释放，该上锁时上锁，懂得适时地表达，学会掌控情绪。有效地掌控情绪，既是爱自己的表现，又可以还身边环境一份安宁。

（一）顺畅表达需要克服消极情绪

情绪源于需求是否被满足。积极情绪是需求被满足的结果，消极情绪则是需求未被满足的结果。因此，我们应学会体察情绪背后的真正需求。每一次沉默、哭泣或争吵，都源于未被关注、认可或尊重。生活中难免有烦恼、焦虑等消极情绪，但这些是生命能量的自然流动，是正常现象。负责任地表达情绪，是给自己和他人最好的礼物。喜悦则是消融负面情绪的最佳良药。

许多人为了展现完美，不断掩饰瑕疵，这反而阻碍了幸福的到来。真正的快乐源于接纳真实的自己，并适度表达。只有如此，才能获得真正的幸福。

许多人用沉默、愤怒等破坏性方式表达情绪，导致局面恶化。我们应选择积极的方式，用直接、非情绪化的语言表达需求，如"我感到不舒服，因为……""我想……""请你关注我……"。明确表达需求是解决问题的关键。通过长期努力，学会体察情绪、确认需求，并用积极方式表达，需求一旦被满足，生活自然就会变得轻松愉快。

（二）积极自我暗示，保持积极情绪

凡事皆有两面性，关注积极面，你会发现积极；关注消极面，你会发现消极。将注意力放在自己的优点上，你会树立信心："我是一个有价值、有能力、与众不同的人。"

一位工人被锁在冷库里，第二天被发现冻死了，但冷库并未通电，工人是被恐惧害死的。这就是“心理暗示”，它能引导成功，也能致人死亡。积极的心理暗示能让你成为你想成为的人。

若你常想“我不够好”“我没有价值”，岂能创造充满爱、快乐的生活？自卑和内疚越多，生活越糟糕。改变消极思想，负面情绪就会远离，因此每天都应做积极的自我暗示，保持良好的情绪，并且告诉自己“我的世界一切都好”“我喜欢自己”“我被爱包围”“我值得被爱”。坚持下去，你会感到愉快和幸福。

一位学生分享：“我常暗示自己我好幸福！于是，我发现自己真的幸福：欣赏校园美景，回味与伙伴的合作、与同学的交流，我笑了……我拥有青春、友情、知识、奋斗……我很幸福！”长期做积极的自我暗示能确立积极的信念，保持积极的心态，体验更多的快乐和幸福。

四、身心兼修：掌握技巧，塑造健康的心理

大学生是自身心理健康的主导者，需要对自己的身心健康负责。除心理自助外，还要掌握专业的心理保健与调节方法，接受专业的训练与咨询，做好心理调适，成为自己的心理保健师，以享受幸福人生。

（一）积极参与心理健康教育活动

大学生应积极投身各类心理健康教育活动，学习心理健康知识，掌握心理调适的基本方法。可阅读相关书籍、报刊，学习课程，参加讲座、培训、成长小组等活动，也可通过加入大学生心理协会，加深对心理健康知识的了解，提升心理健康水平。

（二）在社会实践中实现成长

大学生要认识到个人成长与社会发展相辅相成，将自我价值实现与服务国家相结合。参与协会、社团实践活动时，培养兴趣爱好，提升情商、逆商，树立“奉献社会、服务人民”的价值追求。通过乡村振兴、社区服务、公益志愿等实践项目，锤炼意志，在实践中感悟成长。

（三）主动寻求专业心理咨询

若学习、生活中出现抑郁、孤独、猜疑等心理不适，且自我调节效果不佳，应积极寻求心理支持。可向亲友、老师求助，也可前往学校的心理咨询机构咨询，从而走出心理困境。

心理咨询有个人、团体、电话、网络等多种形式，可依据自身情况选择。其遵循保密性原则，大学生应消除顾虑，主动寻求专业帮助。生活中出现心理不适很常见，大学生不可仅凭情绪或躯体症状妄下判断，盲目贴标签。例如，遭遇挫折产生的情绪、躯体反应属正常，若自我“诊断”为心理障碍，不利于缓解痛苦，消极暗示还可能加重症状，阻碍身心调整。因此，必要时务必寻求专业咨询师的帮助，依据诊断标准科学评估、诊断，进行心理调节或咨询。

总之，大学生必要时应勇于、善于借助外部支持维护心理健康。面对心理困扰，可通过完善认知、改变行为、调适情绪、寻求社会支持、求助专业咨询等方式，做好心理保健，提升心理健康水平，走向完善与成功。

“人之幸福，全在于心之幸福。”不管我们来自哪里，不管我们的出身如何，我们都能够把我们的生活变得更加美好！这需要一个长期努力的过程，所以体验到幸福快乐，让心灵充满阳光，也是大学生活的一项重要修炼。心灵成长，永无止境。现在，就让我们从“心”开始，向着幸福生活出发吧！

心理拓展

自我肯定训练[①]

做下列一个或多个活动，看看你对自己的感觉会有什么变化。

1. 列出自己的五个优点。
2. 列出你做的令你自己钦佩的五件事情。
3. 到目前为止，你生命中最大的五个成就是什么？
4. 描述五种可以使自己笑的方法。
5. 你能够为别人做的能使他们感觉良好的五件事情是什么？
6. 列出你善待自己的五件事情。
7. 你最近参加过的带给你快乐的五个活动是什么？

扩展阅读 1-5　心理探索：为你的健康干杯

问题思考

1. 大学生心理健康的标准是什么？影响大学生心理健康的因素有哪些？
2. 当你遇到心理困扰时，你会采取哪些方法解决？

推荐阅览

[1]　陈祉妍，王雅芯，明志君，等. 日常生活心理健康 50 问[M]. 北京：商务印书馆，2021.
[2]　李芳，张小娟. 自助与发展——大学生心理健康教育[M]. 南京：东南大学出版社，2024.
[3]　刘宁宁. 大学生心理成长实用教程[M]. 2 版. 北京：北京师范大学出版社，2024.

即测即练

自学自测

扫描此码

① 聂振伟. 大学心理[M]. 北京：中国人民大学出版社，2009：94-95.

第二章

我思故我在——自我意识与发展

毋意、毋必、毋固、毋我。

——《论语·子罕》

【学习目标】

1. 知道自我的含义、结构、功能与发展规律，并能以此分析自身的情况；
2. 认同自我认识与完善的重要性，并具有认识自我、完善自我的意向性；
3. 具备科学认识自我与积极调适自卑、自负等常见自我意识偏差的能力。

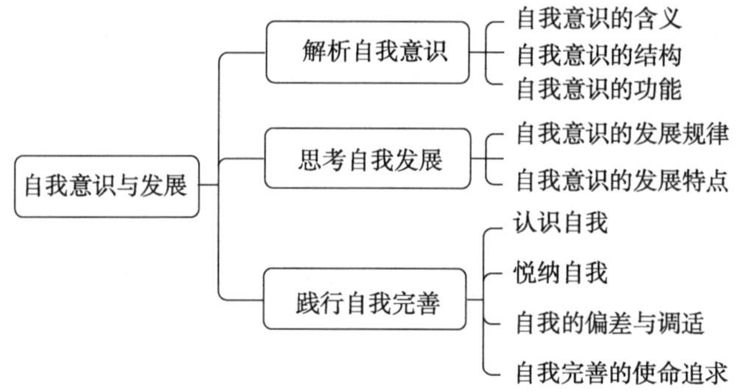

“知人者智，自知者明。”但世界上真正困难的是观察他人还是躬身自问呢？

《韩非子·喻老》中提到：“臣患智之如目也，能见百步之外而不能自见其睫。”可见，自我认识如同“目不见睫”般困难，因为由自己来思考自己自然有认识上的反身性困难。

自我认识仅仅需要能力就够了吗？是否还需要无畏的勇气，以便不断自思、自省与自新？就像习近平总书记反复强调的，要通过自我净化、自我完善、自我革新、自我提高，完成自我革命，以走出“历史周期律”。那么，我们作为新时代的大学生，该如何以自我革命式的勇气，去认识自我、完善自我呢？

第一节　三省吾身：解析自我意识

“为中华之崛起而读书！”周恩来总理自少年时代就确立了自己奋斗一生的初心使命和

理想信念。这句话精妙地蕴含了两个关于自我的重要本质：首先，自我在内容上不仅仅是我自己，他人、祖国也可以是“我”的一部分；其次，自我有一个功能性，即它从内部确定了我是谁、我是什么人、我身为哪种人、应该做什么事情以及不该做什么事情。

一、自省自觉：自我意识的含义

“我是一个什么样的人？”“我为什么活着？”“我将来要成为哪种人？”“我该怎样努力奋斗？”“我如何才能收获学业、事业的成功和心灵的安宁？”……这些大学生的人生困惑和人生课题，无不关系到“自我意识”。

心理学上一般认为，自我意识或“自我”是人格的核心部分，指个体对自己的认识、体验和控制。从认识和体验的内容上讲，包括认识和体验自己的生理状况、心理特征以及自己与他人和周围世界的关系。下面这些问题都可归入自我意识的范畴：“我的性格有什么特点？”“我的样子美吗？”“我的意志强大吗？”“别人怎么看待我？”“我的为人处世会让大家喜欢吗？”“我希望将来成为哪种人？”“我要做出什么努力来改变现状？”“下个月的考试我有信心通过吗？”……

二、一体同心：自我意识的结构

自我意识并非成分单一的心理现象，而是包含多个维度或层次的现象。例如，从现实性上讲，可包括现实自我、理想自我和投射自我；从意识性、动力性和发展性等综合角度来看，可分为本我、自我和超我。但最常见、最基本的区分有两个角度：一是按照涉及的内容来区分，包括生理自我、心理自我和社会自我；二是依照“知、情、意”的范畴来区分，分别对应为自我认识、自我体验和自我控制。

（一）自我意识的内容结构

从涉及的内容或对象来看，自我意识可分为生理自我（身体自我）、心理自我和社会自我。

生理自我指个体对自己生理或身体特征的认识和体验，关系到年龄、性别、容貌、体型、体能、健康等方面。“我是青年男子”“我的颜值颇高”“我对长跑没有信心”“我的身体向来不够强健”等表述都是在指生理自我。人们一般在青春期、成年早期和晚年会对自己的身体格外关注。

心理自我指人们对自身心理特点的认识和体验，如对记忆、思维、情感、爱好、理想、价值观等方面的认识与体验。类似“我对美术有兴趣而且很在行”“我是个安安静静的人”“我自制力差，意志薄弱”等表达，针对的都是心理自我。

社会自我是个体对自己在人际和社会情境中的身份位置、自己与他人的关系等方面的认识和体验。“我是中国人”“这次同学聚会我是主角”“我是爸爸妈妈的儿子”“朋友们都很喜欢我”等表述都是在陈述社会自我。

（二）自我意识的机能结构

最常提及的自我意识的机能结构有自我认识、自我体验和自我控制三个部分，三者有机联系并完整统一，如表 2-1 所示。

自我认识是自我意识的认知层面，主要涉及“我是一个人怎样的人”“我为什么会是这样的人”的问题，是个体对自己身心状况和自己与周围世界之间关系的一种认识或定位。

“我的身材有些胖”“我很迟钝”“我善于与老年人交往，因此长辈都很喜欢我”等表述都属于自我认识。自我认识与自我观察、自我分析、自我评价、自我感觉、自我印象等词汇相关，我们无须做过多区分，只需认识到“自我评价”是自我认识乃至整个自我意识中最重要的部分，因为自我体验和自我控制的逻辑前提即自我评价。

自我体验是自我意识的情绪层面，主要针对“我对自己是否满意”“我是否接纳自己”的问题，是人们认识和评价自己时所产生的相应情绪体验。

自我控制是自我意识的意志与行动层面。“我要成为怎样的人”“我应该做什么”“我要如何调控自己”等表述都属于自我体验，是个体为达到预定期望而对自己的认识、情绪和行为所展开的心理监督、调节和控制。

表 2-1　自我意识的机能结构

	自 我 认 识	自 我 体 验	自 我 控 制
生 理 自 我	对自己的身高、体重、性别、外貌、衣着、风度、饥饿、疲倦等的认识	占有感、支配感、爱护感……	追求身体的外表、物质欲望的满足……
心 理 自 我	对自己的智力、性格、气质、兴趣、理想、智力等的认识	自信、自豪、自尊、自傲，或自卑、自责、自贱、自弃……	追求能力和人格的完善，注意行为符合社会规范……
社 会 自 我	对自己的名望、地位、角色、责任等的认识	责任感、异物感、优越感、成就感……	追求名誉地位，与他人竞争，争取获得他人的好感或认可……

（三）更广泛的自我

1. 自我仅仅指自己吗？

首先，自我不仅仅是自己，还可以作广义理解，也应该作扩展性的广义理解。

第一，客观物质也可以是自我的一部分。例如，对儿童来说，心爱的玩具也成为其自我的一部分。再如，明代文学家归有光的散文《项脊轩志》中提到“庭有枇杷树，吾妻死之年所手植也，今已亭亭如盖矣”。此时，项脊轩以及其中的枇杷树，都是作者归有光广义自我的一部分。

第二，社会关系，尤其是亲密的社会关系，也是自我的一部分。家人、爱人、儿童的重要照料者，以及疯狂追星的青少年的“偶像”“爱豆”等重要或亲密的关系，也构成了我们的自我，甚至构成了自我比较中心或核心的部分。日本有一句俳句：“仆人将离去，悲哀幼小心。”这句话的意思是自己的照料者离开了，小主人感受到了丧失感。亲密关系的丧失，如至亲至爱去世，我们之所以会感到哀伤，就是因为他们本来就是“我”的固定成分与部分，他们的离去，也就是“我”的丧失。

当然，扩展下去，一方面所有他人都可以是“我”的一部分，即一种人类共同体的意识，类似英国诗人约翰·多恩的诗歌《没有人是一座孤岛》中所说的：“任何人的死亡，都是我的削减，作为人类的一员，我与生灵共老。”另一方面，即便在个体的内部，其自我“本身”的结构构成与功能运行也是复数性的，是自我—他者并存且互为建构和依赖的，这就涉及“关系性自我”或“对话性自我”。

第三，公共性的社会身份也是自我的一部分，这常被称为“自我认同”“身份认同”，或简单叫作“认同”。例如，性别、民族、职业、中国人身份、大学生身份等都是自我的一部分。周恩来总理讲的“为中华之崛起而读书”，背后的人格心理学理由之一就是中国人身份，是周恩来总理自我的核心和中心成分。另外，自我在结构或功能上，既有个人特点，也有共同特点。就像黑格尔所说的“我就是我们，我们就是我”，还像马克思所说的“凡人所有，我无不具有（人所具有的我都具有）”，也像当代法国思想家布迪厄所讲的“个人性即社会性，越是个人的，越是社会的”，更像孔子提出的“吾犹人也”。

2. 自我是稳定不变的吗?

自我是单一、稳定的吗？传统上认为，自我是这样的。但正如《共产党宣言》中那句震撼人心的宣言：“一切坚固的东西都烟消云散了。”相应地，坚固、不变、统一的实体般的自我未必存在。但先进的、辩证的自我观一般强调自我不仅是复数性与单一性的统一，还是情境性、流动性与稳定性、不变性的统一。

自我可以是随情境而变化的，或者说是嵌入、分布、延展于不同情境中的；自我可以是多样的或者说是复数的。我们可以举几个例子加以说明。

第一个例子是“自信”。请大家思考，一个人有没有可能在所有时间、所有领域、所有方面都是自信的呢？这在常态下通常不可能。比如，“春风得意马蹄疾，一日看尽长安花”，科举考试高中后，诗人此时此刻当然是自信的；再如，在莫泊桑的小说《项链》中，女主人公戴上美丽的项链后，是自信甚至是虚荣的。

第二个例子是“内向”和“外向”。请大家自我评价一下，你是内向的还是外向的呢？实际上，这个问题的问法就是有问题的，预设了一个二选一的、“单数”的回答。请细想一下，假如你是内向的，那你在所有阶段、面对所有人、面临所有情境的时候，都是一概内向的吗？显然，单纯、纯粹的内向在常态下是实属罕见的。那么，一个所谓内向的人，当他表现得外向时，这个外向的特点就不是他的特点吗？显然也不能这么说。更合理的说法是，我既是内向的，也是外向的，至于我表现出内向还是外向，就要视情况而定——因人而异、因事而异。此时，自我就成为“复数”“流动”而非单一固定不变的事物了。

第三个例子大家应该很熟悉，大家想一下，我们在网络上的自我和现实、线下生活中的自我是否一样？难道网络上的自我就不是“我”了吗？

三、砥柱中流：自我意识的功能

“性格决定命运”这个陈述或命题在学术上和现实中都是不成立的，因为影响人发展的因素必然是多方面而非单一自身性格方面的。但我们不必深究，因为作为一种夸张的文学修辞，这句话旨在说明性格的重要性。现在，我们可以进一步改写这句话，把“性格决定命运”改为“自我决定命运”。因为自我对每个人的社交、学业、事业及心理健康普遍有着重要意义。

（一）个人对自己的认识和相应的要求是什么?

“自我决定命运”可以有很多解释，但最关键的在于我们对自己的认识和相应要求，即我是一个什么样的人，作为这样的人，应该如何做事，如何处世为人，哪些事情我会做，哪些事情我不会做。

最典型的领域就是理想和自律，一个有远大抱负和理想的大学生，会时刻以理想中的自我形象、自我目标来认识和要求自己，因此在学习和生活上就会严格自律。

还有一个例子也能说明为何说自我决定命运。

苏联著名教育家苏霍姆林斯基曾表示，好的家庭教育所培养出的理想的孩子的形象是：若请他参加婚礼，即使那里所有的人都喝成醉鬼，他的母亲也相信他会滴酒不沾，并且会清醒地、按时地回到家里。

请大家思考，这个孩子为什么能做到如此自律呢？苏霍姆林斯基的回答就三个字——自尊心。一个有自尊心的人，当众酩酊大醉的事，他不会做！苏霍姆林斯基也反复强调：教育的全部技巧就在于抓住这可贵的自尊心，而自尊心就是上进心；若一个孩子失去了自尊心，那么他也就失去了可教育性或成长的可能性。

儒家思想提倡作为君子、作为大丈夫，不同于小人或坏人，是应当有所为有所不为的。就像孟子说的“富贵不能淫，贫贱不能移，威武不能屈”，荀子也提到“权利不能倾也，群众不能移也，天下不能荡也”。

可见，我们会做什么事，不会做什么事，是与自我有关甚至是被自我所决定的。

（二）自我与学业

正如我们前面提到的，自我可以是分情境的。具体到学业方面，自我也在起作用。请大家思考，一个放弃了学习的常年后进生，即今天所说的学习困难学生，为何会放弃学习？原因至少有两个方面都和自我相关。

第一，涉及自我认识、自我期望。他们可能认为自己是所谓的“差生”，上课积极发言、按时完成作业、好好学习，不是自己该做的事，而是好学生该做的事。成绩差这一事实与自己是“差生”的自我定位或自我期望、自己放弃学习的行动、自己的差生身份之间是完全对应的。

第二，涉及自尊心、自我价值感。意思是：与其做一个努力学习却成绩不佳的学生，不如做一个躺平了的成绩不佳的学生。因为努力却没收获，往往对人的自尊心、自我价值感的打击是更大的，且在同学间的评价是更低的。所以，干脆做一个躺平了的学生——学习不好，是因为没学，而不是因为“笨”。

（三）自我与心理健康

自我还影响着个人的心理健康。按照心理健康的标准，一个人的自我应该相对连贯、一致，相对积极、自我悦纳。

著名人本主义心理学家马斯洛研究了斯宾诺莎、歌德、富兰克林、林肯、爱因斯坦等著名的“自我实现”的人，结果发现这些自我实现者之所以能心理健康且取得成功，很大程度上要归结于他们能够深入挖掘自己、客观估计自己、乐于接纳自己和勇于改变自己。

国内外心理学家都十分重视自我意识，不仅一致地将健康、成熟的自我意识划定为心理健康标准的重要指标，还往往从改善自我状况入手来提高心理健康水平。对大学生而言，心理健康的达成离不开清醒地认识自我、积极地接纳自我和有效地调控自我。

但请大家思考一个问题：完全客观地认识自己、彻底客观地认识自己是否可能呢？是否有必要这么做呢？

课堂活动 2-1

（一）马克思的二十个“自白”

马克思的“自白”并非一篇文章，而是他在生活中应两个女儿的询问而回答的“自白问卷”，共包括 20 个问题。现在邀请大家走进伟人的内心世界，让我们一起回答马克思当年回答过的问题吧！答案可长可短。请在完成后查阅资料，将自己的回答与马克思的回答做比较。

1. 您认为一般人最宝贵的品德：________________。
2. 您认为男人最好的品德：________________。
3. 您认为女人最值得珍重的品德：________________。
4. 您的特点：________________。
5. 您对幸福的理解：________________。
6. 您对不幸的理解：________________。
7. 您能原谅的缺点：________________。
8. 您最厌恶的缺点：________________。
9. 您讨厌的人：________________。
10. 您喜欢做的事：________________。
11. 您喜爱的诗人：________________。
12. 您喜爱的散文家：________________。
13. 您喜爱的英雄：________________。
14. 您喜爱的女英雄：________________。
15. 您喜爱的花：________________。
16. 您喜爱的颜色：________________。
17. 您喜爱的名字：________________。
18. 您喜爱的菜：________________。
19. 您喜爱的格言：________________。
20. 您喜爱的座右铭：________________。

（二）心理学中的二十个“我是谁”

如果你有兴趣，可以继续试着完成下面的心理学练习，它会帮助你更好地认识自己、悦纳自己。回答无对错之分，请根据个人的实际情况作答。

1. 请在 10 分钟以内写出 20 个“我是谁”

（1）我是一个________________。

（2）我是一个________________。

（3）我是一个________________。

（4）我是一个________________。

（5）我是一个________________。

（6）我是一个________________。

（7）我是一个________________。

（8）我是一个________________。

(9) 我是一个____。
(10) 我是一个____。
(11) 我是一个____。
(12) 我是一个____。
(13) 我是一个____。
(14) 我是一个____。
(15) 我是一个____。
(16) 我是一个____。
(17) 我是一个____。
(18) 我是一个____。
(19) 我是一个____。
(20) 我是一个____。

2. 反思

最难填写的或资料最少的是哪一部分？原因是什么？

你对哪一个人对你的看法最重视？原因是什么？

你是否过高或过低地评价了自己？为什么？

是什么原因使你成了这样的自己？

你有没有完善自己的计划？

第二节　琢玉成器：思考自我发展

现代社会，“长大成人”是一个长期的过程。今天的时代，很难说不是一种相较于传统社会“早熟时代”的“晚熟时代”——人们心理社会意义上的成熟与成年，相比传统社会，被大大延后了。因此，大学生虽然在生理上和法律年龄上成年了，但心理上尚未成年，青春期的一些发展问题或特点也常常明显延续存在着。以至于有些学者呼应了“晚熟时代”的说法，把 18～25 岁或 20～25 岁的青年人称为“成年初显期”，即初步的成年期、将要成年的时期，描述了心理发展上既非青春期也非完全成年期的状态。这也大致对应了大学生的年龄阶段和普遍发展情况。

一、含苞待放：自我意识的发展规律

大学生正处于人生旅程的一个关键阶段，其自我意识将经历分化、矛盾直至统一的循环演变过程。在这一过程中，每个大学生都将心怀踌躇和憧憬，品尝生命、生活、人生的百般滋味。

（一）自我意识的矛盾

当大学生身心发展阶段的特殊性遭遇大学生生活环境的丰富性时，他们常会产生诸多自我意识上的矛盾。

第一，理想自我和现实自我的分歧。理想自我和现实自我的过分不一致，是大学生自我意识发展现状中最常见、最突出的情况，其中以理想自我不切实际的虚高为多见。例如，毕业生在找工作时踌躇满志，对自己的未来充满了遐想，这无疑很可贵。不过，他们生活的领域相对单纯，缺乏在现实社会中认识社会和锻炼自身的经验。此时，很多同学未能将对自己的期待和自己的实际情况相匹配，使得理想自我显著高于现实自我，从而增添了很多苦恼。当然，理想自我适度高于现实自我是必要的，只是应限制其程度。

扩展阅读 2-1　心理探索：自我意识的一般演变与影响因素

第二，独立意向与依附心理的对立。大学生活是相对自由自主的，大学生需要独当一面，打理学习、社交、娱乐及经济事务，内心深处往往怀揣着挣脱家庭与学校的“枷锁”、拥抱自主生活的渴望。但是，大学生往往无法真正地独立。面对稍显棘手却本可自行处理的难题，不少大学生却倾向于缴械投降、退避三舍，转而央求父母、师长代为抉择。在现代教育制度下，每个学生都要在相对封闭而简单的空间中接受十几年的学校教育。在这种与大社会相对疏离的环境中成长起来的现代大学生，虽然年龄上已成年，但若要达到精神上的独立，还需要积累更多的阅历。

第三，交往需要与自我闭锁的冲突。告别了家乡那熟悉而温馨的社交圈，踏入大学这一全新且陌生的社交舞台，大学生心中萌生出前所未有的交往渴望。他们渴望与老师深入交流，渴望被身边的人接纳、赞同，渴望结交到志同道合的知心好友。在这些关系中，大学生关于归属和友爱的心理需求会得到满足。但尽管对交往、关系有强烈的渴求，阻碍关系建立或封闭交往的力量也同时存在着。有些同学因恐惧交往、不知如何打交道、忧虑学业受影响或害怕受伤而选择封闭自我，这无疑使他们时常饱受孤独的折磨。

谈到这里，不得不提“美国心理学之父”威廉·詹姆斯写给友人的一封信，他在信中感叹道：“在我们这个时代的人，几乎人人都说自己神经衰弱。”今天，在大学生中，几乎人人都说自己内向、害羞、自卑、社恐。假如我们不把这些诊断当作玩笑的话，的确有些学生压制住了自己的人际交往需求，认为自己无须与人交往，自己为自己营造起了一种离群索居的“舒适区”，这必然是不健康的，因为只有在各种关系中，人才能成为一个真正健康、快乐的人。人，首先是关系中的人、情境中的人，人首先不是个人。

除了上述几类矛盾，自我评价与他人评价、自我肯定与自我否定、自我奋进与自我消沉等自我意识的矛盾也普遍存在于大学生中。情况较为特殊的是，有时即使矛盾并不极端，也往往属于正常现象。

（二）自我意识的统一

自我意识的分化和矛盾造成了一种良性的紧张感，这促使大学生去追求自我意识的统一。自我意识的统一是指一种自我意识结构的完整、协调和统合状态。具体涉及主观自我与客观自我的统一、理想自我与现实自我的统一、自我与现实环境的统一、自我认识—自我体验与自我控制的统一等。

自我意识的统一通常是按照“分化—矛盾—统一——再分化—矛盾—再统一”这一循环往复的过程展开的。大学生自我意识的发展就是一个从不断分化到不断统一的过程，在这一过程中每一次健康的分化和统一都带来了自我意识的新的成熟。

一般情况下，理想自我与现实自我的不统一在大学生中最为常见。假如能够通过积极改善现实自我或调整理想自我中不切实际的过高部分等手段最终达到自我的积极协调运作，那么就达到了一种健康的“自我肯定型”的自我意识统一。当然，并非所有自我意识的统一状态都是健康的，像“自我否定型”“自我扩张型”“自我萎缩型”和“自我矛盾型”

等状态虽然都可算作自我意识的统一，但显然是不成熟、不适应的。像自我扩张型的统一，过度自大的大学生可能会过高估计现实自我，形成不切实际的理想自我，并认为理想自我的实现对自己而言是轻而易举的。这时，他也达到了理想自我与现实自我的统一，但这一状态是由自我蒙蔽或过分自恋带来的，因此是虚假的和不健康的。

二、羽翼渐丰：自我意识的发展特点

大学生自我意识发展的首要特征在于他们将大量注意力聚焦于自我关注上，随后，在自我认识、自我体验及自我控制等层面均展现出日益成熟的趋势。不过在发展中必定也存在着个体与群体的差异。

（一）强烈关心自我

大学生在正式步入社会前有三四年相对宽松而自由的时间，而大学阶段正是自我意识发展趋于完善的关键阶段。这一特殊的自我意识发展阶段，与时间相对充裕且自由的大学生活环境相辅相成，促使大学生往往更加自觉且全面地审视与促进自我的成长。他们会经常主动思考这些问题："我聪明吗？""我的身材好不好？""我的性格怎么样？""我这样做班里的同学会怎么看我？""我对自己的评价是不是太高了？""我的自控力为何那么差？""我今后会成为什么样的人？"……

（二）自我认识的发展

关于自我认识的发展，可总结出以下三个方面的主要特征：

第一，自我认识的领域持续拓展。大学环境相比中学环境有了全面的拓展，这为经验和年龄不断增长的大学生提供了拓展自我认识领域的机会。诸多心理学研究表明，大学生对生理自我、心理自我和社会自我的认识相比中学生更加具体、广泛，包含容貌、体型、家庭、志向、道德、自控、世界观、性别差异、才华能力、同学关系、社会地位等方面的内容。

第二，自我认识的独立性和客观性逐渐提高。随着知识经验日渐丰富，大多数大学生能摆脱完全依赖长辈或同龄群体来评价自己，显示出了独立性。当然这种独立肯定不是封闭的，因为在分析和评价自己时，他们还会理智地看待外部意见，所以大学生的自我认识在逐步独立的同时，客观性也随之提高。一般来讲，大学生的理想自我与现实自我的一致性较高，多数同学能理性、辩证地分析自己的优缺点。

第三，自我认识还存在一定程度的主观性和片面性。大学生的人格尚处于塑造阶段，其人生阅历相对有限，这导致他们在自我认知上难以完全避免主观性和片面性。比如，大学生常有自我评价与他人评价不一致的情况，且往往不自觉地夸大自己符合社会要求的良好品质（如文雅、幽默、聪明、整洁、美丽），同时忽略自己不符合社会要求的不良品质（如自大、势利、粗鲁）。当然，主观性和片面性也是无法完全规避的，只是要保持一个适当的程度。

（三）自我体验的发展

大学生自我体验的发展在形式上有两个特点：第一，自我体验的相对丰富性。多彩绚烂的大学环境、对自我关注的兴趣、自我认识范围的拓展、自我评价能力的提高等都为大学生自我体验的进一步丰富提供了有利条件。例如，大学生能够参与社会实践而产生的自我成熟感、意识到自己能力和道德品质的提高而体验到自豪感、意识到自己即将毕业参加工作而产生的责任感等。第二，自我体验的敏感性和波动性。大学生对自我的体验高度敏感，几乎凡是或直接或间接涉及“我”的事物，都会迅速引发他们敏感的反应，如对他人的无心之语耿耿于怀。

至于大学生自我体验的常见内容中有几种体验最值得关注：第一，自尊心和好胜心。多数大学生朝气蓬勃，对自己有无限希望，希望能取得成就并被他人认可。即便是所谓的躺平的大学生，他们心中也潜藏着自尊心与好胜心。这一点，请大家相信！第二，自卑感。这是自尊心和好胜心未能满足后的自我否定和自我拒绝。第三，孤独感。许多大学生的人际交往意愿虽然强烈，但往往由于不敢或不会与人交往而将自己封闭起来，因此常体验到情感孤独或社会孤独。第四，有一个心理学概念叫作反刍性思维，经常是经历了负性事件（即重要的不开心的事件）后，人们会对事件的过程、后果及自身的消极情绪状态进行反复、被动性的思考，此时往往容易陷入消极的自我评价和自我体验。

（四）自我控制的发展

自我控制的发展一般体现在以下两个方面：

第一，自我控制的能力在逐步提高。人们在更早的年龄阶段就已发展出了自我控制能力，但这种控制的力量经常受到来自家长、教师等外部权威的约束，因此显得不够自主和独立。而大学生活是相对十分自由的，这的确考验并锻炼了大学生主动、自发的自我控制能力。多数大学生都能够控制自己的心态和时间以完成学习任务，能客观评价自己和环境，能够根据客观需要和主观愿望合理设计自己的学业、生活和人生道路。在做出各种合理规划并通过自我控制付诸实施时，还能够根据结果反馈和形势发展及时地对先前的计划做出调整。

第二，有强烈的独立自主的愿望。大学生常有“我的人生我做主”的自主愿望。他们希望自己能够摆脱稚气而被当成有独立见解和独立人格的成年人，希望摆脱来自父母、学校和社会的“约束”，希望自己未来的人生道路可以由自己来自由设计。这种独立意识展现出了可贵与可爱之处，然而，部分大学生可能因过分敏感而过度排斥外部力量，这并非成熟的表现。

（五）自我意识发展中的个体差异

大学生自我意识的发展首先表现为突出地把大量注意力投向自我，接下来，在自我认识、自我体验和自我控制等具体方面皆体现出逐步走向成熟的普遍规律。不过在发展中必定也存在着诸多个体与群体的差异，其发展水平、内容、途径往往因群体和个体的不同而不同。由于所处环境、从属身份、生活经历和气质性格等方面的不同，大学生在自我意识的发展水平或发展形式上存在较大差异。

首先，在发展水平上有差异。虽然大学生的自我意识日趋完善，但这种整体的进步并不能掩盖少数大学生在整个自我意识或自我意识某方面的发展不足。诸如过分的自我中心、自负、自卑，以及自我苛求、自我失控等，这些超出适当限度的心理偏差，在现实中并不罕见。当然，也有部分大学生有超越年龄和身份的成熟。

其次，在发展快慢、早晚方面有差异。的确，同学间成熟发展的步调是不一致的，有早有晚，差别明显。

最后，在发展形式或内容上有差异。以理想自我与现实自我的统一为例，在理想自我、现实自我和环境三者之间到底调整哪一个？何时调整？如何调整？每个人的认识和选择都是不同的，都是因人而异的。部分大学生选择通过降低理想自我、提升现实自我来顺应环境，也有部分大学生则致力于通过同步提升理想自我与现实自我来适应环境，还有部分大学生则是主动寻觅一个既能满足理想又能容纳现实的合适环境。

第三节　修身明志：践行自我完善

习近平总书记在党的二十大报告中勉励广大青年“立志做有理想、敢担当、能吃苦、肯奋斗的新时代好青年，让青春在全面建设社会主义现代化国家的火热实践中绽放绚丽之花”。那么，我们如何探究和完善自我，才能担当这个使命呢？

一、反躬自省：认识自我

（一）勇敢地将自我陌生化

自我认识与完善，为什么会和勇敢、勇气有关系呢？请看下面两个故事：

一个是精神分析的故事。精神分析和心理学是两个学科，前者特别强调自我分析。精神分析的创立者弗洛伊德在中年时期得过精神疾病。重要的原因之一就是他沉迷于探索自我。可见，探索自我可能是有“风险”的、会“受苦”的，所以需要勇气。

扩展阅读 2-2　心理探索：埃里克森的自我发展阶段理论

另一个故事是日本的民间故事。据传说，在森林里，有一种特别的蛤蟆，与同类相比，它的外表更为丑陋。当人们捕获到这种蛤蟆，将其置于镜前时，它们透过镜面瞥见自己的模样后竟吓得浑身冒出油脂。这种油脂成为民间用来治疗烧伤烫伤的珍贵药材。这个故事说明，自我认识可能会让人感到“难堪”“难为情”“伤自尊”，所以需要勇气。

另外，认识自我，除了勇气，还存在着天然的认识论难题，以至于认识那个与自身息息相关的广义“自我”艰难无比。《礼记·大学》中有言：“人莫知其子之恶，莫知其苗之硕。”意思是人们总是看不到自己儿子身上的恶习，也总认为自家的禾苗不如别人家的硕壮。

因此，我们不得不借助一些资源、途径、手段，把自我陌生化、客体化，拉开一个自我观察、审视、反思的距离。

（二）自我的乔韩窗口理论

乔韩窗口理论由美国心理学家乔恩和韩里共同提出，该理论将自我分为四个相对独立的部分（见表 2-2）。该理论认为各个部分的比重往往与自我意识的健康甚至整个心理健康密切相关。

通常来说，A 部分比重大的个体是最健康的，因为此时的自我认识往往最为全面、客观；B 部分比重大的个体对自己的认识显然最不客观，这类个体经常盲目放大自己的优点或缺点，甚至将优点与缺点混淆，因此往往意味着过分的自负或自卑；C 部分比重大的个体往往害怕他人的否定，精神负担过重；至于 D 部分，本身比较特殊，是自我中永远有待认识的部分。通过理论很容易得出一个结论，若想更客观、全面地认识自我，需要加强与他人的交往，从他人对自己的反馈中不断增加 A 部分，不断缩减 B 部分，不断暴露 C 部分。最后，由于 D 部分永远存在而不会归于零，这昭示着人的自我探索的无能为力而又必须不断努力的命运。

表 2-2　乔韩窗口理论

		自　我	
		认识到的	未认识到的
他　人	认识到的	A 公开自我	B 盲目自我
	未认识到的	C 秘密自我	D 未知自我

（三）认识自我的具体渠道

认识自我的渠道、途径非常丰富，常见的有以下几种：

第一，实践活动。每个人都应当投身于真实、本真的生活、生存和生命中。我们很难仅仅通过看书、上课、看电影来认识自己，因此还可以在丰富的活动中、实践中、人与人的相处中来认识自己。

第二，与他人的比较和他人对自己的态度。自我评价需要“参照系”，而这个参照系往往就是他人。他人在这里可以是亲人、朋友等身边的人，也可以是遥远的人，还可以是不在世的历史人物或虚构的文学形象。这些他人，有些是强于自己的，有些是不如自己的。就如亚里士多德所说的：“喜剧的主人公是不如自己的人，而悲剧的主人公是比自己强的人。”这些他者共同为我们提供了全面参照比较的资源。他人不仅是衡量自我认知的标尺，其态度更是映射自我形象的一面明镜，使我们得以从中窥见并反思自我。

第三，与自己的比较和自我反省。比较的对象既可以是他人，也可以是自己。我们可以把今天的自己和几天前的自己、几年前的自己作比较，思考自己在性格、能力、理想、兴趣、学业表现、人际交往等方面的进步；还可以把当前的、现实的自己与未来的、理想的自己作比较，在比较中分析自己目前的优劣，思考需要主动付出什么努力来达到理想中的自己，甚至思考需不需要根据现状对理想做出调整。

第四，心理学资源。自我意识是心理学的重要研究主题，若要认识自我，可求助于多方面的心理学资源。比如，向心理学的研究者和实践者咨询；参与针对性的团体心理辅导、心理剧等活动；阅读关于心理学的文献、资料、电影；施测心理测验。但请大家注意，心理学并非研究人类心灵或行为的唯一领域，也绝非最深刻的领域，但其针对性强、规模大，且通常较通俗，因此对于我们而言，在初始阶段向心理学求助也十分可行。当然，对于其他领域的思想精华，也应该广泛涉猎。就像马克·吐温建议的，不要让学校妨碍你受教育，我们也可以进一步说，也不要让心理学，尤其是主流心理学妨碍我们进行自我探索。

二、吐故纳新：悦纳自我

悦纳自我是心理健康的重要基础。它意味着个人客观看待自己的优势与不足，既不盲目自满，也不过度苛责。对于无法改变的方面学会坦然接受，对可以提升的部分保持改进的动力。这种平衡、理智的态度能帮助我们建立稳定的自我价值感，并构成自我完善的条件。

（一）积极悦纳自我

传统观念认为，或主流观念认为，形成健康自我意识的关键条件是自我悦纳。如果一个人总是对自我贬损或厌恶，就不是在悦纳自我。悦纳自我意味着肯定自我的价值、肯定自我的独特性，对自我充满了价值感、自豪感和满足感。当然，不切实际的、无原则的自我接纳也是病态的，同样，对自身的适度不满也是自身不断进步的积极动力。

自我悦纳态度的培养，前提是要做到积极客观地评价自我。在评价自我时，要有一个清醒客观的态度，要理智而不逃避地发现自己的缺点，更要不怯于探索自己的优点。一般来讲，对于相貌、身材等自己无法改变的缺点或短处，要勇于接受现实，因为完美无缺的人是不存在的；对于毅力不足、做事拖沓、对人不友好等可以改变的方面，则要有闻过则喜、见贤思齐的积极性和主动性。

但是，人有没有必要和可能彻底、客观地认识自己？多数人是否天然倾向于欣然接受自己？给大家分享一个有趣的心理学研究，和手机照相的“美颜”相关。研究的结论叫作“自我面孔提升效应”，即人们往往认为经过初步美颜的照片更像自己的样子。根据这个实验，请大家思考：适度地“美化”自己是不是必然的呢？理想自我适度高于现实自我是否对心理健康有利呢？

此处借用张爱玲的广为人知的一句话：“因为懂得，所以慈悲。”其中，“懂得”中的“懂”字可以很好地说明应该以什么态度和途径来悦纳自我。我们中文中的“懂”，一方面是客观的、理性上的理解，另一方面是主观的、情感上的体谅、宽容。在不涉及道德问题的情况下，我们如果能从这两个方面做到“懂得”自己、“懂”自己，那么，就是悦纳了自己。

（二）有效调控自我

有效自我调控是一种改变自身心理和行为的主动过程，是大学生自我意识完善的根本落脚点。在自我意识的发展中，如果自尊、自信、理想自我等成分发展较快，而自我控制却相对落后，那么结果可以预见，这些十分自负但又缺乏足够的自制能力的个人往往无法克服人生道路上的困难和挫折，更无法成功地完善自我。

大学生若要有效调控自我，首先应树立水平相当的抱负。这种抱负既要符合实际，又不可好高骛远；还应把长远理想分解成层次不同的子目标，并在今后逐步实现。其次要培养坚强的意志力，因为自我控制本身是一种特殊的意志运用，面对自我完善路途上的障碍，缺乏意志力是举步维艰的。最后，面对挫折时应保持理智，须知一蹶不振即是向自我放松乃至自我放弃妥协。要避免此等情况，不仅需要坚定的意志，还需要深刻反思得失并精心规划未来的目标。

（三）主动完善自我

自我完善本质上是一个确立正确理想自我并积极追求自我实现的过程。理想自我的确立就是在自我认识和体验的基础上结合环境，给自己提出的自我成长目标。理想自我不仅涉及个人对自身和环境的了解，还往往参照个人心目中的积极榜样。自我完善是对自身的“推陈出新”，推陈出新后的“新我”意味着对“旧我”的一种超越性的自我实现。在人本主义心理学家马斯洛看来，自我实现的关键在于自己是否能够达到自己期望中的样子。比如，做一个照顾好一家人生活起居的家庭主妇和做一个管理千万人大企业的老板，同样都属于自我实现。大学生应将自我实现作为自我发展的最终目标。但是需要特别留心，理想的自我实现的人并非仅关心自己的内在世界或个人利益，而是与社会保持充分的接触，对他人的福祉有所承担。

三、迷途知返：自我的偏差与调适

“塞翁失马，焉知非福。”一些遭遇过重大创伤的人、部分抑郁症或精神障碍的康复者，经常会有天然的“复原力”，并出现创伤后的“繁荣”和成长。因此，“自见之谓明，自胜之谓强”，我们要有勇气和信心，敢于承认和克服自己身上当下存在的问题。

（一）自我中心

在交往中，如果惯于仅仅从自身的角度出发去思考问题和对待他人，那么这就是自我中心。自我中心可以发生在朋友、恋人、师生、父母—子女和老板—员工等一切社会关系中。自我中心具体表现为以下三个方面：一是自我评价过高，固执己见，总认为自己才是正确的，他人必须和自己保持一致；或者明知他人正确也依然固执。二是难以设身处地地为他人着想，漠视他人的利益与想法，甚至视他人为工具，或为证明自我正确，或为服务于己；常表现为有求于人时热情洋溢，无求于人时则冷漠疏离。三是自尊心过盛，难以接受他人对自己负面但客观的评价。

自我中心对人际关系和心理健康的伤害极大，身为大学生必须尽力克服这一偏差。走出自我中心的关键在于“心中有他人”，即打开封闭的自我，尝试把他人迎接进来，学会发现和尊重他人的需要和想法。在交往中还要时刻感同身受、设身处地地为他人着想，要重视他人对自己的态度，以此反省自身的缺失并做出调整。

（二）他人中心

他人中心往往表现为在思考、交往时总是依从于他人的立场，易于受他人立场的暗示或时时以满足他人需要为己任。他人中心的本质是自我意识过弱甚至萎缩，因此将自己心中的需要、期望、自尊投射和寄托到他人身上。他人中心者常常因忽视自我、轻视自我价值而引发他人对其的忽视与轻视，这种反馈进一步侵蚀了个体的自尊，降低了自我价值感，使之意志消沉。

若要克服他人中心，首先应善待自己，认为自己是“值得的”，要尊重自己内心的真实体验，要认识到自身的价值、自尊、独立性和独特性并不完全来源于他人，因此没有必要受制于人、依附于人。其次，要妥善思考和总结出一套自己认可的为人处世、人际交往的正确原则；对这套原则要有信心，在与人交往中不可随意变动和退缩。最后，要树立自信心，勇于表达自己的想法，只要想法经过了深思熟虑，是真诚待人待己的，就不要有过多顾虑。

（三）自负

自负又称为“自我扩张”或“过度自我接受”，表现为一个人对自己有不切实际的过高认识，从而盲目地认可自己、肯定自己、过度自信、自我中心、自命不凡。适度的自信和自我悦纳无疑是好事，但若走向极端就成为一种自我粉饰或自我陶醉，若带着这种品质去待人接物，难免处处碰壁。

克服自负可尝试从以下几方面着手：首先，深刻认识自负的错误本质所在。自负类似于拿起放大镜端详自己的长处，甚至将缺点也认同为优点。同时，自负的人往往还习惯于贬抑他人，“我行，你不如我”“我就是这样的人，你们没有认识到我的好”等是他们的常见心态。其次，在发掘、欣赏自己的优点与探索、承认自己的缺点之间努力保持平衡。毕竟，人无完人，皆有难以逾越的短板、瑕疵和遗憾。继而拓宽认知自我的途径，不应局限于亲友的赞许，更需广交各界人士，投身社会实践，以客观视角审视自我在复杂人际关系与社会中的真实形象。最后，有些自负在自恋的外表下也许隐藏着深深的自卑，这时需要进行更深入的分析。

（四）过度自卑

自卑感指一种对自己的不满、否定和拒绝，往往是由自尊心受挫导致的。在精神分析学家阿德勒看来，自卑是一种正常甚至积极的现象，每个人在某些情境下或多或少都会体验到自卑。阿德勒还常将自卑与自我超越相提并论，认为人会努力成为卓越的人以补偿自卑带来的不足感和紧张感。可见，阿德勒的观点类似于中国古人讲的“知耻而后勇”。当然，如果过度自卑的话显然是不健康的。过度自卑的人往往只看到自己弱势和失败的一面，从而丧失信心、否定自己，感到自己时时处处不如他人。日本著名电影《被嫌弃的松子的一生》就涉及这种情况。

克服过度自卑，可从以下几方面入手：

首先，深刻认识到过度自卑背后的自我评价偏差，即将自己某一方面或一些方面的缺失泛化成整个人的自我形象。而个人不可能在每个方面都高人一等，同时自己还在成长的道路上，不顺利、没有能力做一些事情是很正常的。人的生活领域十分丰富，因此不可能有人在方方面面都是完美的。例如，人本主义心理学家马斯洛直至晚年还十分惧怕当众露面，却成了积极心理学、幸福心理学的先驱。另外，也许自卑并非单纯的个人问题、家庭问题，可能还是一个时代问题、文化问题、普遍问题、正常问题。

其次，调整自己的比较对象和抱负水平。可分析自己与比较对象在某一方面的现实差距，继而区分出合理的抱负与过高的、不切实际的抱负。

再次，可进行积极的自我暗示，如时常告诉自己“我值得拥有好的人际关系、好的前途”“我能行”“别人能做的，我也能做”“自己已经做得很好了，下次会做得更好”“自己在这方面不行，但在其他方面还可以”。

最后，接纳自己的不足。一个完全不自卑的人反而是病态的。我们可以接纳自己的自卑，顺其自然，为所当为。不与自卑过分纠缠和对抗，而是从小事做起，积累成功经验，提升自信，努力改变自己。例如，上课时坐到前排并主动发言，与人交谈时正视对方的眼睛，走路时昂首挺胸。

（五）自我苛求

自我苛求本质上是一种不切实际的对自身完美的过度追求。追求完美体现了人的上进心，是为人处世的积极、健康的力量。但当对完美的渴求超出了必要的程度，就会带来相反的后果。自我苛求的人通常只能看到自己不完美的方面，即使做成一件事，也难以引发他们的成就感。时时处处对自己的不满意会导致情绪的低落与自信的匮乏。

大学生若要纠正自我苛求这种偏差，就要树立正确的认知观念，即完美的人或事只是一种理想的预设，人们只可以向往而不可能达到。由于人的存在领域十分丰富，所以不可能有人在方方面面都是完美的。例如，亚里士多德欠缺人际交往能力，梵高终生受情绪性心理疾病的困扰而并不快乐，海伦·凯勒自幼失明失聪，小罗斯福患有小儿麻痹症，马斯洛直至晚年还十分惧怕当众露面。

（六）网络虚拟自我

网络是当代人尤其是年轻人的重要活动空间，对大学生自我意识的发展有着重大而新颖的影响。网络为大学生提供了认识自我、表达自我和提升自我的空间，但网络活动的虚拟性也使大学生可以在其中轻松塑造一个或多个与现实自我相距甚远的虚拟自我形象。移动互联网应用技术的普及使大学生的虚拟自我异化朝着自由化、随意化的方向发展，而过度依赖手机可能导致虚拟自我与现实自我分化。此外，社交媒体（如抖音、微信、微博）为大学生提供了构建自我形象的平台，大学生通过这些平台展现人际关系和个性特征，形成网络形象。网络人设的生成过程复杂，涉及符号化的构造过程，个体被赋予特定标签和个性化形象，在社交网络环境中迅速形成清晰印象。通常的情况是，假如在真实的校园、家庭生活中体验到了过多的攻击和挫折，导致理想自我无法在现实中得到实现，那么网络就成为一些大学生逃避现实以求得安慰和补偿的世外桃源。

大学生首先应清醒地认识到，多数活动都是在真实社会情境中展开的，人的自我形象的建立、维系和提升都有赖于真实环境而非虚拟空间。其次，需要对自身的理想自我和现实自我展开深入的探索，同时明白理想自我只有在现实活动中才可以达成，求诸网络只会给自己带来短暂而虚假的满足。最后，控制上网时间，将精力转移至现实生活。可在现实中寻找或培养自己的兴趣和优势，体验由现实成就带来的自尊感和价值感，以此替代只存在于网络活动中的满足。

（七）自我妨碍

面临重要的考试，多数学生都忙于复习。但总有一些“特殊”学生，他们看上去很放松，甚至拿考试当玩笑，还有同学通宵打游戏、看视频。而这群人中，不乏昔日学业优秀的学生。

这不免让人费解，为什么他们要毁掉自己的大学学业呢？如果置换到以下场景，似乎就更容易理解了。例如，重要的比赛前故意睡得很晚，如果比赛时表现不佳就说：主要是昨晚没休息好，状态不佳（不是能力问题）；重要的报告、论文，有时间的时候不写，偏偏拖到最后一刻才开始写，最后写得不好就说：这次准备得太仓促了，都是拖延症导致的（不是能力问题）……

“不是我做不到，而是我不想做。”当面临一项生活、学习、工作中的任务时，如果你的心里或隐或现地出现这种声音，那么你就是在“自我妨碍”了。自我妨碍或自我设限是指个体为了回避或降低因不佳表现所带来的负面影响，而采取的任何能够增大将失败原因外化机会的行动和选择。例如，学生在考试前不努力学习而选择游玩或声称身体不适，实际上可能是在进行自我妨碍。

要理解哪些人更易陷入自我妨碍，首先需要分析自我妨碍行为的成因和影响因素。例如，初中生在青春期时可能由于父母教养方式和心理韧性的影响，以及对失败的恐惧和自我价值的保护，而采取自我妨碍行为。此外，人格特质如完美主义倾向也可能导致自我妨碍行为。了解这些因素有助于我们识别易陷入自我妨碍的人群，并采取相应的策略来避免这种行为。常见的包括：完美主义者，内心深处害怕失败，甚至害怕平庸，因此担心达不到预期时便会采取自我妨碍行为；犹豫不决者，很难设定边界，总是两边摇摆，尤其容易在别人的要求期待和自己的意愿之间摇摆。享乐主义者因害怕承担责任，倾向于回避；而自我批评者则因自尊心低下，认为自己不配享有成功或幸福，从而阻碍了自己的获得。另外，一些人害怕自己的成功会使得自己过分脱离家人、朋友，所以也会通过这种方式来保持对重要人际关系的“忠诚”。

四、德福一致：自我完善的使命追求

我们必须批判和超越西方心理学的个人主义及其隐含的快乐主义伦理学预设，而将道德和幸福相统一的“德福一致”作为自我发展乃至心理健康的目标。因为很显然，我应当成为什么样的人，我是否成了理想中的人，这首先不是一个心理学问题，而首先应是一个道德问题。所以，西方主流心理学所谓的“理想自我”或“自我实现”这一相对个人主义和道德中立主义的概念，是不如我们中国人所说的“做人”这一更大、更富有道德意蕴的概念的。

关于如何做人，我们儒家的理想人格重视“善”或“仁”，尤其强调“内圣”或“修身”的作用，而修身的关键在于内省。《尚书》告诫人们：“满招损，谦受益，时乃天道。”墨家的理想人格则是“兼士”和“圣人”，内容是“兼相爱”“交相利”和“兴天下之利”。道家的理想人格重视“真”或者后世所说的“真人”。其中前两者，都是高度道德主义和非个人主义的。我们可以把这种观念叫作“德福一致”。德福一致至少意味着，幸福的人生、好的生活，首先是要做一个好人。当然，不光古代中国，世界各地各时期的思想传统也是这样强调的。

以自卑为例。“自卑”这个概念就缺乏道德含义。此时，我们可以引入一套中国式的概念来思考自卑问题：自卑就是没有“面子”或“脸”，或者俗称的“丢人”。那么，当我们中国人说“丢脸”的时候，精确意义上往往指道德上有缺失，所以这时如果还不自卑，反而是有问题的。但如果我们因为容貌、金钱、地位而自卑，往往丢的是“面子”——被他人或自己的社会偏见所贬低了。其实，这时我们并没有丢脸，只是丢了面子而已，因为在道德上我们并没有什么可以自卑的。就像孔子称赞颜回“一箪食，一瓢饮，在陋巷，人不堪其忧，回也不改其乐”。颜回是没有丢脸的，因为他有道德，所以他不自卑，既快乐又幸福。

可见，仅强调个人幸福、个人快乐，并不是一个自我的理想目标。我们首先要做一个好人，做一个对他人、社会、国家甚至自然有益的人，然后才有条件和资格做一个心理健康的人，两者一道，才有可能成就真正的、有意义的幸福。

就像习近平总书记在纪念五四运动 100 周年大会上的讲话，他嘱咐青年人要“立志而圣则圣矣，立志而贤则贤矣”，他提到：“青年的人生目标会有不同，职业选择也有差异，但只有把自己的小我融入祖国的大我、人民的大我之中，与时代同步伐、与人民共命运，才能更好实现人生价值、升华人生境界。”相信大家都能够做到。

心理拓展

（一）我们是一家

游戏程序：将全部人员分为 A1、A2、B1、B2、C1、C2 六组。每组 3～4 位成员。先在组内进行学员间的自我介绍，然后推选一位小组成员代表小组进行介绍。要求将组内每一位学员的情况介绍完整，还可以加上自己的评价。当 A1 小组介绍完，B1、C1 小组代表要对 A1 小组的发言做一句话的评价（只能是正面的）。以此类推，直到所有小组介绍完毕。

每组介绍自己的代表和发表评价的代表不能是同一个人，每组发言时间不超过2分钟。

最后进行讨论：你是否容易记住别人？用什么方法？自我介绍和介绍别人，哪一种方法更容易令你印象深刻？你是否善于赞扬别人？你是否善于寻找其他成员的共同点？

（二）优点轰炸

主题：从别人的眼中发现自己的优点。

目的：通过他人对自己优点的发现和当众赞赏，体验和建立积极的自我形象和人际关系，从而增强自信心，改善自我意识。

操作：4～8人围坐一圈，每人都被其他所有人以优点“轰炸”一次。全体成员依次当众赞赏一位成员，被赞赏者最后要说出哪些优点是自己之前从未意识到的，还要谈谈自己被赞赏后的体会。

注意事项：必须讲出他人的优点而非缺点；态度要真诚客观，不可脱离实际地吹捧；参与者要用心体验被真诚赞赏时的感受，推己及人，要用心发掘并真诚赞扬他人的优点。

问题思考

1. 据传，弗洛伊德晚年曾对女儿安娜说，在自己死后如能在墓碑上写下一语——“他解开了‘斯芬克斯之谜’”，那么自己就心满意足了。请问：何谓“斯芬克斯之谜”？为什么它堪称千古难题？

2. 完全放弃学业的“躺平”大学生，其自我意识可能有哪些特点？

3. 中国古代的儒家、墨家、道家，各自对人的自我提出了什么看法与要求？对你有什么启发？

4. 习近平总书记要求党要“自我净化、自我完善、自我革新、自我提高”，那么作为新时代的大学生，你将如何做到自我净化、完善、革新和提高？

推荐阅览

[1] 王清淮. 中国历代传记精选读本[M]. 北京：中国书籍出版社，2010.

[2] 蔡元培. 修身教科书[M]. 北京：国家图书馆出版社，2020.

[3] [美]马丁·塞利格曼. 活出最乐观的自己[M]. 洪兰，译. 杭州：浙江教育出版社，2020.

[4] [美]杰瑞姆·布莱克曼. 心灵的面具：101种心理防御（第二版）[M]. 王晶，译. 上海：华东师范大学出版社，2021.

[5] [奥]伊索尔德·沙里姆. 自恋与服从[M]. 桂书杰，包向飞，译. 上海：上海三联书店，2025.

即测即练

自学自测

扫描此码

第三章

沉舟侧畔千帆过——人格成长与完善

心态若改变，态度跟着改变，习惯跟着改变，性格跟着改变，人生就跟着改变。

——马斯洛

【学习目标】

1. 掌握人格基础理论，包括人格概述、人格结构及人格与身心健康的关系；
2. 学会评估和鉴别大学生的人格，调适缺陷，发扬优势特质；
3. 明晰健全人格的标准，积极塑造自身与他人的健全人格；
4. 掌握塑造健全人格的方法。

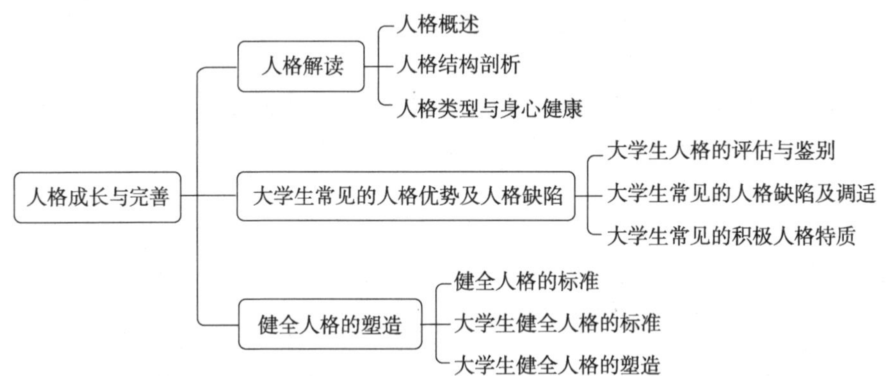

课前思考

在现实生活中，我们发现有人性格内向，有人外向；有人活泼开朗，有人沉默寡言；有人豁达大度，有人心胸狭窄；有人性情温柔，有人脾气暴躁；有人顽强果敢，有人优柔寡断；有人愉快而乐观，有人压抑而沮丧。为什么人和人之间会存在那么多差异呢？你知道你自己是一个什么样的人吗？你的人格是什么样的？你的人格中存在哪些优势和缺陷，如何让自己成为更加健全和完善的人呢？

第一节　人生万象：人格解读

生活赋予了每个人独有的特质，造就了亿万不同的个体。在经典文学作品中，林黛玉多愁善感，曹操权谋机变。在现实生活中，我们也会发现人心不同，各如其面，有的活泼开朗，有的淡定自若，有的多愁善感，有的冲动莽撞……所有这些差异都是人格差异的表现。那么，到底什么是人格呢？

一、人格百态：人格概述

“人生大舞台，生旦净末丑。”在人生的舞台上，每个人都有自己的角色定位，每个人都戴着自己独有的“面具”在表演，如忠心耿耿的红脸忠臣，狡猾奸诈的白脸奸臣，刚强粗犷的黑脸张飞……这形形色色、别具一格的“面具”像是每个人独特的“人生指纹”，能让他人从千千万万人中识别出你来。这“面具”便是人格。

（一）什么是人格?

从词源上讲，人格（personality）来源于拉丁文 persona，原指演员在舞台上戴的面具，类似于中国京剧中的脸谱。后来心理学借用这个术语用来说明每个人在人生舞台上各自扮演的角色及其不同于他人的精神面貌。所以，人格反映的是一个人表现出来的、不同于他人的、整体的精神面貌，即心理品质或心理特征的总和。

人格是多层次、多侧面、复杂的统一体，心理学家关于人格的定义有很多。美国著名心理学家、人格心理学的创始人奥尔波特认为，人格是指“一个人真正是什么”，具体来说，“人格是个体内在心理物理系统中的动力组织，它决定人对环境适应的独特性”。①国内心理学家黄希庭认为人格是“个体在行为上的内部倾向，表现为个体适应环境时在能力、情绪、需要、动机、兴趣、态度、价值观、气质、性格和体质等方面的整合，是具有动力一致性和连续性的自我，是个体在社会化过程中形成的给人以特色的心身组织”。②总的来说，人格也叫个性，是个体在日常生活中表现出来的独特而稳定的个性心理特征和个性倾向性的总和。

（二）人格的特点

人格定义的多样性，反映了人格内涵的丰富性。人格具有独特性、稳定性、功能性和整体性的特点。

1. 独特性和共同性

古人云：“人心不同，各如其面。”人与人之间的心理和行为是各不相同的，每个人都是独一无二的。人格的独特性是指每个人都有与他人不同的行为模式，表现为在心理或行为特征上的差异。正如德国哲学家莱布尼茨所说，世界上没有完全相同的两片树叶，也没有两个人格完全相同的人，即使是在遗传上最为相近的同卵双生子，其人格也是有差别的。

另外，人格的形成受社会环境影响，人和人之间在某些心理或行为上也会有共性。如同一国家、同一民族或同一地区的人会具有很多相同的心理特点。比如从世界范围来看，德国人严谨，法国人浪漫，英国人绅士，日本人勤奋，犹太人精明等；在中国，北方人性格粗犷，南方人心思细腻等。人格特征的独特性和共同性的关系就是共性和个性的关系，个性中包含共性，共性又通过个性表现出来。

---

① 樊富珉，王建中. 当代大学生心理健康教程[M]. 武汉：武汉大学出版社，2006: 101.

② 黄希庭. 人格心理学[M]. 杭州：浙江教育出版社, 2002: 8.

2. 稳定性和可塑性

俗话说，“江山易改，本性难移”，这说明了人格具有稳定性的特征。人格的稳定性是指个体的人格具有跨时间的持续性和跨情境的一致性。例如，一个急性子的人不仅在工作中干活利落、行事果断，在生活中做事也会风风火火，凡事喜欢超前一步。不仅在青少年时期如此，在成年时期甚至在老年时期也是如此。

我们强调人格的稳定性，但并不意味着人格在人的一生中是一成不变的。随着生理的成熟、生活环境的重大变化或受到重大生活事件的影响，人格可能发生比较明显的变化，因此人格具有可塑性。人格是稳定性与可塑性的统一。

3. 功能性

有位先哲说过：“一个人的性格决定他的命运。”性格是人格的重要内容之一，对人的认知、思维、能力有重要影响。因此从某种程度上看，人格会影响一个人的生活方式，甚至会决定某些人的命运，是人生成败的重要因素之一。人格对个人的行为具有调节的功能，外界环境的刺激以人格为中介对个人的行为起作用。比如面对同样的挫折，坚强者会发奋拼搏，而怯懦者会一蹶不振；面对相同的机遇，外向者倾向于积极争取，内向者善于思虑周全。因而，一个人的行为总是会打上个人人格的烙印。

4. 整体性

人格反映的是一个人整体的精神面貌，包含能力、气质、性格、情感、意志、认知、需要、动机、态度和行为习惯等多种成分，各个心理成分之间不是相互独立的，也不是机械地组合在一起，而是相互关联、交互作用，形成了一个有序的功能系统。一个人人格的和谐统一，反映的是其整体功能系统的和谐。一个正常的人总是能根据接收到的外在信息及时地、正确地认识和评价自己，能及时地调整内部心理冲突，使自己的心理和行为保持和谐一致。如果没有这种一致性，人的心理活动就会出现无序的状态，造成人格分裂。

（三）影响人格形成和发展的因素

人格的形成和发展是一个动态的过程。人格的形成是在一定的社会环境条件下，个体吸收社会文化，经过自身主观努力并接受社会和学校教育，使个体的心理特征和个性逐步完善的过程。影响人格形成和发展的因素主要有生物遗传因素、社会文化因素、家庭环境因素、学校教育因素等。

1. 生物遗传因素

人格具有稳定性，研究者注重生物遗传因素对人格的影响。双生子研究发现，遗传是人格不可缺少的影响因素。相对于异卵双生子，同卵双生子具有更多的生物相似性。艾森克的研究指出同卵双生子在外向性和情绪稳定性方面的相似性显著高于异卵双生子。遗传因素对人格的影响随人格特征的不同而不同。通常在智力、气质这些与生物遗传因素密切相关的特征上，遗传因素更为重要；而在价值观、信念、理想等与社会因素关系密切的特征上，后天环境因素更为重要。

2. 社会文化因素

社会文化因素通过价值观念、行为规范和生活方式等深刻影响人格形成与发展。不同文化背景下，集体主义文化强调群体和谐，塑造出个体谦逊、协作的特质；个人主义文化注重自我实现，易形成独立、自信的人格。此外，社会角色期待（如性别观念）和时代变迁（如网络文化）也深刻影响人格特质。文化冲突与多元价值观的碰撞使人格发展更具动态性。

3. 家庭环境因素

家庭环境对一个人的人格形成和发展具有重要和深远的影响。家庭是儿童最早接触的社会环境，家庭因素是人格发展的基石。家庭的经济收入水平、父母的职业、家庭氛围、父母的教养方式等都对儿童人格的形成起着重要的作用。

研究者将父母分为权威型、放纵型和民主型三类，这三类父母分别造就了具有不同人格特征的孩子。权威型的父母对子女过度控制，过多的批评和指责使孩子变得顺从、胆小和懦弱，像“温顺的小羊羔”。放纵型的父母对孩子过于溺爱，孩子容易养成任性、无理、蛮横和缺乏独立性的人格特征，容易被宠坏，像个“小霸王”。民主型的父母尊重孩子，在平等和谐的家庭中，孩子容易养成自信、活泼、快乐、独立、善于合作的人格特征。

4. 学校教育因素

教师对学生的人格具有导向作用。研究发现，良好的校风、班风会促使学生养成积极、主动、独立和自觉的优良人格；不良的校风、班风可能使学生养成懒散、无组织、无纪律等不良人格。教师的不同管教方式（专制型、民主型、放任型）对学生具有显著的影响作用。一个品格高尚、积极乐观、富有责任心和同情心、值得尊敬的教师，往往会对学生人格的形成产生深远而积极的影响。

综上所述，人格是个体在先天生物遗传素质的基础上，通过与后天社会环境的相互作用而逐渐形成的相对稳定和独特的认知、情感与行为模式。遗传决定了人格发展的可能性，环境决定了人格发展的现实性。

二、人格图谱：人格结构剖析

人格是一个统一的整体，主要包括三大个性特征：能力、气质和性格。这三个特征在个体身上相互影响、相互制约。下面主要介绍人格的两个重要特征：气质与性格。

（一）气质

1. 什么是气质？

气质是表现在人的心理活动和行为的动力方面的稳定的心理特征。它与日常生活中人们所说的“脾气”“秉性”等含义相近。气质是与生俱来的。孩子刚出生时，最先表现出来的差异就是气质差异。有的孩子爱哭爱动，有的孩子则平稳安静。气质表现在各种心理活动上，不以活动的内容、目的和动机为转移。气质使人的全部言行都染上了个人的独特色彩。

2. 气质类型与特征

古希腊医生希波克拉底认为人体内有四种体液——血液、黏液、黄胆汁和黑胆汁，分别产生于心脏、脑、肝和胃。这四种体液的配合比率不同，形成了四种不同类型的人。罗马医生盖伦进一步提出人的气质类型可分为多血质、胆汁质、黏液质、抑郁质四种。这四种气质类型具有不同的行为表现，像春夏秋冬四季歌一样唱着各自独特的曲调。

（1）温而润，如春天：多血质——影响力强者、互动型、社交型。比较典型的人物或艺术形象有：燕青、王熙凤、列宁等。

这种类型的人总是像春风一样“得意扬扬”，他们善言谈、喜交际，影响力强。行为方式的典型表现：热情、活泼、幽默、灵活、开朗、乐观、不甘寂寞。这种人情感丰富、外露但不稳定，思维敏捷但不求甚解，活泼好动，热情大方，善于交往但交情浅薄，行动敏捷，易于适应新环境；弱点是缺乏耐心和毅力，稳定性差，兴趣容易转移，见异思迁等。

（2）热而躁，似夏天：胆汁质——实干家、支配型。比较典型的人物或艺术形象有：李逵、鲁智深、彭德怀、普希金等。

这种类型的人像“夏季里的一团火”，有股火爆脾气。行为方式的典型表现：直率热情，精力旺盛，反应迅速而有力，但易于冲动，准确性差，勇敢果断，坚定自信，支配欲强，朴实真诚，是天生的实干家和领袖。这种类型的弱点是鲁莽冒失，遇事欠思量，有时会刚愎自用，自制力差，主观任性，思维常常粗枝大叶、不求甚解。

（3）冷漠无情，似冬天：黏液质——重视关系者、稳健型、支持者。比较典型的人物或艺术形象有：林冲、华罗庚、克雷洛夫等。

这种类型的人外表似乎给人冬天般的感觉，但内心的情绪体验深刻，也被称为“热水壶”型，外冷内热。他们重视人际关系，好和谐易共事，与人交往适度，交情深厚，被称为重视关系者。行为方式的典型表现：安静稳重、沉着踏实、坚定顽强、善于自制、耐心谨慎、行动比较迟缓。他们从容、善倾听、忍耐力强、表情平淡、情绪不易外露；其弱点是固执拘谨、主动性差、因循守旧、被动刻板、缺乏动力、行动迟缓等。

（4）冷而躁，如秋天：抑郁质——思想家、分析型、思考者。比较典型的人物或艺术形象有：林黛玉、果戈理、柴可夫斯基、达尔文等。

这种气质类型的人给人“秋风落叶”般的无奈、忧伤的感觉，多才多艺，具有艺术气息，是分析型和思考者。行为方式的典型表现：观察敏锐，办事细致认真，动作反应缓慢，有时行为孤僻。情绪体验深刻、细腻、持久而不外露，思维敏锐，想象丰富，踏实稳重，自制力强；气质上的弱点是多愁善感，易于挑剔、悲观和情绪化，较多地注意自己的内心世界。

后来，巴甫洛夫根据神经过程的基本特性（兴奋和抑制过程的强度、平衡性、灵活性）将神经系统分成四种类型：不可遏制型、活泼型、安静型和弱型，这四种气质类型恰恰和上述概括的四种典型气质类型相对应，并科学地解释了气质的生理机制。

在现实生活中，并不是每个人都能归入某一气质类型的。除了少数人具有某一种气质类型的典型特征外，大多数人是这四种气质特征相互混合、渗透、兼而有之，属于中间型或混合型，即较多地具有某一类型的特点，同时又具有其他类型的一些特点。

3. 如何看待自己的气质类型？

（1）气质没有好坏之分，不能决定人的社会价值，也不直接具有道德评价含义。任何一种气质都有其积极和消极的方面，关键在于了解自己的气质特点，扬长避短。比如：胆汁质的人有勇敢、爽朗等品质特点，但也容易养成粗心、暴躁等消极品质。胆汁质的学生要主动培养自制力，培养习惯于安静和平衡的工作态度，学会冷静地对待批评和逆境。

（2）气质不决定人的智力发展水平和成就大小，但会影响智力活动的特点和方式。据研究，俄国四位著名作家就是四种气质的典型代表：诗人普希金属于胆汁质，小说家赫尔岑属于多血质，寓言家克雷洛夫属于黏液质，而果戈理则是典型的抑郁质。四个人的气质类型各不相同，却并不影响他们在文艺领域中取得杰出成就。

扩展阅读 3-1 心理探索：四种气质类型

（二）性格

1. 什么是性格？

性格（character），源于希腊语，意为雕刻的痕迹或戳记的痕迹，后转意为特点、特色、记号和标记等。现代心理学认为，性格表现了个体对现实和周围世界的态度。[①]我们常说某某人诚实或者虚伪、勇敢或者怯懦、谦虚或者骄傲、勤劳或者懒惰、果断或者优柔寡断等，都是形容这个人的性格特征。

不同的态度表现为不同的行为方式，构成了人的不同性格。《孟子·告子》中记载《学弈》一文，讲述了弈秋教两个徒弟下棋的故事。弈秋是全国最善于下棋的人，他教两个人下棋，其中一个人专心致志，一心一意，聚精会神，只听弈秋的教导；而另一个人虽然也听讲，可是心里却想着天上有天鹅要飞过来，便想拉弓搭箭去射它。这个人虽然同前一个人一起学习，成绩却不如那个人。这就是人们对于同一事物的不同态度。态度决定高度，影响我们的行动和思想，同时也决定了个人的视野、事业和成就。

性格是在后天的社会环境中逐渐形成的，是与社会关系最密切的人格特征，包含了许多社会道德含义，最能反映一个人的道德品质及世界观，是人的最核心的人格差异。性格有好坏之分，比如：诚实、公正、守信；自尊、自信、自强；尽责、进取、友善；独立、自制等都是良好的性格特征，而自卑、嫉妒、猜疑、软弱、无恒心等都是不良的性格特征。

2. 性格的结构

个体的性格特征表现在多种不同的方面。一般认为，个体性格特征主要由态度特征、意志特征、情绪特征和理智特征四个方面组成。这些结构特征的不同组合，形成了个体独特的性格。

态度特征：性格的态度特征是指人对社会、集体、他人、自己、学习、劳动、工作、生活等方面所表现出来的心理倾向性。如热爱祖国、关心集体，具有社会责任感和义务感；乐于助人，待人诚恳；冷漠、自私；正直诚实，狡诈虚伪；自尊、自信、自强、自负、自卑；勤奋、懒惰、认真细致、马虎、粗心大意；开创精神、墨守成规；勤俭节约、挥霍浪费等特征。

意志特征：性格的意志特征是指人在有意识地支配、调节自身行为的方式和水平上表现出来的心理倾向性，包括对行为目的的明确程度，对行为的控制水平，坚持或持续的水平，紧急或困难状态下的行为表现。比如在确定目标方面，是主动还是被动，是独立还是易受暗示，是果断还是优柔寡断；在长期行动中面临困难时，是勇敢还是胆怯，是坚忍不拔还是见异思迁，是持之以恒还是半途而废等。

情绪特征：性格的情绪特征是人在情绪活动中经常表现出来的强度、稳定性、持久性以及主导心境等方面的特征。如有人情绪体验深刻，有人情绪体验肤浅；有人终日精神饱满、愉快、乐观、开朗，有人却整日愁眉苦脸、忧伤、烦闷、悲观等；有人情绪稳定平静，

---

① 彭聃龄. 普通心理学[M]. 北京：北京师范大学出版社, 2004：441.

有人情绪易变冲动；有人情绪自控内敛，有人情绪放纵外显；有人遇事沉着应对，有人遇事总是惊慌失措；等等。

理智特征：性格的理智特征是人在感知、记忆、思维、想象等认识过程中表现出来的个别差异。如有人主动观察，有人被动观察；有人记忆敏捷、过目不忘，有人总是健忘；有人善于分析，有人善于概括；有人善于独立思考，有人喜欢人云亦云；有人想象主动，有人想象被动；有人想象丰富、奇特，富有创造性，有人想象贫乏而又狭窄；等等。

构成性格的各个方面不是独立存在的，也不是简单叠加，而是相互联系、相互影响，有机地组成一个整体，构成一个人的独特而稳定的性格。

三、人格透视“三棱镜”：人格类型与身心健康

人格特征与身心疾病关系的研究表明，某些身心疾病与其特定的人格特征相关。比如，哮喘患者多有过分依赖、幼稚、暗示性高的人格特征；偏头痛患者多表现出刻板、好竞争、好嫉妒、追求完美的人格特征；具有矛盾、强迫性、吝啬、听话、抑郁特征的人容易得结肠炎、胃溃疡等疾病；高血压患者多有追求完美、好竞争、好激动、易怒、易焦虑等性格。因此，人格类型和身心健康有着密切的关系。

（一）人格类型：A 型、B 型和 C 型

在现实生活中，有这么一种人，做一件事总想一下子干完，不干完不踏实。他总觉得时间紧张，不够用；走起路来风风火火；坐公共汽车，遇到交通拥挤车开得慢，他坐立不安；做工作总要尽善尽美，追求比别人好。他有很强的竞争欲，也有很强的嫉妒心，人际关系也比较紧张。这种人格类型称为“A 型人格”。

扩展阅读 3-2　心理探索：西游记中人物的性格特征

A 型人格的个体易患冠心病，个性表现为急躁、求成心切、善进取、好争胜。A 型人格的心理与行为的主要特征是：一是时间观念特别强，有时间紧迫感，常常感觉到时间不够用并因此产生压力；二是长期的亢奋状态，常常同时思考或做两件事情，总是设法把工作日程安排得满满当当，每天大部分时间都处于紧张状态；三是雄心勃勃，竞争性强，追求成就，有较强的事业心，力求达到更高标准，勇于承担责任；四是遇到挫折变得具有敌意和攻击性，对他人怀有戒心；五是缺乏耐心和容忍力等。

A 型人格的人“经常想到有许多事情要做，却没有时间去做”，这种复杂心态会使他们紧张忧虑得心力交瘁，于是，高血压、心脏病、溃疡病便会随之发生。罗森曼等人在长达八年对三千多人的研究中，发现患冠心病的 A 型人继发心肌梗死的可能性约 5 倍于非 A 型的冠心病患者。根据美国全国心肺和血液研究所的调查，A 型人格的人患心脏病的比率高达 98%以上。

B 型人格的人性情不温不火，举止稳当，对工作和生活的满足感强，喜欢慢步调的生活节奏，能充分享受娱乐和休闲，能充分放松而不感到内疚。这类人格的主要特征是悠闲自得，一般无时间紧迫感，未因时间不够用而感到厌烦；认为没有必要表现或讨论自己的成就和业绩，除非环境要求如此；不喜欢争强好胜，有耐心，能容忍等。在需要审慎思考和耐心的工作中，B 型人格个体表现往往比 A 型人格个体好。B 型人格是一种比较健康的人格。

C 型人格的心理和行为有如下主要特征：一是过分地压抑自己的负性情绪，把愤怒藏

在心里并加以控制，谨言慎行，常常自责，极怕失败，有心事不向人倾诉，情绪不良时找不到倾诉的对象；二是生活和工作中没有主意和目标，不确定性多；三是对别人过分有耐心，在行为上表现出与别人过分合作，原谅一些不该原谅的行为；四是尽量回避各种冲突，屈从于权威，顺从、迁就、忍让，没有自信，喜欢自我批评，甚至为了取悦他人或害怕得罪他人而放弃自己的爱好和需求等；五是认命，生活无意义、无价值、无乐趣，患病不肯求医，对人有戒心，没有很密切的人际关系等。

许多研究都证实了 C 型人格是导致癌症倾向的性格因素，具有 C 型人格的人患癌发病率是其他人的 3 倍。

（二）乐观主义与悲观主义

有一对截然不同的孪生兄弟，一个出奇乐观，一个却异常悲观。有一天，他们的父亲对他们进行“改造”：他把乐观的孩子锁进了一间堆满马粪的屋子里，把悲观的孩子锁进了一间放满漂亮玩具的屋子里。一个小时后，他们的父亲走进悲观孩子的屋子里，发现他坐在一个角落里，一把鼻涕一把眼泪地哭泣。父亲看到悲观的孩子泣不成声，便问：“你怎么不玩儿那些玩具呢？”“玩了就会坏的。”孩子仍在哭泣。当父亲走进乐观孩子的屋里时，发现孩子正在兴奋地用一把小铲子挖着马粪，把散乱的马粪铲得干干净净。看到父亲来了，乐观的孩子高兴地叫道：“爸爸，这里有这么多马粪，附近肯定会有一匹漂亮的小马，我要给它清理出一块干净的地方来。”这对孪生兄弟竟有如此大的差别。

乐观主义被定义为一种认为生活中通常发生好的事情而不是坏的事情的信念。它是抵抗压力、维护健康的一个重要的人格变量。乐观主义的优势为：体验到更多的积极情感，有较低的压力水平和较少的身心症状。乐观主义者往往给自己设定更高的目标，并相信自己能够达到设定的目标。乐观的人对生活有积极的期望，能使自己更好地应对压力，从而以更为健康的方式享受生活。

为什么乐观的人格特点有助于人们更好地应对生命中的危机和挑战呢？

这主要是由于乐观主义者和悲观主义者运用了不同的策略来应对他们遇到的问题。乐观主义者更多地使用问题解决、恰当的情绪应对等积极的应对策略；而悲观主义者在面临问题时更多地采用自我分心、情绪化或行为退缩等消极的应对策略。

研究表明：乐观性格能加速心脏手术后的康复。与乐观相联系的是幽默。性格幽默的人能化解挫折困境和尴尬场面，使生活充满情趣和活力。比如，被诊断为晚期癌症，乐观的人接受事件的发生，放弃长远目标的追求，根据现实重新安排生活，乐观地、建设性地使用余下的时间；而悲观者宿命地、消极悲观地顺从死亡的来临，后者确实死亡得更快。

培养大学生对生活的乐观态度，不仅有利于维护他们的身心健康，而且有助于他们积极看待人生，走向成功。

第二节　取长补短：大学生常见的人格优势及人格缺陷

大学生在学校中要适应激烈的学习竞争，要不断地扩大自己的交往范围，人格发展也必然会受到大学生活的影响。大学生作为正在趋于成熟的优秀群体，其人格中必定有优秀的品质以促进其完成学业，成长成才，也或多或少存在这样或那样的一些不足和缺陷。因此，大学生只有充分了解自己的人格特征，才能针对不足，善用优势，用科学的方法完善自我人格，构建美好人生。

一、知否知否：大学生人格的评估与鉴别

日常生活中，我们经常说“某同学内向、冷淡；某同学外向、热情；某同学攻击性强，对人充满敌意；某同学真诚善良，待人亲切友好”。这些评价都是围绕着人格来说的。怎样全面准确地了解一个人的人格呢?

（一）根据心理测验进行人格评估

常用的人格测验主要有人格问卷测验和人格投射测验。人格问卷测验是测量人格特点的一种测验方法，又称自陈量表测验。自陈量表多采用客观测验的形式，设计出一系列陈述句或问题，要求被试者做出是否符合自己情况的报告。人格测验的量表很多，常用的有明尼苏达多项人格测验（MMPI）、卡特尔 16 种人格因素量表（16PF）、爱德华个人爱好量表（EPPS）、艾森克人格问卷（EPQ）、杰克逊人格问卷（JPI）等。人格投射测验主要探讨个体内在隐蔽的行为或潜意识深层的态度、冲动和动机，有主题统觉测验、罗夏墨迹测验、画人测验和语句完成测验等。

（二）根据日常生活中的心理和行为表现特点进行人格鉴别

了解一个人的人格特性最常用、最直接、最简单易行的方法就是观察一个人的面部表情、体态表情和言语表情等。比如：托尔斯泰把人的眼睛区分为狡猾的、炯炯有神的、明朗的、忧郁的、冷淡的等；亚历山大·洛温在《人体动态与性格结构》一书中认为，耷拉着的肩膀表示内心受到压抑，耸着的肩膀和害怕心理有关，肩膀平齐说明能承担责任，弯曲的肩膀是沉重的精神负担的反映。我们也可以从一个人说话的语音高低、语速的快慢、语气及其谈话的内容了解一个人的人格特点，常言道“言为心声，文如其人”。

二、闻“过”则改：大学生常见的人格缺陷及调适

人格缺陷是介于正常人格与人格障碍之间的过渡状态，常见表现包括懒惰、拖拉、粗心、怯懦、急躁、抑郁、狭隘、自卑等。这些缺陷会影响学习效率、人际关系甚至心理健康。以下解析典型人格缺陷及调适方法：

（一）懒散及其调适

懒散表现为生活无目标和计划，随心所欲，该完成的事不及时完成，得过且过。爱睡懒觉，学习不积极主动，做事拖拉、疲沓，缺乏进取精神，想得多做得少；也常感到内疚、自责、后悔，但又无力自拔。懒散是大学生意志活动无力的表现。

要克服懒散，首先必须充分认识懒惰的危害性，从内心深处有改善懒散的强烈动机，下决心克服安逸享乐思想；其次要确立合适的奋斗目标，振作精神立即行动，从日常小事做起，不给自己找借口，不原谅自己的偷懒，力争今日事今日毕；再次要多与人交往，要多关心外部世界，多参加有益身心的社会活动；最后要加强自制力，增强毅力，要求自己做出决定就必须执行，不该做的事坚决不做。言必行，行必果。

（二）偏激及其调适

偏激在认识上的表现是看问题绝对化，具有主观片面性，比较极端，要么全好，要么一无是处；在情绪上的表现是根据个人的好恶和一时的心血来潮去论人论事，缺乏理性的态度和客观的标准；在行动上的表现则是莽撞行事，办事急躁冲动，不顾后果。偏激在大学低年级学生中更为常见。

要克服偏激，首先要多动脑筋，拓展视野，提高思维水平，要多角度思考问题，防止简单化、片面化和绝对化；其次，在日常生活中要培养理性、自制、严谨、细致、谨慎等品质，要学会正确看待生活中的矛盾冲突，对事不对人；最后，要开阔心胸，学会宽容，能够容人容事。

（三）怯懦及其调适

怯懦的人常以“老好人”的面目出现，害怕面对冲突，害怕别人不高兴，总是委曲求全，习惯于忍气吞声以求相安无事，过多的退让纵容了别人的不适当行为和态度；不敢冒险，害怕可能面临的困难和挫折，不敢与坏人坏事作斗争，回避困难；处理问题时瞻前顾后，缺乏勇气和信心，不表明自己的态度，不敢承担责任，常常等到下定决心，却又错过了解决问题的时机。这样的人越躲避失败越容易体验到强烈的自我挫败感，导致自我评价和自信心的下降。

要克服怯懦，首先要从观念上强化自己作为人的权利和尊严，当平等的、受尊重的权利受到侵害时，每一个人都应该进行有理、有利、有节的斗争。其次，要从行为上改变自己，增强自信，进行增强自信的训练，要善于发现自己的优点，变被动为主动；在生活词典中去掉“不敢”两个字，多给自己鼓励；学会说“不”，学会拒绝。最后，要敢于抓住机遇，积极锻炼，积极应对生活中的挫折，敢于承担责任。

（四）孤僻及其调适

孤僻多见于性格内向的大学生，其主要表现是不合群、不喜欢交往，对周围的人怀有戒备心理或厌烦情绪，平时做事喜欢独来独往，疑心较重，神经过敏。孤僻的大学生不喜欢向同学和朋友倾诉自己的一些不良情绪，不断积累起来就容易引起严重的身心疾病。

改变孤僻首先要主动与人交往，人只有在交往中才能被理解和接受，要积极主动地创造各种条件与人交往。其次，要主动参与各种活动，扩大交际面，并体验各种活动的乐趣，这既有利于人际交往，又有助于培养积极情绪，从而使自己更乐于交往、善于交往。最后，要适当地敞开心扉，相信同学和朋友，适度倾诉自己的压力和不适，及时调节不良情绪，保持身心健康。

（五）虚荣及其调适

虚荣是指过分看重荣誉、他人的赞美，自以为是。虚荣心是自尊心与自卑感的混合产物。虚荣心强的大学生一般性格内向、情感脆弱、自尊敏感，虽然有些自卑，却又害怕别人伤害自己的尊严，过分在意别人的评论与批评，与人交往时总有一种防御心理，常常会千方百计地抬高自己的形象。他们捍卫的是虚假的、脆弱的、不健康的自我，以至于无暇来丰富、壮大真实的自我。

克服过强的虚荣心，首先要对虚荣心的危害性有明确的认识，有勇气有决心来改变自己；其次应当努力认识自己，正视自己的优势与不足，扬长避短；再次要树立自信、积极和健康的荣誉感，正确表现自己，不卑不亢；最后要正确对待个人得失与他人评价，正确看待名利，不为外界的议论所左右。

（六）狭隘及其调适

狭隘即日常说的“气量小”“小心眼儿”。凡事斤斤计较、耿耿于怀、好嫉妒、好挑剔、钻牛角尖、容不得人等，都是心胸狭隘的表现。心胸狭隘的人往往固执己见，按照自己固有的模式去批评、抱怨他人。狭隘的人思路狭窄，态度观点极端，交流方法单一，在交往中容易伤害他人的感情，也常给自己带来烦闷、苦恼，影响自己的情绪和在他人心目中的形象，影响人际关系，于人于己有百害而无一利。

要克服狭隘，首先要摆脱以自我为中心的态度和思维模式，从他人的角度看问题，换位思考，理解他人。其次要胸怀宽广坦荡，善于悦纳异己，要做到海纳百川。再次要博学广闻，要丰富自己，开阔视野，站得越高看得越远。最后还要学会宽容，宽以待人，这样既能获得友谊和支持，也能减少自己的不良情绪。

三、志强智达：大学生常见的积极人格特质

美国心理学家特尔曼追踪研究了 1 528 名智力超常儿童，追踪研究 50 年后发现这些儿童成年后成就差异显著。通过人格分析发现，他们结局不同的主要原因不在于智力，而在于人格特点的差异，尤其在意志品质方面。成就最大的人具有自信、自强、谨慎的品格，有坚持性和抗挫折的能力。有些智力平常而有坚强意志和优良品格的人，同样能取得惊人的成就。这说明良好的人格特质是一个人取得成功的必要条件。因此，我们在调适人格缺陷的同时，更要关注积极人格特质的发掘与培养。

（一）大学生常见的积极人格特质

研究发现，积极的人格特质可以缓解心理疾病，诸如勇气、乐观、诚实、坚韧等，通过识别和增强人们身上的积极人格特质，能够有效预防心理疾病，增强心理健康程度。积极的人格特质有助于增进幸福生活，拥有积极人格特质的人能更好地体验生活的意义，更好地发挥潜力，拥有更高的生活质量，最大限度地实现自我并促进社会发展。积极人格特质有三个核心要素：主观幸福感、自我决定性和乐观。

主观幸福感既是一种人格特质，也是一种心理体验，它是指我们对自己生活状态的满意程度，取决于自己主观上如何评价自己的生活。

自我决定性是指人们对自己的发展能做出合适的选择并加以坚持。自我决定性人格特质以学习、创造和好奇等人格特质为基础，受社会价值观和生活经历的影响，在健康、幸福等心理需要得到满足后逐步形成和发展。人的三种最基本的心理需要，即胜任、交往和自主，是自我决定性人格特质形成的前提。比如大学生竞选班长的行为，在权衡了个人胜任能力、人际交往能力和心理需要之后，拥有自我决定性人格特质的人可以顺利作出是否竞选的决定，并能在竞选之后做好下一步规划。

乐观是人类重要的人格特质和积极的内在力量，是我们对自己所处环境和自身行为产生的一种积极体验。乐观的人能够很好地处理生活中的困境，能建立较好的人际关系，处理问题主动迅速，自信心更强，敢于坚持，成功的概率更高。他们常常会把生活环境中所面临的困难归因于外在因素，在任何环境下都会朝好的结果去努力。

2004 年，彼得森和塞利格曼通过调查出版了他们共同撰写的《品格优势和美德：手册

与分类》，他们将人类的美德归为六大类，而每类美德中还包含着几种人格上的优秀品质，共二十四种积极人格品质，见表 3-1。

表 3-1　六大类二十四种积极人格品质

序号	类　别	积极人格品质
1	智慧	1. 创造力 2. 好奇心 3. 思维力 4. 好学 5. 洞察力
2	勇气	6. 正直 7. 勇敢 8. 毅力 9. 活力
3	仁慈	10. 友善 11. 爱 12. 人际智力
4	正义	13. 公平 14. 领导力 15. 公民精神
5	节制	16. 宽恕 17. 谦虚 18. 审慎 19. 自我规范
6	超越	20. 欣赏 21. 感恩 22. 希望 23. 幽默 24. 灵性

这些优秀的人格品质在世界各地都普遍存在，被各地文化认可，会使人感到满足而充实，使人在生活中感到完善和幸福。当人们发现和善用自己的优点，进行有意义的活动时，会产生愉快的情绪，主观幸福感会提升。

（二）积极人格特质的发掘与培育

当人们投身于满意而快乐的活动，保持着乐观的心态，以积极的价值观为生活理念，那么人将得到充分发展，最终获得幸福。在这一过程中，积极的人格品质为人的行为提供了稳定的内在动力。培育积极人格品质是提升心理健康水平的途径之一。积极心理学把增进个体的积极体验作为培养个体积极人格的最主要途径。当人们能满意地回忆过去的幸福、从容地感受现在并对未来充满希望时，积极的人格特质将得到强化，进而得以更充分地发挥效用。

为了使人们能够快速找到自身的人格优势，樊富珉等编制了积极人格品质调查问卷，并设计了一系列团体辅导活动，帮助学生体验积极情绪，认识自己的人格优势，善用人格优势建立积极的生活态度，增强自我幸福感。

课堂活动 3-1

积极人格品质调查[①]

指导语：请您仔细阅读下面各题，在符合自己情况的数字上画“○”。“1”表示从来没有，“2”表示绝大多数时间没有，“3”表示多半时间没有，“4”表示半数时间有，“5”表示多半时间有，“6”表示绝大多数时间有，“7”表示所有时间都有。每一条只能选择一个数字，请认真填写。

序号	积极人格品质	从来没有	绝大多数时间没有	多半时间没有	半数时间有	多半时间有	绝大多数时间有	所有时间都有
1	创造性或灵活感	1	2	3	4	5	6	7
2	好奇心或兴趣	1	2	3	4	5	6	7
3	开放、虚心	1	2	3	4	5	6	7
4	爱学习	1	2	3	4	5	6	7
5	远见或智慧	1	2	3	4	5	6	7
6	勇敢和勇气	1	2	3	4	5	6	7
7	坚定不移和持之以恒，勤奋、刻苦	1	2	3	4	5	6	7
8	诚实或真诚	1	2	3	4	5	6	7
9	热情或活力	1	2	3	4	5	6	7
10	爱或依恋	1	2	3	4	5	6	7
11	仁慈或慷慨	1	2	3	4	5	6	7
12	社会智力（人际）	1	2	3	4	5	6	7
13	忠诚和合作	1	2	3	4	5	6	7
14	公平、正直	1	2	3	4	5	6	7
15	领导能力	1	2	3	4	5	6	7
16	宽恕或仁慈	1	2	3	4	5	6	7
17	谦虚	1	2	3	4	5	6	7
18	谨慎、判断力	1	2	3	4	5	6	7
19	自制或自我调节	1	2	3	4	5	6	7
20	对美的欣赏	1	2	3	4	5	6	7
21	感恩	1	2	3	4	5	6	7
22	希望或乐观	1	2	3	4	5	6	7
23	有趣或幽默	1	2	3	4	5	6	7
24	信仰或精神	1	2	3	4	5	6	7

你认为自己排在前五项的性格优势是（请按内容填写）：

（1） （2） （3） （4） （5）

你打算在今后的学习、工作和生活中怎样善用你的性格优势？

① 樊富珉，费俊峰. 大学生心理健康十六讲[M]. 北京：高等教育出版社，2013：112.

第三节 笃行致远：健全人格的塑造

大学生健全人格的塑造是一个时代的重要课题。积极塑造健全人格，有利于促进大学生适应社会生活，保持自己内心的和谐和人格的完整，发挥自我人格的智慧、美感和力量，对于个人和社会都有重要意义。塑造健全的人格需要大学生立足于了解自己的个性特征，有针对性地加以完善。

一、人格的和谐：健全人格的标准

健全人格是指个人在自我所处的社会文化环境中保持良好的认知、平稳的情绪情感、恰当的行为方式和正常的社交与职业功能，是多种良好的人格特质在个体身上的集中体现。具体来说，健全人格是一种各方面都处于优化状态的理想化人格，即全面发展的人。健全人格表现出人格的统一性、完整性和稳定性，是人格特征的完备结合。国内外学者关于健全人格都做了相应的研究和论述。

阿尔伯特提出人格健康的六条标准：①自我广延的能力；②与他人热情交往的能力；③情绪上有安全感和自我认可；④具有现实性知觉；⑤具有自我客体化的表现；⑥有一致的人生哲学。

我国学者高玉祥认为，健全人格的特点有：①内部心理和谐发展；②能够正确处理人际关系，发展友谊；③能把自己的智慧和能力有效地应用到能获得成功的工作和事业上。

黄希庭教授提出的健全人格观为：①对世界抱开放态度，乐于学习和工作，不断吸取新经验，富有创造性；②以正面的眼光看待他人，有良好的人际关系和团队精神；③以正面的态度看待自己，能自知、自尊、自我悦纳；④以正面的态度看待现在和未来，追求现实而高尚的生活目标；⑤以正面的态度对待困难与挫折，能调控情绪，心境良好。

二、规制在心：大学生健全人格的标准

现代社会中大学生所具有的健全人格的标准主要包括以下几个方面：

（一）自我悦纳，接纳他人

人格健全的大学生能够积极地开放自我，正确地认识和评价自己，坦率地接受自己的不足，充满自信，扬长避短，能有效地调节自己的行动，与环境保持和谐平衡；坦然面对现实，并能欣赏悦纳他人，对生活持乐观向上的态度。

（二）人际关系和谐

人格健全的大学生关心他人，帮助他人，乐于与人交往，能与他人建立良好的关系。在与人相处中既真诚又富有理性，心胸开阔，善解人意，宽容他人，尊重自己也尊重他人，对不同的人际交往对象表现出合适的态度，既不狂妄自大，也不妄自菲薄。

（三）独立自尊

自尊是人格健康的指标之一，表现为一个人对待自我的积极态度。人格健全的大学生力求成功、避免失败，自信自尊、自爱自强、人格独立。自尊的人在生活中始终关心自我

形象，不做有伤个人尊严的事，生活态度积极乐观。自尊催人向上，既能给身处逆境的人以前进的动力，又能让顺境中的人向更高层次努力。

（四）良好的情绪调节能力

情绪标志着人格的成熟程度。人格健全的大学生情绪反应适度恰当，具有调节和控制情绪的能力；经常保持愉快、乐观、开朗的心境，充满生活热情，具有幽默感，消极情绪出现时能予以合理的排解、宣泄、转移和升华。

（五）良好的社会适应能力

社会适应能力反映了人与社会的协调程度。人格健全的大学生能和社会保持良好密切的接触，以开放的态度主动关心社会、了解社会，能看到社会发展的积极面和主流，具有社会责任感；同时使自己的思想、行为跟上时代的发展，表现出良好的适应能力；能够开拓进取，具有自主性，能独立思考，处事果断、坚决。

（六）乐观的人生态度

乐观的大学生能看到人生中积极的一面，对未来充满信心和希望，对生活和学习抱有极大的兴趣，努力发挥自己的智慧和能力。他们意志坚强，即使遇到困难和挫折，也能勇于面对，不畏艰险，克服困难。

（七）能够发挥自己的潜能

人格健全的大学生具有自我发展、自我塑造与自我完善的能力，能够充分开发自身的创造力，创造性地生活，发现生命的意义并选择有意义的生活。

三、如琢如磨：大学生健全人格的塑造

新时代的大学生应勤于自省，主动分析自身的性格特征，发挥自身积极品质，有意识地塑造自己健全的人格，使自己能够很好地适应生活，保持自己内心的和谐和自我人格的完整，充分展现自我人格的智慧、美感和力量。大学生应该如何塑造健全的人格呢？笔者认为主要从以下几方面入手：

（一）培养健康的自我意识

1. 提高自我认知，纠正认知偏差

大学生要全面认识自己，建立多元的自我概念；建立合理的比较体系，特别要注重父母、长辈、老师和同学的评价，要接受别人评价中的合理部分，避免自我评价偏差。大学生要经常自我反省，没有自我反省，就无从实现自我完善。可运用自我观察、自我分析、自我报告的方法进行自我评价，避免产生过高或过低的自我评价。

2. 有效地自我控制，坚持理想自我

理想自我是将来要实现的目标。大学生要从自己的实际出发，根据自己的实际能力，合理定位理想自我。要把远大目标分解成一个个小的具体目标，使自我控制积极有效。大学生要积极参加各种有益身心的社会实践活动，要从小事做起，养成良好的生活和学习习惯。在努力实现目标的过程中，要发展持久性和自制力，增强挫折耐受力，使自己能积极

主动地坚持目标，为实现目标而努力排除干扰、克服困难，培养顽强的意志力。

（二）加强自我教育

1. 培养自立意识

自立是个体从自己过去依赖的事物中独立出来，对自己的承诺和行为负责任的过程。自立是大学生的一个重要发展任务。有研究表明，高自立意识的大学生在行为上表现出较多的自主行为和自控行为：能较好地安排自己的生活计划，对挫折和困难能主动地进行自我调节与控制，能积极地参加集体活动，对自己有着比较积极的认识，能更积极地投入生活和学习，人际关系也更为和谐，遇到困难也能更成熟地应对。大学生要积极地进行自我教育以改善其社会自立意识。

2. 提高自信心

自信心是一个多维度、多层次的心理系统，是个体对自己的积极肯定和确认程度，是对自身能力、价值等做出正向认知与评价的一种相对稳定的人格特征。自信心会带来顽强的毅力，可以使人们最大限度地发挥聪明才智，蔑视困难和失败，进而迈向成功。

培养自信心的关键是要充分肯定自身存在的价值，要对自己的能力有信心，学会客观地分析自己。大学生可以通过以下自我行为训练来提高自信心：找出自己的长处；培养抬头走路的习惯；开会或上课时在前排就座；对着镜子练习大声讲话，并练习当众发言；改变自我心像，把自己想象成一个很成功的人；等等。

3. 提高自制力

自制是指一个人自觉地调节和控制自己行动的品质。自制力是一个人的自我克制、自我约束的能力。自制力强的人，能够选择正确的活动动机，调整行动目标和行动计划，理智地控制自己的欲望，以区分轻重缓急的原则去满足社会要求和个人身心发展的需要，同时能够抵御诱惑，对不正当的欲望能坚决予以抛弃；能够理智地对待周围发生的事件，有意识地控制自己的思想感情，约束自己的行为。大学生在学习上要有较强的自制力，要勤奋学习，排除干扰，减少不必要的活动，在以后的工作和事业中更需要有坚强的自制力品质。

4. 保持自尊

自尊是个人要求社会、集体和他人尊重自己、尊重自己的社会地位和荣誉的心理倾向。它与自我接受、自我肯定和自我赞许相联系。自尊心是性格结构中的可贵品质，自尊心能使人采取积极的生活态度，成为推动人不断进取的巨大动力。

缺乏自尊心会使人产生自卑心理，自轻自贱，甚至会自暴自弃。缺乏自尊心的大学生在和他人交往时往往发生困难，有孤独感；会丧失向上的勇气和决心，变得意志消沉，遇到挫折有可能就此沉沦。高自尊的大学生渴望表现自己，进取心强，对平等有强烈的要求。他们热爱真理，尊重客观现实，既不孤芳自赏，也不随波逐流，对他人能接纳和信任。

5. 培养乐观向上的生活态度

高尔基曾经说过："一个人追求的目标越高，他的才能就发展得越快，对社会就越有益。"人格健全的大学生一般积极追求上进，有自己的目标并努力去实现它，并在此过程中追求自我价值的实现。而且人格健全的大学生往往比较乐观，乐观是每一个人都应该具备的生活态度。乐观的人常常能看到生活中光明的一面，乐观地看待未来，对前途充满希望和信心。因此，大学生要积极进取，努力奋斗，在努力实现理想的过程中体验成功的快乐，享受幸福的生活。

总之，自我教育是培养大学生健全人格的根本途径。自我教育能够充分调动和发挥大学生的积极性、主动性和创造性，能够收到良好的教育效果。因此，高校应大力提倡并积极引导大学生进行自我教育。

（三）营造和谐的人际关系

1. 学会人际交往技巧

坚持以真诚、热情、信任、尊重、宽容的态度对待身边的每一个人；学会站在对方的角度考虑问题，通过换位思考来加深双方的了解；掌握赞美、批评、倾听等方面常用的交际技巧，了解各种社交礼仪。

2. 加强与人的沟通

大学生要利用自己的业余爱好，增加与人交流沟通的机会。如果你喜欢踢足球，你可以加入喜欢踢足球的小圈子。共同爱好是相互理解、相互欣赏的基础。一开始，你需要使自己能够被人接受、受人欢迎。

3. 积极改善人际关系

改善人际关系首先是改变自己，通过改变自己来改变别人。大学生的思维已经成熟，首先，要从反省自我开始，从具体行动起步。当面临人际危机时，主动解释，消除误解。其次，主动而热情地待人。心理学家发现，热情是最能打动人、对人最具吸引力的特质之一。一个充满热情的人很容易把自己的良性情绪传染给别人。[①]最后，要善于帮助别人。相互帮助可以使人与人之间的心理距离迅速缩短，良好的人际关系可以迅速建立起来。如果你对身边的人倾注足够的真诚和关注，你将会对不同的人有越来越深的了解。在这个积累智慧、拓展心灵的过程中，你的人格会发生变化。

（四）完善人格品质

培养良好的人格品质可以从三个方面着手：一是优化人格结构。首先，要选择某些优良人格特征作为自己努力的目标，如自信、勇敢、勤奋、坚毅、善良、正直；其次，要针对自己人格上的缺点、弱点努力予以纠正，如自卑、胆怯、懒惰、任性、冷漠、以自我为中心。二是要努力学习文化知识，提升个人知识素养。积累知识、增长智慧的过程也是优化人格结构的过程。一些人的人格发展缺陷源于无知，无知使人自卑、粗鲁，而丰富的知识则使人自信、坚强、理智。三是防止过犹不及，掌握人格发展和表现的度。应做到：理智而不冷漠，多情而不滥情，活泼而不轻浮，豪放而不粗鲁，坚定而不固执，稳重而不寡断，谨慎而不胆怯，忠厚而不愚蠢，干练而不世故，自信而不自负，自谦而不自骄，自爱而不自恋，果断而不冒失。

（五）积极参与社会实践活动

参加社会实践是健全人格发展的基本途径，无论是知识的获得、能力的培养，还是身体的锻炼、情绪的调节和意志的磨炼，都离不开社会实践。

---

① 郑日昌. 大学生心理卫生[M]. 济南：山东教育出版社. 2001：241.

大学生社会实践内容丰富，形式多样，通常有义务劳动、志愿者活动、勤工助学、专业实习、科研活动和各种社团活动等。积极参加义务劳动和志愿者活动，能培养大学生关心社会和他人、团结协作、责任感强、乐于奉献等优良品质；积极参加勤工助学的大学生具有头脑灵活、思路开阔、独立性强、自信果断、讲效率、富于创造性的人格特征；大学生利用所学知识和技能，独立或协助老师进行课题研究，认真参加专业实习，可以培养自主、严谨、细致、有恒心、协作、诚实等人格品质；大学校园里的各种学生社团活动可以培养大学生的沟通协调能力强、组织管理能力强、善于交往、适应能力强等人格品质。可见，积极参加社会实践对于大学生人格的发展与完善具有重要意义。

综上所述，人格健全的过程就是心理健康和心理成熟的过程。健全人格的塑造与完善，是一项系统的自我改造、自我实现的工程，要善于择优汰劣，要从小处做起，在实践中持之以恒。最重要的是要学会自我分析、自我批评，自主确立人格塑造的目标，通过自省、自警和自励，优化人格结构，完善人格品质，从而能够从容应对现实生活，以积极良好的心理状态迈向社会，不断塑造和完善健康和谐的现代人格。

心理拓展

做一把自己的戒尺：性格调节计划训练

问问自己：“你今天想如何改变你的生活？”一旦你确定了自己想要改变什么，就要制订一个行动计划，并且完善它。计划给你一个起点，越早实施越好。

1. 请为自己制订一个可操作的性格调节计划，其中应该包括具体的目标、时间和方法。如：我计划在三个月的时间内，通过每天坚持与周围的人打招呼和至少与一个人聊天的方法，使自己开朗起来。

2. 执行计划。

3. 检查计划执行的情况。

4. 自我奖励。

5. 巩固行为直到形成习惯。

真正意义上的内心改变是一个渐进的过程，改变我们的行为和习惯需要相当长的时间。同样，建立新的行为习惯并带来幸福也需要相当长的时间。这需要三个要素——决心、努力和时间，这是幸福真正的秘密所在。请马上开始你的改变历程吧！

问题思考

1. 分析自己的人格特点，思考：如果要成为一个更加完善成熟的人，你需要从现在开始做出何种努力和改变？

2. 朱某，大一男生，用了 20 分钟还没填完一张个人信息表。他说，他要先削铅笔，然后清理铅笔屑，又发现转笔刀不干净，还要清理干净再填表。他每天准时在晚餐后七点到教室上自习，又要花很多时间整理书桌和物品，总是喜欢把作业拖到最后时刻才完成。该同学的主要心理问题可能是什么？应如何进行调整和矫正？

推荐阅览

[1] 许燕. 人格——绚丽人生的画卷[M]. 北京：北京师范大学出版社，2000.

[2] 戚炜颖. 人格魅影：祛魅人格心理学[M]. 北京：北京大学出版社，2007.
[3] [美]乔纳森·布朗. 自我（第二版）[M]. 北京：人民邮电出版社，2015.
[4] [美]爱利克·埃里克森. 身份认同与人格发展[M]. 北京：世界图书出版公司，2021.
[5] [美]亚伯拉罕·马斯洛. 动机与人格（增订版）[M]. 沈阳：春风文艺出版社，2025.

即测即练

自学自测

第3章

扫描此码

第四章

好雨知时节——情绪管理与调适

把脸一直朝向阳光，这样就不会见到阴影。

——海伦·凯勒

【学习目标】

1. 明确情绪的本质与功能，知道情绪与健康的关系；
2. 熟悉大学生情绪的特点，能够识别自己和他人的情绪困扰；
3. 学会情绪管理的方法，提升情绪管理能力。

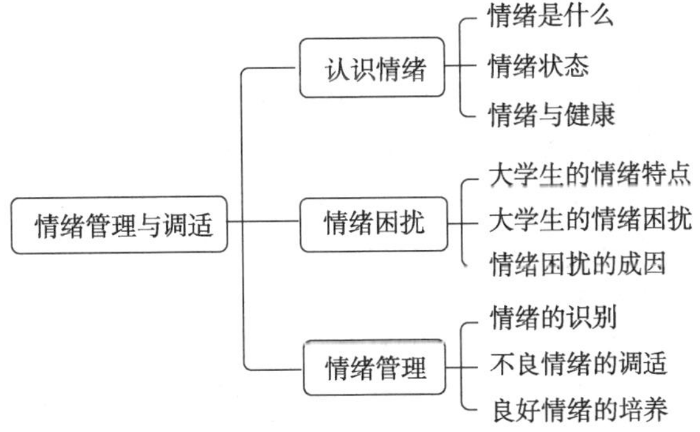

课前思考

小李是一名大一新生，刚进入大学时，他对校园生活充满期待，积极参加各种社团活动和社交聚会，结识新朋友让他感到兴奋和快乐。但随着课程难度增加，小李发现自己在高等数学这门课上遇到了很大困难，作业常常出错，课堂上也跟不上老师的节奏。这让他逐渐产生焦虑情绪，开始怀疑自己的学习能力，变得沉默寡言，对原本感兴趣的社团活动也提不起精神，甚至和室友相处时也变得敏感易怒，一点小事就可能引发争吵。在你的大学生活中，是否也有类似因为学习、社交等问题引发情绪波动的情况？当出现这些情绪问题时，该如何应对呢？

第一节　“情”为何物：认识情绪

你会闹情绪吗？你知道情绪会传染吗？

进入大学，你的人生翻开了崭新的一页，你将面临学习、交友、成长、就业等众多课题，是否有时也会因各种任务而心神不宁？人非草木，孰能无情？在生活中，人人都有开心、快乐的时候，也有难过、痛苦的时候。关注自己的情绪，并学会科学地管理情绪，是大学生需要面对和学习的重要课题。

一、天亦有情：情绪是什么？

世界之大，我们每个人穷尽一生能看到、听到、感觉到、体验到的事物极其有限。且不说浩瀚的宇宙，仅仅是我们立足的这个星球，也能使我们再三承认生命的有限，但即使再小的事情，投射到心灵时也可能变得极其复杂，因为人类有丰富的内心世界，体验着多变的情绪。那么，情绪是什么？

情绪是个体对内部或外部刺激产生的生理和心理变化的一种主观体验。首先，情绪是由刺激引起的。世界上没有无缘无故的爱，也没有无缘无故的恨。其次，情绪是一种主观体验或内心感受。当客观事物或情境与主体的需要和愿望一致时，就能引起积极、肯定的情绪，如高兴、喜悦、愉快等；当客观事物或情境与主体的需要和愿望不一致时，就会产生消极、负面的情绪，如悲伤、难过、愤怒等。再次，情绪受个体认知的影响。同一件事情，不同性格的人可能有不同的情绪反应。最后，情绪还伴随着相应的生理唤醒。在不同的情绪状态下，人的心律、血压、呼吸、内分泌及消化系统等都会发生一定的变化。

情绪如同空气中的氧气，以无形却深刻的方式渗透于人际互动的每个瞬间。人类大脑的镜像神经元会本能地接收并复刻他人的情感脉冲——正如清晨家庭成员的一句欢快问候，能激活全屋的愉悦神经回路；而某人紧锁的眉头则像低频次声波，悄然将压力辐射至整个空间。这种心理能量的链式传递正是“踢猫效应”的神经生物学基础，个体情绪会沿关系网络逐级传导。因此，要学会像调试乐器般校准自身的情绪频率，既要避免成为负面情绪的被动接收站，也要主动输出建设性的心理能量。

哈佛大学心理学系教授丹尼尔·戈尔曼在 1995 年出版 *Emotional Intelligence* 一书，书中主张情商比智商更能影响一个人的成功，在全球掀起了情绪智商的旋风。智商（Intelligence Quotient）是人们认识客观事物并运用知识解决实际问题的能力。可通过一系列标准化测试测量人在其年龄段的智力发展水平，主要包括观察力、记忆力、想象力、分析判断能力、思维能力、应变能力等。情商（Emotional Intelligence Quotient）指人在情绪、情感、意志、耐受挫折等方面的能力，是衡量一个人情感智力水平高低的一项指标，主要包括认识自身的情绪、妥善管理情绪、合理自我激励、识别他人的情绪并进行人际关系管理等方面的能力。

有许多智商很高、学业优秀的人，因其不善于表达和管理自己的情绪，走上社会之后，他们的发展并不顺利；而不少智商不高、学业平平的人，由于情商较高，成功的机会反而比较多。心理学家告诉我们：预测一个人的未来成就，智商因素只占 20%，而其余 80%中的关键因素就是情商。智商只决定你能不能去做，而情商决定了你能否成功。现如今，大学生肩负着实现中华民族伟大复兴的使命，提升情商、管理情绪不仅是个人成长的需要，更是对家国责任的积极践行。

情绪就像一个多棱镜，让生活变得五颜六色、丰富多彩；情绪又像一个调味瓶，让生活有了酸甜苦辣咸。了解和认识情绪，可以帮助人们觉察情绪，传播积极的情绪，提升情绪表达的能力，进而提高情商。

二、发于心，现于情：情绪状态

情绪的表现形式是多种多样的，对于人类究竟有多少种情绪，不同学者各执己见。《礼记》将人的基本情绪分为喜、怒、哀、惧、爱、恶、欲 7 种；心理学家林传鼎在 1944 年把《说文》中 354 个描述情绪的字，按释义区分为 18 种基本情绪：安静、喜悦、愤怒、哀怜、悲痛、忧愁、愤急、烦闷、恐惧、惊骇、恭敬、悦爱、憎恶、贪欲、嫉妒、傲慢、惭愧、耻辱；20 世纪 70 年代初，有学者基于因素分析的方法提出人类的基本情绪有 11 种：兴趣、惊奇、痛苦、愤怒、悲伤、厌恶、恐惧、害羞、愉快、轻蔑、自罪感。目前，普遍认为人类具有 4 种最基本的情绪：快乐、愤怒、恐惧、悲哀。[①]

人在某件事情或某个情境的影响下，会在一定时间内产生并经历某种情绪，感受激动不安的状态，即情绪状态。基本的情绪状态包括心境、激情和应激。

（一）心境

心境是微弱而持久的情绪状态，具有弥散性，是指个体在某段时间内以同样的体验对待一切事物。例如，某学生即将面临重要的考试，他在考试前几天一直处于焦虑的心境中。这种焦虑不是一种强烈的情绪爆发，而是一种持续的、低强度的紧张不安。这种心境会弥散到他的日常生活中，使他对任何小事都感到焦虑不安。心境产生的原因是多方面的，生活中的顺逆、工作中的得失、人际关系的好坏、自然环境的变化等都有可能引起某种心境。心境持续的时间有很大差异，这取决于引起心境的客观事件的重要性以及主体的个性特点，某种心境可能持续几小时，也可能持续几个星期、几个月甚至更长的时间。

心境对于人们的生活和身体健康有重要影响。积极的心境有助于工作和学习，使人朝气蓬勃，勇于克服困难，提高活动效率，并有益于身心健康；消极的心境使人意志消沉，妨碍工作和学习，降低活动效率，并有害于身心健康。因此，要善于调节和控制自己的心境，形成和保持积极、良好的心境。

（二）激情

激情是一种强烈的、爆发性的、为时短促的情绪状态。激情通常由对个人有重大意义的事件引起，如重大成功之后的狂喜、惨遭失败之后的绝望等。激情具有激动性和冲动性，往往伴随着明显的生理变化和外部行为表现，持续的时间较短，冲动一过激情迅速弱化或消失。

激情具有双重作用，积极的激情能增强人的敢为性和魄力，激励人们克服困难；消极的激情会使个体出现“意识狭窄”现象，导致理智的暂时丧失、情绪和行为的失控，甚至做出一些鲁莽的事。此时，可以通过深呼吸和转移注意力的方法对激情进行一定的控制。

（三）应激

应激是在突然出现的异常紧急情况下所产生的高度紧张的情绪状态。应激的产生与人面临的情境和主体对自己能力的估计有关。如果情境对人提出了某种紧急而迫切的要求，但是他对自己能否达到这种要求并没有太大的把握，这时他就会体验到应激，如地震、火

---

① 李传银. 普通心理学[M]. 北京：科学出版社，2011：172.

灾等。

应激会导致人在生理和行为上的急剧变化，如心跳加速、血压升高、呼吸急促、紧张颤抖等；中等强度的应激可以使人适应突变的环境，有效地处理紧急情况；若是长期处于应激状态下，会使人体的抵抗力下降，影响健康，甚至会有生命危险。

课堂活动 4-1

心理活动：情绪温度计

情绪温度计是一种简单而有效的工具，用于训练情绪觉察能力。它有 10 个刻度：最低为 1，代表情绪非常糟糕；中间的 5 代表情绪尚可；最高为 10，代表非常愉悦。请同学们深呼吸，感受一下此时此刻自己的情绪状态。然后，根据情绪温度计的刻度评估一下自己的情绪温度。

1～3：情绪非常糟糕，感到极度沮丧、焦虑或愤怒。

4～6：情绪尚可，有些起伏，但总体还算平稳。

7～10：情绪非常愉悦，感到轻松、快乐和充满活力。

请思考和讨论以下问题：

此时此刻你的情绪温度是多少？

对于这个度数，你是否感到满意？

是什么原因让你的情绪达到这种程度呢？

如果想提高情绪温度，可以做些什么？

情绪温度计不仅仅是一个简单的工具，更是帮助我们深入了解自己情绪的桥梁。通过情绪温度计，可以更好地觉察自己的情绪变化，找到情绪波动的原因，并采取积极的措施来调整情绪。同时，与他人分享和讨论，可以获得更多看问题的视角和解决问题的建议，增强情绪管理的能力。

三、困于心，惑于情：情绪与健康

俗话说："笑一笑，十年少；愁一愁，白了头。"这句话体现了良好的情绪是健康的必备条件。《黄帝内经》指明"怒伤肝""喜伤心""思伤脾""忧伤肺""恐伤肾"，并提出"百病之生于气也，怒则气上，喜则气缓，悲则气消，恐则气下……惊则气乱，劳则气耗，思则气结"。这些论述清楚地阐明了情绪和身心健康的重要关系。现代科学，尤其是现代医学已经证实，情绪与欲望的过度波动往往是导致内伤和疾病的重要因素之一。情极百病生，情舒百病除。在日常生活中，经常看到乐观开朗的人大多精神饱满，而多愁善感的人常常提前衰老。保持良好的情绪是大学生心理健康的重要标志。

（一）良好的情绪促进健康

人体内有一种最能促进身体健康的力量，即良好的情绪。如果善于调节，经常保持心情愉快，可以使人信心大增、增强免疫力，甚至提升个人魅力。养生贵在养心，心是人体生命活动的主宰，五脏六腑必须在心的指挥下，才能进行统一协调的生命活动。心情愉悦，心气充足，脏腑活动正常，身体自然健康。此外，快乐的情绪还可以医治药物无法治疗的心病，使人延年益寿，创造身体和心理上的奇迹。跨世纪女作家冰心一生淡泊名利，崇尚简朴，始终在和谐的环境中与人相处，以微笑面对生活，勤奋笔耕。她的健康长寿与事业辉煌，主要得益于其开朗豁达的性格和良好的心态。

（二）不良情绪危害健康

不良情绪对健康的影响可能比许多器质性病变更严重。现代医学研究表明，许多疾病的发生并非单纯由身体病变引起，而是与精神状态不佳、情绪异常密切相关。例如，消化系统是对情绪极为敏感的器官系统。当人处于恐惧或悲痛时，胃黏膜会变白，胃酸分泌停止，导致消化不良；而在焦虑、愤怒或怨恨时，胃黏膜会充血，胃酸分泌增多，长期如此可能引发胃溃疡。血压也对情绪变化高度敏感。长期处于愤怒、焦虑或恐惧等不良情绪中，会激活交感神经系统，导致心率加快、血管收缩，从而增加高血压的风险。此外，持续的不良情绪还是心脑血管疾病的重要诱因。

人们常说，“生气是拿别人的错误来惩罚自己”“看别人不顺眼是自己修养不够”“改变世界不如改变自己”。生活中，要保持一颗平常心，合理地调节自己的情绪，保持乐观向上的心境，培养豁达开朗的性格，使自己真正成为一个身心健康的人。

第二节　心有千结：情绪困扰

每个人的一生都有许多美好的回忆，也有不堪回首的一幕幕。许多事情，总是在经历过后才懂得它的真谛；许多东西，总是在失去后才知道它的珍贵。在得到与失去之间，常常执着于懂与不懂、舍与不舍、爱与不爱的冲突里。

一、成长的烦恼：大学生的情绪特点

大学生正处于青春期向青年期的过渡时期，在生理发育接近成熟的同时，心理上也经历着急剧的变化，反映在情绪上尤为明显，处于一个非常关注自我、注重个性表达、情绪体验丰富、情感波动起伏和冲突的时期。

（一）丰富性和复杂性

从生理发展角度看，大学时期是一个充满梦想和憧憬的年龄阶段，几乎人类所有的情绪都可能在他们身上体现出来，且强度各异；从自我意识的发展来看，大学生容易产生自卑或自负等情绪，表现出对自我体验、自我尊重的强烈需要；从社交方面来看，与同学、朋友及师长的交往频繁，交往范围日益扩大，有的大学生还可能开始恋爱，情绪表现得更加细腻和复杂。大学生通过各种实践活动和学习机会逐步了解社会，对自己的身份、角色、志向和价值等问题有了更深入的思考。

扩展阅读 4-1　心理探索：踢猫效应

（二）波动性和两极性

进入大学后，随着知识水平和认知能力的提升，大学生对自己的情绪有了更强的控制力。然而，由于他们兴趣广泛、对外界事物感知敏锐，加上年轻气盛以及从众心理的影响，情绪往往容易被激发。在某些情境下，他们可能会因一时冲动而做出过激行为，甚至在语言、神态和动作上失去理智的控制。与此同时，大学生的情绪也展现出细腻而温和的一面。比如，一段悠长的漫步、一处动人的风景、一首感人的歌曲、一个念念不忘的人，都可能让他们长时间沉浸在某种情绪之中，体验到情感的深度与细腻。这种情绪的波动性和两极性正是他们成长过程中独特而复杂心理状态的体现。

（三）阶段性和层次性

大学阶段，不同年级的培养目标和任务不同，教育方式和课程设置有所区别，各个年级面临的问题不同，大学生的情绪特点也不相同，呈现出阶段性和层次性的特点。一般来说，大一新生面临的是适应问题，包括环境适应、学习适应、人际交往适应及新的目标确立等问题。新生的自豪感和自卑感混杂，放松感和压力感并存，新鲜感和恋旧感交替，情绪波动大。大二、大三学生经过一两年的适应过程，能够融入校园生活，情绪较为稳定。大四学生面临考研、实习、毕业论文、择业等多方面的问题，压力大，情绪波动大。此外，由于社会环境、家庭背景、个人期望、自身能力以及心理素质等方面的差异，也会导致大学生在情绪状态上表现出明显的个体差异。

（四）内隐性和外显性

大学生随着年龄的增长和思想内涵的丰富，在情绪反应上较为隐秘。他们具备了在一定情境下将真实的情绪掩饰起来的能力，形成外在表现和内心体验不一致的特点。有时，他们会根据情境和对象的不同，调整自己的情绪表达方式。例如，他们可能对某件事情感到厌烦，但在交流时却表现出一种漫不经心的态度；或者对某人产生了好感，却故意表现出一种无所谓的态度。这种行为背后，可能是出于对他人看法的在意，或是为了掩饰自己真实的情感，避免因过度暴露而感到不安或受到伤害。

认识大学生这一阶段的情绪特点，有助于加强对自身的认知和调整，有助于更好地理解自我，学会识别自己的情绪，学习如何在复杂情绪中坚守自我，为自己的情绪负责，成为情绪的主人。

二、心有千千结：大学生的情绪困扰

大学生精力充沛，感情丰富，自我意识强，敢于竞争，积极进取，逐渐形成比较稳定的人生观和世界观。但由于其生理和心理的迅速成熟、生活环境的变动、自身能力和人生经验的限制，他们在学习、生活和人际交往中经常会产生一些心理矛盾和情绪上的不稳定，产生消极的情绪体验，容易陷入情绪困扰。大学生常见的不良情绪有焦虑、抑郁、冷漠、愤怒、嫉妒等。

（一）焦虑

焦虑是一种强烈的苦恼和受挫的个人感觉和体验，是对尚未发生的危险的一种感觉，也是一种不愉快的消极情绪。这种消极情绪通过外在的行为反应和躯体内部的生理变化表现出来。焦虑是最常见的一种情绪，对大学生来说，主要有考试焦虑和对就业、前途的焦虑等。适度的焦虑能提高工作、学习的效率，维持人格的完整和统一。这种焦虑是一种保护性反应，也称为生理性焦虑。当焦虑的严重程度和客观事件明显不符，或者持续时间过长时，就变成了病理性焦虑。过度的焦虑会对人的行为、智力、人格等造成不良影响，导致工作、学习的效率降低，甚至产生焦虑障碍。下面是一个焦虑自评量表，可以测量自己的焦虑水平。

焦虑自评量表①

焦虑自评量表含有 20 个项目，采用 4 级评分，主要评定项目所定义的症状出现的频度。其标准为：“1”表示没有或很少时间有；“2”表示小部分时间有；“3”表示相当多时间有；“4”表示绝大部分或全部时间都有。请仔细阅读每一条，并根据最近一个星期以来的实际情况做出独立的、不受他人影响的自我评定，在分数栏 1～4 分适当的分数上打“√”。

项目				
1. 我觉得比平时容易紧张和着急。	1	2	3	4
2. 我无缘无故地感到害怕。	1	2	3	4
3. 我容易心里烦乱或觉得惊恐。	1	2	3	4
4. 我觉得我可能将要发疯。	1	2	3	4
5. 我觉得一切都很好，也不会发生什么不幸。	1	2	3	4
6. 我手脚发抖打战。	1	2	3	4
7. 我因为头痛、颈痛和背痛而苦恼。	1	2	3	4
8. 我感到容易衰弱和疲乏。	1	2	3	4
9. 我觉得心平气和，并且容易安静地坐着。	1	2	3	4
10. 我觉得心跳得很快。	1	2	3	4
11. 我因为一阵阵头晕而苦恼。	1	2	3	4
12. 我有过晕倒发作，或觉得要晕倒似的。	1	2	3	4
13. 我呼气、吸气都感到很容易。	1	2	3	4
14. 我的手脚麻木和刺痛。	1	2	3	4
15. 我因胃痛和消化不良而苦恼。	1	2	3	4
16. 我常常要小便。	1	2	3	4
17. 我的手常常是干燥温暖的。	1	2	3	4
18. 我脸红发热。	1	2	3	4
19. 我容易入睡，并且一夜睡得很好。	1	2	3	4
20. 我做噩梦。	1	2	3	4

评分方法：焦虑自评量表适用于具有焦虑症状的成年人，它的主要统计指标为总分。20 个项目中有 15 项为正向评分题，依次评为 1、2、3、4 分；其余 5 项（5、9、13、17、19）为反向评分题，依次评为 4、3、2、1 分。20 个项目得分相加即得总粗分，用总粗分乘以 1.25 以后取整数部分，得到标准分。标准分越高，说明焦虑症状越严重。一般来说，按照中国常模，焦虑自评量表标准分的分界值为 50 分。其中，50～59 分为轻度焦虑；60～69 分为中度焦虑，69 分以上为重度焦虑。关于焦虑症状的临床分级，除参考量表分值外，还应根据临床症状，特别是核心症状的程度来划分，量表总分值仅能作为一项参考指标而非绝对标准。

克服焦虑的方法很多，主要有放松训练、合理调整认知、培养积极的心态、立即行动等，这些方法将在本章第三节详细介绍。

（二）抑郁

抑郁是个体对环境和内在刺激的一种消极情绪反应，表现为情绪低落、精力减退、疲

① 焦虑自评量表（Self-rating Anxiety Scale，SAS）由 William K. Zung 于 1971 年编制，用于评出焦虑患者的主观感受，该量表已经成为心理咨询师、医生等最常用的心理测量工具之一，主要用于疗效评估，不能用于诊断。

乏无力、食欲不振等生理心理反应。当遇到生活挫折、痛苦境遇、生老病死等事件时，产生抑郁的情绪是正常的。抑郁在大学生中是一种比较普遍的不良情绪。生活中遇到的困难和挫折，如失恋、考试失败、人际关系不和谐等，都可能是大学生抑郁的诱因。抑郁就像其他情绪反应一样，大多数人都体验过。一般来说，抑郁只是偶尔出现，为时短暂，但若出现显著而持久的心境低落、兴趣丧失、不愿参加社交活动，并伴有食欲减退、失眠等症状，应及时向心理咨询人员寻求帮助。下面是一个抑郁自评量表，可以测试自己的抑郁水平。

抑郁自评量表[①]

请仔细阅读每一条，并根据最近一个星期以来的实际情况做出独立的、不受他人影响的自我评定，在分数栏 1～4 分适当的分数上打“√”。“1”表示没有或很少时间有；“2”表示小部分时间有；“3”表示相当多时间有；“4”表示绝大部分或全部时间都有。

1. 我觉得闷闷不乐，情绪低沉。 1 2 3 4
2. 我觉得一天中早晨最好。 1 2 3 4
3. 一阵阵哭出来或觉得想哭。 1 2 3 4
4. 我晚上睡眠不好。 1 2 3 4
5. 我吃的跟平常一样多。 1 2 3 4
6. 我与异性密切接触时和以往一样感到愉快。 1 2 3 4
7. 我发觉我的体重在下降。 1 2 3 4
8. 我有便秘的苦恼。 1 2 3 4
9. 我心跳比平常快。 1 2 3 4
10. 我无缘无故感到疲乏。 1 2 3 4
11. 我的头脑和平常一样清楚。 1 2 3 4
12. 我觉得经常做的事情并没有困难。 1 2 3 4
13. 我觉得不安而平静不下来。 1 2 3 4
14. 我对未来抱有希望。 1 2 3 4
15. 我比平常容易生气激动。 1 2 3 4
16. 我觉得做出决定是容易的。 1 2 3 4
17. 我觉得自己是个有用的人，有人需要我。 1 2 3 4
18. 我的生活过得很有意思。 1 2 3 4
19. 我认为如果我死了，别人会生活得更好。 1 2 3 4
20. 平常感兴趣的事我仍然感兴趣。 1 2 3 4

评分方法：20 个项目中有 10 项为正向评分题，依次评为 1、2、3、4 分；其余 10 项（2、5、6、11、12、14、16、17、18、20）为反向评分题，依次评为 4、3、2、1 分。20 个项目得分相加即得总粗分，用总粗分乘以 1.25 后取整数部分，得到标准分。标准分越高，说明抑郁症状越严重。一般来说，按照中国常模，抑郁自评量表标准分的分界值为 53 分。其中，53～62 分为轻度抑郁；63～72 分为中度抑郁；72 分以上为重度抑郁。关于抑郁症状的临床分级，除参考量表分值外，还应根据临床症状，特别是关键症状的程度来划分，量表总分

① 抑郁自评量表（Self-ratliy Depression Scale，SDS）由 William K. Zung 于 1965 年编制。

值仅能作为一项参考指标而非绝对标准。

治疗抑郁症主要采用认知行为疗法、适度宣泄、转移注意力等方法，将心理治疗与药物治疗相结合，并给予患者必要的关心和陪伴。

（三）冷漠

冷漠是一种对人对事漠不关心的消极情绪体验，表现为对生活没有热情和兴趣，对学习无精打采，对集体活动漠不关心，等等。冷漠是一种对环境和现实的自我逃避的退缩性心理反应，当一个人陷入冷漠时，他可能会变得萎靡不振、退缩躲避、自我封闭。这种心理状态不仅会阻碍个人的成长和发展，还会严重影响一个人的身心健康。长期的冷漠可能导致人际关系的疏离，失去与他人建立深厚情感联系的机会，进而影响到个人的心理健康和社会适应能力。

克服冷漠要从建立责任意识入手，逐步确立自己的生活目标，开展适度的人际交往，积极投入到生活和学习中。

（四）愤怒

愤怒是指当愿望不能实现或为达到目的的行动受到挫折时引起的一种紧张而不愉快的情绪，是人类普遍存在的一种情绪体验。年轻气盛的大学生，情感丰富强烈，遇事不冷静易冲动，有时难以控制情绪。愤怒容易使人失去理智，引起攻击、对立、破坏等行为。因此有人说："愤怒以愚蠢开始，以后悔结束。"

克服愤怒最好的方法是改变认知、转移注意力、积极沟通与表达。

（五）嫉妒

嫉妒是指与他人比较，发现自己在才能、荣誉、地位或境遇等方面不如别人而产生的一种由羞愧、愤怒等组成的复杂情绪体验。嫉妒是一种异常心理，不利于大学生的身心健康。嫉妒会破坏人际关系的和谐，会造成个人的内心痛苦。巴尔扎克曾说："嫉妒者比任何不幸的人更为痛苦，因为别人的幸福和他自己的不幸，都将使他痛苦万分。"

克服嫉妒的方法是停止与他人比较，培养豁达的人生态度。同时，专注于自身成长，设定合理的目标，通过努力实现自我价值，从而减少因嫉妒而产生的负面情绪。此外，还应多与积极向上的人交往，营造良好的社交环境，以更平和的心态面对生活中的竞争与差异。

三、谁动了你的情绪：情绪困扰的成因

影响情绪的因素很多，同一件事情发生在不同的人身上，往往会产生截然不同的情绪反应。遗传因素、家庭结构、成长环境、地域气候等都会对情绪产生一定的影响。总体来说，情绪主要受遗传因素、生理变化、环境因素和主观认知四个方面的影响。

（一）遗传因素

遗传因素对情绪的影响主要表现在人的神经类型上。人的神经类型是在遗传的基础上，通过后天环境和教育长期影响而形成的。巴甫洛夫把人的神经系统类型分为不可遏制型、活泼型、安静型和弱型，不同神经类型的人在情绪体验上存在较大差异。

（二）生理变化

扩展阅读 4-2 心理探索：绝境与奇迹

不同的人在体质和生活习惯上有着显著差异。有人体质较为敏感，对某些刺激反应强烈；有人晚上喝茶后难以入睡；有人偏好清淡饮食，注重健康；还有人热衷于规律运动，以保持活力。这些差异反映了个体在生理和生活方式上的独特性，也体现了每个人对自身健康的独特理解和追求。一般来说，当身体出现不适时，往往会引发情绪的变化。即便身体没有明显不适，人体内部生物钟的节律也会对情绪产生影响。在一个月内，人的智力、体力和情绪并不是持续恒定的，而是呈现出周期性的波动。其中，智力周期为 33 天，体力周期为 23 天，情绪周期为 28 天。当这三个周期同时处于高峰期时，人会处于身心的最佳状态，精力充沛，生机勃勃，头脑清晰且思维敏捷。相反，当这三个周期同时处于低谷时，人的各种机能效率会显著降低，体力和智力的不佳还会进一步加剧已有的情绪低落状态。

（三）环境因素

环境对人类情绪的影响不言而喻。对于大学生而言，当前高校扩招带来的就业竞争加剧，增加了大学生的心理压力和情绪困扰；校园文化多元化、家庭经济状况、家庭教养方式、成员关系及其变更都会冲击大学生的情绪。特别是那些来自贫困家庭的大学生，他们不仅要应对学业上的挑战，还要面对经济上的拮据，这种双重压力常常让他们陷入困境，容易出现自卑和退缩行为，并较多地出现焦虑和抑郁情绪。

（四）主观认知

就像下雨时，有人会因清新空气而欣喜，有人却因出行不便而烦恼，同一件事情在不同人的眼中会引发截然不同的情绪体验。这正是因为每个人的认知与态度各异。角度不同，看法便不同；心态不同，想法也不同。若从消极的角度看待问题，看到的可能是痛苦与无奈；而从积极的角度看待问题，看到的则是快乐与幸福。

大学生在面临学习环境的改变、学习任务的适应、理想与现实的冲突、人际关系的困惑等问题时，由于认知偏差，往往容易导致各种心理冲突和负面情绪。片面的认知方式是个体产生焦虑、抑郁、自卑、恐惧等不良情绪的根本原因。“当你眼中只看见海，而看不到其他的，就会认为没有陆地的存在，就无法成为优秀的探险家。”“真正的发现之旅，并不在于寻求新的景观，而在于拥有新的眼光。”只要调整看问题的角度，你的世界就会变得不一样。你用什么眼光看世界，世界就会以什么方式回报你。

总之，遗传是难以改变的，生理变化和环境因素也是较难调整的，但可以通过改变自己的认知来改变生命。心若改变，你的态度跟着改变；态度改变，你的习惯跟着改变；习惯改变，你的性格跟着改变；性格改变，你的人生跟着改变。

第三节 云卷云舒：情绪管理

世界上没有两片完全相同的树叶，也没有完全相同的两个人。生活中有许多事情看起来很普通、很平凡，但往往会因为个人的认识、以往的经历和思维方式的不同而给人的身心健康、行为、生活方式造成不同的影响，也因此带来不同的情绪体验。作为新时代的大学生，肩负着中华民族伟大复兴的时代重任，应该学会为自己负责。每个人都有责任和义务去爱自己，学会管理自己的情绪。

一、雾里看花：情绪的识别

情绪管理的第一步就是识别情绪。如果情绪可以影响到你，但你还没有察觉，就会不知不觉地被它控制。在人际交往中，人们也总是根据对方的表情来理解和判断其内心的真实情绪，并调整自己的表达方式。

（一）面部表情

面部表情是通过眼睛、嘴巴和面部肌肉等的变化来表现各种情绪的。眼睛是最善于表达情绪的。例如，眉目传情表示爱恋，眉开眼笑表示兴奋，怒目而视表示气愤，目瞪口呆表示惊讶，等等。嘴巴也是情绪变化的重要线索。例如，笑口常开表示高兴，咬牙切齿表示憎恨，张口结舌表示紧张，等等。面部肌肉的变化也表现了不同的情绪变化。例如，脸色苍白表示心虚恐惧，面红耳赤表示害怕紧张，等等。QQ 软件用眼睛和嘴巴等面部表情创造了形象的小头像图片，用来表达聊天过程中难以描述的情绪变化，识别 QQ 表情，极大地提高了网络交流的乐趣。

此外，人们还可以通过对细微表情的观察察觉到对方情绪的变化。微表情是一闪而过的表情，虽然常被忽视，但它却能真实地反映一个人内心深处的情感。如果有人很自然地表现出“高兴”的表情，且其中不含有微表情，就能断定他是真的高兴。但若其间有嗤笑的微表情闪现，就算没有刻意去察觉，也会倾向于认为这张“高兴”的面孔是“狡猾的”或“不可信的”。

微表情是心理应激微反应的一部分，它从人类本能出发，不受思想的控制，无法掩饰，也不能伪装。因此，以微表情为代表的微反应是个人内心想法的忠实呈现，是了解一个人内心真实想法的最准确线索。

（二）姿态表情

达·芬奇曾说，情绪可通过姿势和四肢运动来表现。人在不同的情绪状态下，身体姿态会发生不同的变化。例如，高兴时捧腹大笑，恐惧时紧缩战栗，紧张时坐立不安，等等。手势也是表达情绪情感的重要形式。例如，手舞足蹈表示兴奋，振臂高呼表示激愤，双手一摊表示无可奈何，等等。

（三）声调表情

情绪可以通过语言直接表达，而且语言中的声调高低、强弱、抑扬顿挫等变化也传达了不同的情绪信息，同时人们也可以通过语音与声调的变化识别出不同的情绪。一般情况下，柔和的声调表示坦率和友善，快速颤抖的声调表示紧张和激动，阴阳怪气的声调显得冷嘲热讽。一个人的态度是友好还是充满敌意，是冷静还是激动，是诚恳还是虚假，都可以从他的声调节奏、停顿快慢中表现出来。

二、游刃有余：不良情绪的调适

有一个男孩脾气很坏，于是他的父亲给了他一袋钉子，并且告诉他，发脾气的时候就在后院的篱笆上钉一根钉子。第一天，这个男孩钉下了 37 根钉子。慢慢地，每天钉下的数量减少了。他发现控制自己的脾气要比钉下那些钉子更容易。终于有一天，这个男孩再也不会乱发脾气了。他告诉父亲这件事，父亲说："从现在开始，每次能控制自己脾气的时候，就拔出一根钉子。"一天天过去了，最后男孩告诉他的父亲，他终于把所有钉子都拔出来了。父亲握着他的手来到后院，说："你做得很好，我的孩子，但是看看这些篱笆上的洞。许多时候乱发脾气就像这些钉子一样会留下疤痕，无论你说多少次'对不起'，伤口都将永远存在。"

生活中，有些人习惯用愤怒、生气等不良方式来表达自己的情绪，不仅伤害周围的人，更伤害自己。遇到矛盾、困难和不顺心在所难免，要学会用积极的方式将它们表达出来，并根据个体差异、问题类型等采用合理的方法进行调整，管理好情绪，做情绪的主人。

（一）调整认知

你听过狐狸吃葡萄的故事吗？

盛夏酷暑，一群口干舌燥的狐狸来到一个很高的葡萄架下。一串串晶莹剔透的葡萄挂满葡萄架，狐狸们馋得直流口水，可是葡萄架很高。

第一只狐狸跳了几下摘不到葡萄，从附近找来木头和绳子做了一个梯子，爬上去满载而归。

第二只狐狸跳了多次仍摘不到葡萄，找遍四周，没有任何工具可以利用，笑了笑说："这里的葡萄一定特别酸！"于是，心安理得地走了。

第三只狐狸高喊着"下定决心，不怕万难，吃不到葡萄决不罢休"的口号，一次又一次跳个没完，最后累晕在葡萄架下。

第四只狐狸因为吃不到葡萄整天闷闷不乐，不久便患上了胃痛、消化不良等疾病，最后抑郁而终。

第五只狐狸想："连个葡萄都吃不到，活着还有什么意义呀！"于是找根树藤上吊了。

第六只狐狸吃不到葡萄，发出了感慨："美好的事物总是离我们那么遥远。"于是诗兴大发，一位诗人诞生了。

第七只狐狸抱着"我得不到的东西绝不让别人得到"的阴暗心理，一把火把葡萄园烧了，遭到其他狐狸的共同围攻。

第八只狐狸因为吃不到葡萄气极发疯，蓬头垢面，精神分裂，口中念念有词："吃葡萄不吐葡萄皮……"

八只狐狸面对吃葡萄这件事，产生了八种不同的结果，对应了生活中八种不同的人。心理学家艾利斯在 20 世纪 50 年代提出了合理情绪疗法，认为情绪的产生有三个重要因素，即诱发性事件 A，人们对诱发事件所持有的信念 B，以及由此引发的情绪或行为后果 C。一个人情绪困扰的后果，并非由事件 A 直接造成，而是由个体对事件 A 的信念 B 造成的。

在狐狸吃葡萄的故事中，只有一只狐狸吃到了葡萄，而其余七只狐狸都没有吃到，但它们的结果却完全不同。对没吃到葡萄的狐狸来说，吃不到葡萄是诱发性事件 A，由此产生了不同的信念 B，其中有正性的，有负性的，这些不同的信念 B 导致了不同的情绪和行为的后果 C，如酸葡萄心理或累晕在葡萄架下。诱发性事件 A 只是引起情绪及行为反应的间接原因，而人们对诱发性事件所持的信念、看法、解释 B 才是引起人的情绪及行为反应的直接原因。

生活中也是这样，面对同样的情景，不同的人做出了不同的反应，导致了不同的结果，而许多不好的结果主要是由人们所持的不合理信念导致的。

人的不合理信念主要有三个特征：

1. 绝对化要求

绝对化要求是指个体以自己的意愿为出发点，认为某一事物必定会发生或必定不会发生的信念。这是一种非黑即白的信念，没有中间地带。这种信念与“必须”“应该”“一定”这类词联系在一起。比如，“我每次考试必须成功”“我对同学这么好，他们一定要喜欢我”等。怀有这种信念的人很容易陷入情绪困扰。因为客观事物的发展有其自身的规律，很难以个人的意志为转移。如何克服这种不合理的信念呢？可以经常进行自我表扬。学会制定现实可行的目标并为取得的部分成功而表扬自己，如“至少部分考试我获得了成功”“大部分同学都喜欢我”等。

2. 过分概括

过分概括是一种以偏概全的思维方式，个体对自己或他人持有不合理的评价，以某一件或某几件事来评价自身或他人的价值。例如“这次英语考试没及格，我真是没用”。这种片面的自我否定会导致自责、自卑等心理，产生焦虑、抑郁等情绪。如果将这种评价转向他人，则会一味责备他人，并产生愤怒、敌意等情绪。如何消除这种不合理的信念呢？妥当的做法是评价一个人的行为，而不去评价这个人。

3. 糟糕至极

糟糕至极是一种对事物的可能后果判定为非常可怕、非常糟糕，甚至是一种灾难性预期的非理性观念。生活不可能总是一帆风顺的，遇到困难和挫折时，应该努力接受现实，在可能的情况下去改变这种状态，而在不能改变时学会如何在这种状态下生活下去。

艾利斯认为，要想改变自己的情绪，得从改变自己的信念入手，用新的合理信念代替不合理信念，进而调节自己的情绪。改变不合理信念常用质疑和夸张两种方式。例如，当持有“我无法接受被人轻视”这一不合理信念的时候，可以质疑这个信念：“别人真的在轻视我吗？我有什么证据呢？这些证据是真的吗？我做过调查吗？”然后问问自己：“我真正想要的是什么？我为什么这么担心自己被别人轻视呢？”最后，用合理信念代替不合理信念，如用“我希望被别人喜欢”来消除不良情绪。

大学生群体常见的不合理信念很多。例如，想得到周围所有人的认同、赞许和喜爱；祈求事事成功，成就感伴随每时每刻；沉溺于个人以往的不幸经历；认为他人应该以同样的方式对待自己；等等。知道了这些不合理信念就要学会调整认知，学会在复杂的情境中保持良好的心态。有的人在机会中看到困难，有的人在困难中寻找机会；有的人因为困难而选择退缩，有的人因为困难而成为强者；有的人被竞争压力击垮，有的人将压力转化为动力。事物本身并不影响人，影响人的是对事物的信念或看法。

（二）转移注意力

转移注意力是通过主观努力把注意力从消极或不良的情绪状态转移到其他事物上的一种自我调节方法。转移注意力是常用的情绪调节方法。研究表明，当个体处于情绪紧张或被负面情绪困扰时，大脑会有一个较强的兴奋灶，此时如果从事一些自己感兴趣的并且较为轻松有趣的活动，便可建立新的兴奋灶，抵消或冲淡原来的中心优势，引导个体把注意力转向新的事物或新的角度。

进行适度运动、人际互动、户外散步、日光浴及自然观察等活动，能有效引导注意力向积极方向转移。投身于热衷的文娱活动，如棋艺对弈、绘画创作、舞蹈表演、声乐表达或影视鉴赏等，能在审美体验中形成心流状态。当情绪低落时，科学规划适量工作任务，利用目标导向机制形成注意力锚点，也是情绪调节的方法。此外，进行短期旅行或整理改造居住环境等也能转移注意力，进而调节情绪。

（三）积极暗示

心理暗示是个人通过语言、思维、想象等方式对自身施加影响，调节和改变身心状态的心理过程。心理学的实验表明，当个人静坐时，默默地说“勃然大怒”“暴跳如雷”“气死我了”等语句时，心跳会加剧，呼吸也会加快，仿佛真的发起怒来；相反，如果默念“喜笑颜开”“兴高采烈”“把我乐坏了”之类的语句，那么心里也会产生一种喜滋滋的感觉。由此可见，言语活动既能唤起人们愉快的情绪体验，也能唤起人们不愉快的情绪体验。

大学生常见不良情绪的调适，也要特别重视自我暗示在其中的作用。常用的自我暗示法包括利用语言的自我暗示、利用环境的自我暗示、利用动作的自我暗示和利用心理图像的自我暗示等。正确、积极的自我暗示不仅可以增强个体的自信心，提高个体的动机水平和活动效率，还可以有效地调节自己的情绪。

（四）合理宣泄

宣泄是指采用一定的方式和方法，排解或释放紧张情绪的过程。如果情绪得不到适当的宣泄，一直积压在心里，就会影响身心健康。从心理学的角度看，不仅消极情绪需要宣泄，愉快的情绪也需要分享，合理宣泄是平衡身心的重要方法。

1. 倾诉

每个人的周围总有几个知心朋友，当产生不良情绪时，应当学会向信赖的朋友倾诉，求得安慰与疏导，减轻心理负担。倾诉不仅能让情绪得到释放，还能让人感受到温暖与支持，重新找回内心的平静与力量，继续前行。

2. 哭泣

哭是人类的一种本能，是人的不愉快情绪的直接外露，被心理学家称为“自然的安全阀”，是一种独特的情感表达方式。人在情绪激动时流出的眼泪会产生高浓度蛋白质和儿茶酚胺等物质，这些成分是大脑在情绪压力下释放的化学物质，通过眼泪排出体外，有助于缓解压抑情绪。因此，适度哭泣对身体有益，有助于排出体内毒素，减轻心理压力。然而，如果遇事就哭，过度依赖哭泣来宣泄情绪，就可能加重不良情绪的体验。因此，保持情绪的合理表达和良好的心理调节能力，对身心健康至关重要。

3. 音乐

音乐对治疗心理疾病具有特殊的作用。听音乐可以把人从不良情绪中释放出来。除了听以外，唱歌也能起到同样的作用。尤其高声歌唱，是排除紧张、激动等情绪的有效手段。歌曲的旋律、歌词的激励、唱歌时有节奏的呼吸，都可以缓解紧张情绪。

4. 书写

书写是一种有效的自我疗愈方式，如果有些话难以表达，不妨拿起笔，将内心深处的真实感受倾诉于纸上，书写的过程本身就是一种情感的释放。通过写信、写诗、绘画、写日记等方式，将内心的消极情绪用艺术化的形式记录下来。可以选择保留这些作品，它们会成为你成长的见证；也可以选择将它们撕掉或丢弃，让那些不愉快的情绪随之消散。

书写不仅有助于整理思绪，还能使情绪在文字或画作中得到释放和升华。它是一种自我对话，也是一种与内心深处的自己和解的过程。通过书写，能更好地理解自己的情绪，从而找到内心的平静与安宁。

5. 运动

生命在于运动。运动能加快人体的血液循环，给身体提供更多的能量，同时也有助于释放情绪。运动的过程也是情绪宣泄的过程，如打球、跑步、跳绳等。运动要有一定的强度，要达到消耗能量的目的。运动除了可以促进身体健康，还具有调节人体紧张情绪的作用，能改善生理和心理状态，并且有助于睡眠。

（五）放松训练

面对压力时，可通过深呼吸放松、肌肉放松、想象放松等常用的放松方法来减轻心理压力和焦虑的情绪，达到释放心理能量、调节内心平衡的目的。放松训练是一种自我调解方法，通过机体主动放松来增强对自我的控制。一般是在安静的环境中按一定要求完成特定的动作程序，通过反复的练习，使人学会有意识地调节自身的心理生理活动，以降低机体唤醒水平，增强适应能力，调整因过度紧张而造成的生理心理功能失调，起到预防及治疗作用。

（六）学会升华

升华是对情绪的一种较高水平的宣泄，是将情绪激起的能量引导到对他人、对自己、对社会都有益的方面去。大学生在面临困难挫折的时候，要有志气、有毅力，将挫折和痛苦变成一种动力，成为生活的强者。这与班墨文化中的诸多理念不谋而合。班墨文化倡导“兼爱”，主张无差别地关爱他人；倡导“非攻”，追求和平；倡导“尚贤”，重视人才。大学生在面对挫折情绪时，不妨借鉴班墨文化的智慧开解自己。比如，当因学业竞争压力产生负面情绪时，以兼爱之心看待同学，相互帮助，共同进步；以尚贤的态度激励自己努力提升，将个人的挫折转化为追求进步、奉献社会的动力。像墨子一样，以实际行动践行社会责任，在帮助他人、服务社会的过程中实现自我价值的升华，这不仅能有效管理情绪，还能为社会发展贡献自己的力量，传承和弘扬中华优秀传统文化。

（七）调节饮食

缺乏能量是心情不好的常见原因。情绪管理的第一步是生理的，充足的睡眠、充足的运动、均衡的营养、合理的饮食有助于调节情绪。

人体需要蛋白质来维持肌肉的力量和机体的正常活动，同时蛋白质还可以转化为神经递质，有助于维持情绪的稳定。但是，过量的蛋白质会导致身体负担过重，影响情绪。因此，适当摄入优质蛋白质是维持情绪稳定的关键。鱼肉、豆制品等都是优质蛋白质的来源。

碳水化合物是人体的主要能量来源，同时还能够刺激脑部分泌血清素等神经递质，有助于调节情绪。但是，过量的碳水化合物会导致身体负担过重，也容易引起情绪的波动。因此，适量摄入碳水化合物是维持情绪稳定的关键。水果、蔬菜、燕麦、全麦面包等都是适量摄入碳水化合物的好选择。

另外，一些食品中富含大脑所需的特殊营养成分。例如，感觉压抑时，应选择菠菜，菠菜中含有丰富的镁，而镁是一种能使人头脑和身体都得到放松的矿物质；感到愤怒时，应选择瓜子，瓜子富含可以消除火气的维生素 B 和镁，还能够令人血糖平稳，有助于心情平静；感觉委屈或情绪低落时，应选择香蕉，香蕉含有帮助大脑产生 5-羟色胺的物质，这种物质既能促使人的心情变得快活和安宁，又能使引起人们情绪不佳的激素大大减少，缓解委屈压抑的程度。

研究报告指出，鱼油中的 ω-3 脂肪酸可以消除焦虑紧张情绪，振奋精神，让身体分泌出更多能够带来快乐情绪的血清素。因此，多吃深海鱼对缓解紧张情绪有明显效果。种子或果仁类食物也含有较多的 ω-3 脂肪酸，如葵花籽、南瓜子、花生、核桃、芝麻等，对于不易吃到鱼类尤其是深海鱼类的内陆地区，可以吃种子或果仁类食物代替。这些食物也是蛋白质、微量元素、抗氧化营养素等重要营养素的来源。

调节饮食有助于维持身体的健康，从而使情绪更加稳定。要注意饮食的质和量，不要暴饮暴食，避免摄入过多的糖分、脂肪等。同时，多吃水果、蔬菜、全麦面包等健康食物，少吃油炸食品等。

总之，不良情绪的调节方法多种多样，因人而异。除了前面提到的各种不良情绪的调节方法，大学生还应学会培养和维持良好的情绪。

三、幸福由心：良好情绪的培养

生活是一面镜子，你对它笑，它就对你笑；你对它哭，它就对你哭。一个人活得是否快乐，取决于他的主观意识和态度。人在观察事物时并不是完全被动地接受外界的刺激，而是根据当时的心情和经验加上情感色彩。你要是心情愉快，健康就会常在；你要是心境开阔，眼前就会光明；你要是经常知足，就会感到幸福；你要是不计名利，就会感到如意。这说明人应该做自己情绪的主人。

“从明天起，做一个幸福的人，喂马、劈柴，周游世界；从明天起，关心粮食和蔬菜，我有一所房子，面朝大海，春暖花开；从明天起，和每一个亲人通信，告诉他们我的幸福，那幸福的闪电告诉我的，我将告诉每一个人，给每一条河每一座山取一个温暖的名字；陌生人，我也为你祝福，愿你有一个灿烂的前程，愿你有情人终成眷属，愿你在尘世获得幸福；我只愿面朝大海，春暖花开。”海子在《面朝大海，春暖花开》里写出了简单的幸福，幸福是可以被培养的，培养幸福从积极情绪开始。

（一）亲近自然

自然是最能治愈心灵的地方。去郊外散步，感受微风拂面的温柔；在海边聆听海浪的声音，让心灵回归宁静；或者在山林中深呼吸，感受大自然的芬芳。提高积极情绪的简单方法就是到户外去体验大自然的美好，户外活动可以让我们看得更远，对更多的事物感觉良好。实验证明，在风和日丽的好天气里，在户外待了 20 分钟以上的人，表现出明显的积极情绪的增长。

（二）立即行动

行动是改变情绪的有力杠杆，它能打破内心的僵局，重塑感受。当你决定迎接新的挑战、尝试新的事物时，不要犹豫，立刻行动起来。哪怕起初只是迈出一小步，行动本身也会成为情绪的催化剂。它会打破内心的迟疑，让你在实践中找到动力与方向。正如心理学所揭示的，认知影响情感和行为，但行为同样可以反作用于认知。当你开始行动，哪怕只是小小的一步，你的内心也会逐渐被积极的情绪所感染。

（三）广交朋友

如果你把快乐告诉一个朋友，你将得到两份快乐；而如果你把忧愁向一个朋友倾诉，你将被分掉一半忧愁。科学家通过随机分组把人们分成两组，第一组独自一人，第二组与其他人在一起，并且追踪了人们的日常活动和情绪。结果表明，人们与他人在一起，可以获得更多的积极情绪。每天与他人建立联系，培养对他人的关爱，会有更多的欢笑和积极情绪。

（四）追求梦想

提高积极情绪的简单方法，就是设计你的梦想并使之具体化，调整每天的目标和动机，把美好的梦想落实到每年、每月、每日的行动中。追求梦想的过程和达成目标一样，都能激发出积极的情绪。当然你的梦想要合理和具体可行，不要好高骛远，要根据自己的实际情况设定合理的目标。

（五）心怀感激

当你用语言和行动表达感激时，不仅提高了自己的积极情绪，也巩固了彼此之间的关系。做好事、赞赏他人、撰写感恩日记等都能带来积极的情绪。感恩国家的繁荣与强大，为我们提供了平等受教育的机会，感恩父母用无私的爱将我们抚育成人，感恩师长用智慧和耐心引导我们走向成熟。

对一切美好的事物心怀感激吧！处在感恩中会被一种无形的力量鞭策着、鼓舞着，产生对生活、对一切美好事物的积极信念，只有懂得感激的人，才会真正体会到生命的幸福和快乐。

（六）懂得知足

一个渔夫躺在沙滩上晒太阳，一个富翁看到了，就问他："你为什么不利用你晒太阳的时间多钓些鱼呢？"渔夫反问："为什么要多钓鱼？"富翁说了一个简单的逻辑："你只有钓到更多的鱼，才能卖更多的钱，才能买到更好的渔船和捕鱼工具，雇用更多的人帮你钓更多的鱼，赚更多的钱。"渔夫又问："为什么要赚更多的钱？"富人说："这样你就可以什么也不用做，可以躺在沙滩上晒太阳！"渔夫看了看富人说："我不是正在晒太阳吗？"

知足，是一种平和的境界；常乐，是一种豁达的人生态度。在现代社会，我们常常被无尽的欲望驱使，总觉得"拥有的还不够"。知足并不意味着安于现状，而是懂得欣赏生活中的美好，不总盯着没有的东西。当你停下匆忙的脚步，用心去感受当下的每一刻，就会发现幸福其实就在身边。

世上没有非走不可的路，没有非见不可的人，没有非做不可的事。生活中的环境、人、事、物都很容易影响情绪，可是别忘了决定快乐和幸福的钥匙就在自己手中。当我们年轻时，幸福躲藏在未来，引导我们前去寻找它；当我们年老时回头看看，只能在记忆中寻找它。幸福是一个过程而不是一个终点，只有拥有一颗感受幸福的心，我们才能拥有真正的幸福。幸福不在未来，就在此时此刻。

心理拓展

积极情绪档案袋

步骤一：准备一个档案袋或文件夹，用于存放与积极情绪相关的物品。

步骤二：收集一些小物品，如温馨的照片、信件、留言、小礼物或其他具有纪念意义的物品。

步骤三：准备纸和笔，用于随时记录积极情绪的时刻。

步骤四：把这些相关物品放入积极情绪档案袋，并把档案袋放在显眼的位置，种下积极情绪的种子，让它成为唤醒我们积极情绪的触发器。

扩展阅读 4-3　心理探索：鱼尾纹与甜美的笑容

步骤五：当感到情绪低落或需要激励时，打开档案袋，重新审视里面的物品和记录。通过回顾这些积极情绪的时刻，提醒自己生活中美好的一面。

步骤六：随着时间推移，继续收集新的积极情绪纪念品，并将它们放入档案袋。定期整理档案袋，确保它始终充满积极的回忆。

积极情绪是人生迈向良性循环的起点，愿同学们能理解它、运用它、分享它，也愿你的人生有积极的改变。

问题思考

1. 识别自己最近一周内经历了哪几种主要情绪。
2. 举例说明情绪如何影响你的学习效率和日常生活。
3. 当你感到焦虑、沮丧或愤怒时，通常采取什么方法来调节情绪？
4. 记录一天中发生的让自己感到开心、幸福的三件小事，连续记录 21 天。
5. 探索这一行为对自己情绪和心理状态有何影响。

推荐阅览

[1]　[美]迪纳，等. 改变人生的快乐实验[M]. 江舒，译. 北京：中国人民大学出版社，2010.

[2]　[加]芭芭拉·弗雷德里克森. 积极情绪的力量[M]. 王珺，译. 北京：中国纺织出版社，2021.

[3]　[美]马丁·塞利格曼. 活出最乐观的自己[M]. 洪兰，译. 杭州：浙江教育出版社，2021.

[4]　彭凯平. 活出心花怒放的人生[M]. 北京：中信出版社，2020.

[5]　推荐影片：《头脑特工队》。

即测即练

自学自测

扫描此码

第五章

风物长宜放眼量——人际交往与沟通

独学而无友，则孤陋而寡闻。

——《礼记·学记》

【学习目标】

1. 理解人际关系的概念与构建过程；
2. 识别人际交往中的常见认知偏差；
3. 识别人际交往中容易出现的心理障碍；
4. 掌握人际交往的沟通技巧和策略。

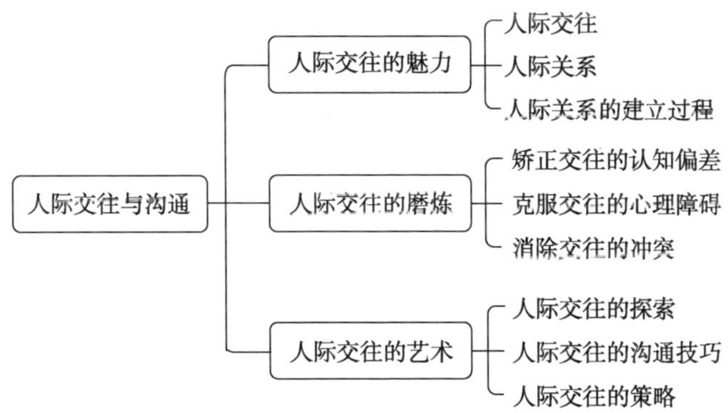

课前思考

假如人生是一条河流，朋友就是载你远航的船只；假如人生是一座雪峰，朋友就是助你攀登的冰镐；朋友是沙漠中的一泓清泉，带给你的是甘甜清凉；朋友是炎炎夏日的一丝凉风，带给你的是清爽惬意；朋友是寒冷冬夜的一块炭火，让你感受到暖暖的爱意；朋友是一盏永恒的指路灯，把你前方的路照亮。请你思考，在你过往的人生经历里，有没有某个时刻，朋友扮演了类似“船只”“冰镐”这样关键的角色？你认为朋友对你有什么样的影响？

第一节 美美与共：人际交往的魅力

亚里士多德曾言："能独自生活的人，不是野兽，就是上帝。"人作为社会性动物，无法脱离群体独自生存。

一、海内存知己：人际交往

（一）什么是人际交往?

人际交往是指运用语言符号或非语言符号交换意见、传达思想、表达情感与需求的动态过程，在此过程中，双方在行为与心理层面相互作用、相互影响、相互适应。人际交往需要具备以下几个条件：①交往主体的个体性：交往是个体与进入个人生活范围的他人之间的关系，并非泛指整个社会中人与人的相互关系。②交往内容的广泛性：涵盖思想交流、互助合作、劳动服务等诸多方面。③交往方式的多样性：包括直接交往与间接交往、正式交往与非正式交往、单方交往和双方交往等。④交往中信息的传递和反馈：信息在交往双方间流动，并产生相应反馈。

对于大学生而言，人际交往是无法回避的。若能与他人良好互动，便能获取生存信息与生活参照，拥有强大心理力量，保持乐观心态；反之，若无法与他人良好互动，则会导致信息堵塞，进而生活黯淡和心灵孤独。

（二）大学生人际交往的特点

大学生初入校园，最渴望收获友谊，期望同学们彼此关心、相互帮助。身处这样的氛围，有助于大学生快速适应大学生活，减轻心理不适，获得生活与心理上的安全感。大学生人际交往具有以下几个特点：

1. 人际交往愿望的迫切性

大学生远离家乡、亲人和老友，置身新环境，易产生孤独感与失落感，迫切渴望得到身边同学的关心、信任与理解，故而对人际交往持有积极态度与强烈愿望。随着心理成长与知识积累，他们逐渐意识到良好人际交往在现实社会中的价值，不愿困于狭小的社交圈子。他们急切地想要了解他人，也迫切需要得到他人的尊重与认可，期望与他人维持真挚友谊，以满足自身物质与精神需求。因此，大学生对构建良好人际交往抱有强烈的愿望。

2. 人际交往心理的理想性

大学生处于求知阶段，社会阅历有限，对未来充满憧憬与自信，容易陷入"理想化模式"的交友思维定势。在日常交往中，他们往往带有浓厚的理想色彩，功利心淡薄，崇尚真诚，鄙夷虚伪，崇尚高雅，唾弃庸俗。一旦所交之友与理想标准不符，便极易出现"一言不合"就疏远对方，即所谓"友谊的小船说翻就翻"的现象。因此，大学生在交往过程中，常先在脑海中构建理想交往模型，再据此在现实中寻觅知己。

3. 人际交往关系的平等性

大学生最喜欢与之相处的人的特质依次为诚实、平等待人、关心他人、谦逊、有才干；而最不喜欢与之相处的人的特质依次为虚伪、利用他人、心胸狭窄、傲慢、脾气暴躁。大学生追求的是一种在平等条件下的交往，交往对象主要是同龄人，一般为同学关系。尽管大学生来自不同地域，风俗习惯各异，但都处于同一年龄阶段，彼此间不存在尊卑长幼之分，也无地位高低之别，没有服从与依赖的关系。

4. 异性交往的敏感性

异性相吸是自然界的一个正常现象，大学生正处于青春期与性成熟阶段，对异性交往充满渴望。大学生异性之间更易于产生思想和感情上的交流，这在同性交往中是无法做到的。适度的异性交往有利于大学生的身心健康，但在交往过程中需要正确引导，学会自尊、自爱、自重，把握好交往的“度”。

（三）大学生人际交往的重要性

1. 促进大学生的身心健康

在生活中，大部分大学生的心理危机状况往往与人际交往相关，良好的人际关系对大学生的身心健康和个人发展有着重要的影响。在大学，若大学生能拥有良好的人际交往能力，与家人、同学和老师维持融洽的关系，便会感受到被接纳、尊重与理解，自我价值感得以提升，心情愉悦，能积极投入学习生活；反之，若不善于与人交往，无法保持良好的人际关系，就会陷入心情沮丧、郁闷、烦躁、抑郁的状态，长此以往，可能引发心理问题，影响学业发展与身心健康。所以，良好的人际交往能赋予大学生安全感与归属感，促进其身心健康发展。

2. 促进大学生的自我认识

“以人为镜，可以明得失。”大学生通过与他人沟通交流，既能增进对自己的认识，也能加深对他人的了解。交往面越广，交往越深，对他人的认识就越深刻；从他人对自己的反馈中，对自我的认识同样也会随之深化。“取人之长，补己之短。”只有全面认识他人与自己，才能得到别人的理解、同情、关怀和帮助，进而推动大学生的自我认知。

3. 促进大学生的社会化进程

人的社会化进程是一个漫长且持续发展的过程，在实践与交往中得以实现，交往是个人社会化的起点与必经之路。大学是学生步入社会前的缓冲阶段与发展平台，大学生应充分利用这一平台，积极地参与学校举办的活动。这些活动能丰富大学生活，使大学生获取更多的知识与信息，提升自身的语言表达、管理协调等能力，为大学生的成长成才指明方向，为其迈入社会奠定坚实的基础和必要前提。

二、天涯若比邻：人际关系

人不是孤立的，而是需要和身边的人沟通交流，从而形成人际关系。如果没有同他人交往或形成关系，那么也就没有所谓的悲欢离合。大学期间，若生活在和谐的人际环境中，就易形成积极、乐观的生活态度；反之，若处于纷争不断、矛盾重重的人际环境中，就易形成消极、悲观的生活态度。

（一）人际关系的定义

大学生渴望在大学时光里，通过交往诉说喜怒哀乐，增进彼此情感，寻找情感共鸣，结交志同道合的朋友。从广义上讲，人际关系是人与人之间的关系，涵盖社会中所有人与人之间的关系，以及人与人之间关系的所有方面。从狭义上讲，人际关系是人与人之间通过交往与相互作用形成的直接心理关系。其本质是交往过程中双方形成的心理距离，它的发展变化取决于双方社会需要的满足程度。换句话说，人际关系是以交往为手段、以需要为基础、以情感为纽带、以自我暴露为标志的一种心理关系，是社会交往的结果和社会关系的一个侧面。

（二）人际交往与人际关系的关系

人际交往的程度与人际关系有着密切的联系。人际交往是实现人际关系的必要途径和前提，是一个动态的过程；人际关系则是人际交往的结果，具有相对稳定性，其好坏影响着人际交往的深度与广度。如果大学生在交往中物质需求或精神需求得到满足，心理距离便会缩短，会产生喜欢、亲近的情绪，彼此关系也就更为亲近。人际关系以人际交往为手段，借助于交往消除陌生感。一般而言，交往频率与关系密切程度成正比：交往频率越高，关系越紧密；交往频率越低，关系越平淡；若交往不存在，关系也将随之消逝。因此，人际交往侧重于人与人之间的联系、接触过程及行为方式等社会互动；而人际关系侧重于在交往基础上形成的社会关系结果或心理状态。人际交往是社会化的起点，人际关系是人们生存与发展的条件。

三、嘤鸣求友声：人际关系的建立过程

人际关系的建立形式多样且复杂，发展速度有快有慢。但总体而言，人与人之间的交往从陌生走向熟悉，从互不相识到相濡以沫，这种良好关系的建立，一般情况下都要经历由浅入深、不断深化关系的过程。奥尔特曼和泰勒认为，良好人际关系的建立需要经过定向、情感探索、情感交流和稳定交往四个阶段。

（一）定向阶段

定向阶段包括交往对象的注意、抉择和初步沟通等多方面的心理活动。在茫茫人海中，我们不会与每一个人都相识并建立良好的关系，只有当对方的某些特征或爱好与自己契合时，才会吸引我们的注意。注意也是一种选择，反映出个体的某种需要倾向、兴趣特征等心理特征。最初的注意往往是自发的、非理性的选择过程，而抉择则是理性的决策。抉择是理智地选择谁为交往对象，并保持良好关系的过程。只有那些跟自己的价值观念有共识的人，才会是我们选择的交往对象。

初步沟通是选定交往对象后，尝试与交往对象建立联系的实际行动。初步沟通通常具有试探性，自我暴露的信息多为表面、基础且礼貌性的客套话。比如，大学生刚进入大学参加第一次班会时，老师或同学问你的姓名、来自哪里、爱好等基本信息，目的是对你有一个大概了解，以便确定是否需要有更进一步的交往。初步沟通一般在初次见面时完成，在此过程中给对方留下良好的第一印象，对后续关系发展具有积极导向作用。

（二）情感探索阶段

在情感探索阶段，双方开始进行角色性接触，探寻共同的情感领域，尝试建立真实的情感联系，而不仅仅停留在一般的正式交往模式。随着双方的交流越来越多，话题范围逐渐拓宽，彼此开始有一定程度的情感卷入，自我暴露程度也有所增加，但交往模式仍与定向阶段相似，注重自身表现的规范性，带有正式交往特征。大部分的同学关系停留在这个阶段，而不会深入。这一阶段关系较为脆弱，容易破裂，但不会带来巨大的心理压力。对

这种关系，是继续交往还是到此为止，仍能自由选择。

（三）情感交流阶段

随着彼此感情的加深，双方人际关系开始出现实质性变化。正式交往模式的压力已经逐渐消失，双方信任感与安全感得以建立，交流内容的广度与深度不断拓展，有较深程度的情感卷入，自我表露的程度进一步加深，能表达真实的想法、态度、观念和内心情感，彼此间能有诚恳的评价性的反馈信息、忠诚的建议、发自内心的表扬与批评。然而，多数大学生存在误解，认为成为好友后，就无须在意交往中的琐碎技巧与方法，应毫无顾忌地表达自己，只要真诚就足够，若有所保留反而显得虚伪，这种做法实则会影响彼此真挚的友谊。若在情感交流阶段关系破裂，将会给双方带来巨大的心理压力。

（四）稳定交往阶段

双方心理相容性进一步增强，情感卷入更为深入，心理距离愈发缩小，感情愈发亲密，彼此间自我暴露的广度与深度更为深入，能进入彼此内心的最深处，分享自己的生活空间和财产。处于这一阶段的朋友，仿佛不受时间与空间限制，即便许久未曾联系，一个电话、一条信息或一次见面，仍能惊喜地发现彼此在心理层面依旧默契十足、倍感亲切。在现实生活中，能达到这一情感层次的友谊较为罕见，多数人会停留在第三阶段便不再继续发展。达到这一阶段的人际关系，便是我们常说的知己、死党、铁哥们儿，正所谓“人生得一知己足矣”，这是令人珍视的深厚友谊关系。

课堂活动 5-1

人际财富图

一、活动理念

让成员回顾过去对自己影响最大的事情，体会到朋友、家人等人的支持和帮助，从而使成员认识到他们的支持系统在自己的成长中起着重要的作用。学会感谢身边那些默默帮助我们、爱我们、支持我们的人。

二、活动时间：20~25 分钟

三、活动过程

（一）活动要求

1. 让成员在白纸上画三个大小不等的同心圆。

2. 根据与自己心理距离的远近，在不同的圆中写上不同人的名字。其中圆心代表自己，越靠近圆心的人，与你的心理距离越近，是你生活中重视、在意、乐于交往的对象。认为有多少人就写多少人。

（二）活动结果解释

1. 最小圆代表你的“一级人际财富”

你们彼此相爱，你愿意让对方走进自己心灵的最深处，分享你内心的秘密、痛苦和快乐。

2. 第二同心圆内的是你的“二级人际财富”

你们彼此关心，时常聚在一起聊天玩耍，一起分享快乐，一起努力奋斗。

3. 第三同心圆内的属于你的“三级人际财富”

平时见面打个招呼，但是需要帮助时也愿意尽力帮忙；曾经比较亲密但渐渐疏远，却仍然在你心中占有一席之地。

4. 同心圆外的空白处代表你的“潜在人际财富”

尽量搜索你的记忆系统，把那些虽然比较疏远但仍属于你的人际财富的人的名字写下来。

四、活动目的

对人际财富图有所了解，对自己的人际交往情况有个更加形象的认识。

第二节 各美其美：人际交往的磨炼

“没有交往能力的人，就像陆地上的船，永远到不了人生的大海。”在现实生活中，即便你才华横溢，自身条件优越，但若不善于与人沟通交往，没有朋友，或无法与他人维系良好关系，也难以收获幸福与成功的生活。

一、日久见人心：矫正交往的认知偏差

（一）先入为主——首因效应

首因效应也称“第一印象”，它是在短时间内，基于片面信息所形成的、占据主导地位的印象。与人初次见面的 45 秒内，第一印象便会悄然生成。“要给别人留下一个好的印象”“记得第一次见你的时候，你穿着什么颜色的衣服”这类表述，都是首因效应的体现。首因效应具有明显的表面性与片面性。大学生与陌生人见面时，往往会无意识地依据对方的性别、年龄、穿着打扮、姿态以及声音等外在信息，尝试去了解对方，但仅凭这些，显然无法全面认识一个人。人的认知具有整合性和理解性，会自然地把不完全的信息贯穿起来，形成一定的整体最初印象。而这个最初印象往往最为深刻，这种先入为主的评价会对后续交往产生深远影响，且很难改变。

俗话说：“路遥知马力，日久见人心。”在大学生人际交往中，首因效应极为常见。大学生一方面要克服先入为主的片面性，避免以貌取人，减少不必要的误会；另一方面，也要充分利用第一印象。在日常交往尤其是与陌生人接触时，应注重塑造良好的第一印象。例如，首次竞选班干部、初次在集体活动中亮相、第一次与他人见面、初次求职面试等场合，通过得体的穿着打扮与恰当的言谈举止，展现个性魅力，给他人留下良好印象，往往能达到事半功倍的效果。

（二）一鸣惊人——近因效应

“近因”指最近或最后的信息。近因效应是指在多种刺激依次呈现时，后来出现的刺激所形成的印象往往比中间的刺激更为深刻。在人际交往过程中，对他人最新、最近的认知会占据主导地位，进而掩盖了以往对他人形成的评价，因此，近因效应也称为“新颖效应”。比如，恋人煲电话粥时，若一方觉得对方没认真听，让其重复最后一句话，对方往往能做到，但要是让其复述前面的内容，就不易回忆起。一般而言，在与陌生人交往的前期，首因效应发挥的作用比较明显；而在与熟悉的人交往后期，近因效应的影响则更为突出。所

以，首因效应与近因效应并非相互对立，而是同一问题的两个方面。

在人际交往中，我们既要重视第一印象，也要关注后期印象。大学生可巧用近因效应来优化自身形象。当双方因意见不合发生争吵，或感情出现裂痕想要分手时，不妨主动向对方说明情况并诚恳致歉。这种主动的姿态会彰显你的大度，赢得对方的好感，留下良好印象，过往的矛盾或许也能随之化解。例如，在小组作业讨论中，因观点分歧与同学起了争执，结束后主动找对方沟通："刚刚讨论时我太激动了，话说得有点重，其实你的想法也有道理，咱们能不能再一起探讨下，看看怎么把作业完成得更好？"这样的沟通方式能有效缓和关系。

（三）以偏概全——刻板效应

刻板效应也称"定型效应"，是指在长期的认识过程中所形成的关于某类人的概括而笼统的印象，并以此作为判断和评价他人依据的心理现象。刻板效应通常通过社会学习以及个人自身经验积累形成，它将某类人机械地进行归类。这种简化的认知过程，虽能节省大量时间与精力，但在对他人做出普遍性结论时，极易忽略个体差异，阻碍对他人的正确评价。例如，"男人是粗心、勇敢的，女人是细心、勤劳的""老人保守，小孩天真可爱""北方人是豪爽的，南方人是精明的"，这些都是刻板效应的体现。

刻板效应是一种心理定势，也是一种以偏概全的偏见，无论是对熟悉的人还是陌生人，都可能产生影响。首先，打破思维定势，尝试从不同角度、用全新眼光看待事物，如此才可能收获别样风景，甚至创造奇迹，就像从鸟的飞行原理中得到启发发明飞机、由蝙蝠的特性联想到电波一样。其次，深入到群体内部，多与具有典型性、代表性的成员交流，不断地验证原来刻板印象中与现实不一致的信息。最后，善于用"眼见之实"去核对"偏听之辞"，主动探寻与刻板印象相悖的信息，从而突破刻板效应的束缚，实现对他人全面、客观的认识。因此，不要戴着"有色眼镜"看人，要就事论事，实事求是地分析，毕竟同一群体内不同个体间的差异往往远超不同群体间的平均差异。

（四）爱屋及乌——光环效应

光环效应也称"晕轮效应"，是指在人际交往中，把对方所具有的某个特性泛化到其他一系列特征上，从局部信息形成一个完整的以点概面或以偏概全的主观印象。比如，"子不嫌母丑""情人眼里出西施""一白遮百丑""一好百好"等。在光环效应的作用下，你的优缺点会被无限放大或缩小，甚至被忽视，就如同月亮的光环向四周弥漫、扩散，这是个体主观推断泛化的结果。比如，当你厌烦某人时，其以往的优点也会变得碍眼，缺点更是被无限放大。

光环效应利弊兼具，其利在于能帮助我们快速形成对他人的印象，以适应社会快节奏的变化；其弊在于可能导致我们对他人的印象与实际不符，难以分辨好坏、真伪，还容易被他人利用。常言道："当局者迷，旁观者清。"因此，大学生一方面要充分借助光环效应，增加自身魅力，采用先入为主的策略，主动展示自身优点，赢得他人积极肯定的评价；另一方面，要善于倾听他人意见，保持客观理性。例如，在社团招新时，精心准备个人介绍，突出自己的特长与优势，给新成员留下良好的第一印象；同时，在日常社团活动中，虚心接受他人建议，不断完善自我。

（五）以己度人——投射效应

投射效应是指在人际交往中，个体假定他人与自己具有相同倾向，进而将自身特性投射到他人身上。简单来说，就是以己度人，把自己的爱好、情感和想法强加于他人，理所当然地认为别人知道自己心中的想法。比如，父母可能会无意识地将自己喜爱的职业或未竟的心愿强加给孩子，却忽略了孩子自身的兴趣爱好。又如，对他人怀有敌意的大学生，总觉得对方的一举一动都充满挑衅，认定对方对自己心怀仇恨、充满敌意。

“以小人之心度君子之腹”是典型的投射效应。喜欢算计他人的人，往往觉得别人也在算计自己；心地善良的人，则倾向于认为他人同样善良。我们常常不自觉地将自己的想法和意愿投射到别人身上。所以，在日常生活中，我们要努力克服投射效应的消极影响，正确认识自己与他人，做到严于律己、宽以待人，避免以自己的标准去评判他人。例如，在团队合作中，讨论方案时，不能只从自己的思维角度出发，要充分倾听他人意见，尊重团队成员的不同想法。

二、拨云见日：克服交往的心理障碍

俗话说：“画虎画皮难画骨，知人知面不知心。”可见，认识他人绝非易事。由于在认识他人的时候往往会带着浓厚的主观色彩，误解与猜疑、嫉妒与抱怨、焦虑与忧郁等随之而生，但只要我们能敞开心扉，多一些宽容、理解和赞美，阳光便会照进生活。

（一）自卑心理

自卑心理是大学生人际交往中最常见的心理问题。自卑源于一些条件限制与认知偏差，致使个体认为自己在诸多方面不如他人，进而产生失去自信、轻视自我、畏缩不前的情绪体验。

1. 自卑心理的表现

对自身条件与行为表现不满，在人际交往中，有自卑心理的大学生常缺乏自信，不敢主动交往；与人交往时，神情紧张，不敢直视对方，说话语无伦次、词不达意，严重者甚至可能出现视线恐惧、赤面恐惧等社交恐惧症症状。自卑心理有时还会以自负的形式呈现，自负与自卑实则是一对孪生兄弟，过度自负的人内心深处往往藏着自卑。自负者对自身评价过高，常表现出“自傲”“清高”之态，自我感觉良好，给人一种拒人于千里之外的错觉。实际上，他们内心渴望与人交往，期待得到他人关心，却因放不下自身某方面的优势，而不愿主动迈出第一步。

2. 自卑心理的产生原因及调适方法

产生自卑心理的原因主要有以下几方面：消极的自我暗示、归因错误、过度自尊以及个体条件相对不足。

（1）消极的自我暗示。部分大学生无法客观、真实地评价自己，对自身认识不足或过低，习惯拿自己的短处与他人长处比，事还没做便担忧被人轻视。比如，在参加演讲比赛前，脑海中不断浮现“我口才不如别人，肯定讲不好”的想法，还未尝试就先自我否定。

（2）归因错误。自卑的大学生常将失败归因于自身能力、性格等内在因素，导致过度自责，意志消沉，陷入恶性循环，愈发不愿与人交往。例如，考试失利后，一味认为是自己脑子笨，而非从学习方法、努力程度等多方面分析原因。

（3）过度自尊。自尊心过强也可能引发自卑心理。有些大学生过于在意自己在他人心中的形象，害怕犯错有损形象，为维护自尊，不敢积极主动交往。例如，在课堂上，即便有想法也不敢发言，生怕回答错误被同学嘲笑。

（4）个体条件相对不足。生理缺陷、家庭经济状况及社会地位等原因也会造成大学生自卑心理。比如，身体有残疾的学生，可能因担心他人异样眼光而在社交中退缩；家庭经济困难的学生，可能在与家境优越的同学相处时感到自卑。

自卑感一旦形成，便具有较强的感染性与扩散力，会给大学生之间的相互交往带来不良的后果。可通过以下方法调适：

（1）提高自我认识水平。俗话说："人无完人，金无足赤。"大学生要坦然地接受自身的优点，也不忌讳自身的缺点，要学会扬长避短，认识到正是因为有了这些优点和缺点才构成了独特的自己。自卑的大学生自尊心与抱负水平通常较高，在学习生活中，因方法不当或处世能力不足陷入困境时，自尊心易严重受挫，就会成为一个完全失去自信的人。因此，我们要不断完善、不断加深对自己正确的认识，用全面的、发展的眼光看待自己，只有这样才能使自己变得更强大。

（2）积极的自我暗示。积极的自我暗示对行为影响重大。暗示法是个体通过积极的自我暗示、自我鼓励实现自助的方法。积极的自我暗示则带来积极的行为，消极的自我暗示导致消极的行为。在做事情前，内心深处要坚信"我能行""我能够做好"，也可在纸条上写下激励话语，如"相信自己，勇往直前"，时刻激励自己。

（3）主动与人交往。只有主动与人交往，才会发现事情并非想象中那般复杂可怕。开始时，可从身边熟悉或性格开朗、乐观的人入手。比如，先与室友多交流，参与宿舍集体活动，逐渐锻炼自己的人际交往能力，增强自信心。

（二）嫉妒心理

嫉妒是一种因他人优于自己而产生的忧虑、愤怒与怨恨交织的复合体验。嫉妒本身并不可怕，可怕的是不了解其产生原因，进而做出非理性行为。嫉妒心理是在人际交往中，个体与他人比较后，发现自己在能力、地位、名誉等方面不如对方，从而产生的不悦、羞愧、怨恨、恼怒，甚至带有破坏性的复杂情绪状态。

1. 嫉妒心理的表现

嫉妒者将别人的优势视为对自己的威胁，害怕他人优势凸显自己的不足；常对他人冷嘲热讽、恶意诽谤，内心充满恐惧与愤怒，严重时甚至会有报复、攻击行为。在人际交往中，有嫉妒心理的大学生好胜心强、心胸狭窄，易因嫉妒造成自身能量内耗。嫉妒者往往不努力缩小与他人的差距，而是借助诽谤、贬低等手段攻击对方，试图拖对方后腿，以此获得心理上的暂时满足。

2. 嫉妒的产生原因及调适方法

嫉妒并非与生俱来，而是后天形成的。残酷的现实竞争、个体的争强好胜、虚荣心以及不自信，都是嫉妒滋生的温床。嫉妒实质上是拿别人的成就来折磨自己，别人并不会因此而感到逊色几分，痛苦的是自己。可通过以下方法调适嫉妒心理：

（1）接纳嫉妒心理。社会发展迅速，竞争日益激烈，大学生应认清自身位置，客观对待自己，端正学习和生活态度。不要将比自己优秀的同学视为对手或阻碍，而是坦然承认对方在某些方面优于自己，同时看到自己在其他方面的优势，以他人之长补己之短，而非以己之短比人之长。只有采取正确的比较方法才能促进自身发展。

（2）充实自我。嫉妒心理常常是自信心和能力不足的曲折表现，嫉妒者内心深处潜藏着“自己不好，也不允许别人好”的自私心理。能力强者不会担心被他人超越，只有那些无所事事、想进步又不愿付出努力的人，才会有时间去嫉妒别人。因此，大学生要充实生活，让每天过得有意义、快乐且丰富多彩，慢慢地树立自信心。当嫉妒情绪出现时，可以试着转移注意力，专注于自己的兴趣爱好，将嫉妒转化为奋斗动力，提升自身修养，走出自我狭隘的圈子，做个豁达开朗的人。例如，因同学在文艺表演中大放异彩而心生嫉妒时，可投入到自己热爱的运动中，通过锻炼提升自我，同时还能释放负面情绪。

（3）克服以自我为中心。嫉妒心理是以自我为中心的产物，嫉妒者目光短浅、气量狭小，凡事优先考虑自己，忽视他人感受。大学生只有克服以自我为中心，才会发自内心地去接纳别人的进步与成功，使自己的心态不会因为嫉妒别人而失衡，实现情绪情感的升华。

（4）自我宣泄。自我抑制是治疗嫉妒心理的“苦药”，自我宣泄则是治疗的“特效药”。当嫉妒心理产生时，可找亲人、朋友或同学倾诉，说出内心感受；也可以通过一些爱好（如唱歌、打球、下棋或旅游等）来宣泄心里的不平衡。虽然宣泄只是暂时缓解情绪，但心里可以获得暂时的平衡，不会向更深的程度发展。

（三）猜疑心理

猜疑是指在毫无事实依据的情况下，凭借主观想象肆意地进行判断推测，这类人只对自己深信不疑，却总是无端怀疑，处处挑剔他人，这是一种典型的不良心理。猜疑心理是由主观推测而产生不信任的复杂情感体验。

1. 猜疑心理的表现

对别人的言行过分警觉，对人冷淡、戒备心强，把无中生有的事强加于人，有时甚至会把他人的善意曲解为恶意；总担心别人在背后议论自己，看不起自己；做事小心谨慎、敏感多疑、生性孤僻，遇到不顺心或意外的事情时，不先从自身找原因，而是怀疑别人在背后做了手脚；完全处于一种自我封闭的心理防御圈中，严重的情况下，可能会发展为癔症或者被害妄想症。

2. 猜疑心理的产生原因及调适方法

产生猜疑心理的主要原因是主观臆断，即在没有事实依据的情况下，仅凭主观想法随意猜测、怀疑他人，并且过度关注自身的得失；性格内向孤僻，平时与人接触交流较少；他们内心深处怀疑别人看不起自己，既对自己缺乏自信，也难以信任他人；易受他人或自我暗示的干扰。此外，过往的挫折经历使得他们内心缺乏安全感，为了保护自己，便不自觉地开启过度的心理防御机制，对周围的人和事都持怀疑态度。

猜疑者自身往往能体验到巨大的心理压力，以下是猜疑心理的调适方法：

（1）培养理智的心态。当猜疑者心中产生疑惑时，务必先让自己冷静下来，进行客观、理性的思考，切不可鲁莽地随意怀疑。要督促自己根据客观事实去寻找产生疑惑的原因，倘若经过思考，心中的疑惑依然存在的话，那么就积极主动地去找“被怀疑者”进行推心置腹的交流，把心里不解的地方说出来，澄清事实，解除彼此间的误会，从而消除心中的疑虑。在面对各种问题时，要秉持调查研究之后再做判断的原则，坚决不能毫无根据地胡乱猜疑，否则极易产生错误的认知。在评判一个人时更是如此，切忌以自己的主观想象作为衡量别人的标准，主观意识太强会造成识人的错误与偏差。

（2）学会自我安慰。在人际交往过程中，不被理解、产生误会、遭受委屈或者出现隔阂等情况，都是客观存在且难以避免的正常现象。我们要始终保持一颗平常心，相信自己具备妥善处理人际关系的能力，既不要过分在意他人的评价，也不要随意对他人妄加评判。因此，对于一些非原则性的事情，不要斤斤计较，要学会看得开、放得下。

三、相向而行：消除交往的冲突

人际冲突是指个体之间出现的关系不协调、不适应的现象。在大学生群体中，人际冲突往往由一些容易被忽视的小摩擦引发，有时自己得罪或伤害了别人，却浑然不知。大学生人际冲突是一种不可避免的社会现象，它是人际互动问题的关键症结所在，既是危机，也是转机。危机在于冲突若处理不当，可能会对学生的情绪、学业以及社交生活造成负面影响；转机则体现在妥善解决冲突能够促进彼此的了解，改善人际关系。因此，大学生要学会理解、尊重和包容他人，尽量避免人际冲突，防止不恰当行为的发生。以下为解决人际冲突的七个有效步骤：

扩展阅读 5-1　心理探索：傲慢、偏见成就了斯坦福大学

一是树立积极信念。所有冲突都能够通过理性且富有建设性的方式得到解决。这种信念是解决冲突的基础，它能促使冲突双方以积极的心态去面对问题，而非陷入消极对抗。当双方秉持这一信念时，就更有可能寻求合作性的解决方案。

二是客观地了解冲突的原因。只有全面、客观地探究冲突产生的原因，了解对方的行为动机、过往经历、当前所处的情境等因素，才能找到冲突的根源。

三是客观、具体地描述冲突。描述时要避免主观臆断和情绪化表达，而是要清晰地阐述事件的经过、涉及的人员、具体的行为以及产生的影响等。比如，“昨天在宿舍，你在我复习考试的时候大声打电话，持续了很长时间，让我无法集中精力，这导致我的复习计划被打乱，心里很烦躁”。这样的描述能够让对方清楚了解自己的行为造成的后果，避免模糊不清的指责引发更大的冲突。

四是向别人核对自己关于冲突的观念是否客观。每个人对冲突的认知可能存在偏差，通过与对方交流，可以修正自己可能存在的误解，确保双方对冲突的理解达成一致。

五是尽可能多地提出解决冲突的可行办法。这需要双方共同参与，发挥各自的智慧，从不同角度思考解决方案。提出多种方案能够增加找到最佳解决方案的可能性。

六是筛选最佳途径。对各种解决方案逐一进行全面评价，从中筛选出对双方都最有益的最佳解决途径。评价时要综合考虑多种因素，如方案的可行性、对双方利益的保障程度、对未来关系的影响等，确保所选方案能最大限度地满足双方需求，促进和谐共处。

七是评估与修正方案。评估实施最佳方案后的实际效果，并依据给双方带来最大利益以及有利于维持良好人际关系的原则进行必要的修正。根据实际情况对方案进行优化调整，以确保方案的有效性和可持续性。

第三节　美人之美：人际交往的艺术

无论你在享受交往带来的幸福、温馨和宽慰，还是在经受人际冲突带来的烦恼、孤独和愤怒，毋庸置疑，人不能没有他人，不能不与他人交往，因为每个人的成长、发展、成功和幸福都与他人息息相关。只有了解自身的人际交往情况，才能提高自身的人际交往能力。

一、知己知彼：人际交往的探索

（一）大学生人际关系综合诊断量表

你了解自己吗？对自己的人际交往情况清楚吗？针对这些问题，郑日昌等编制了人际关系综合诊断量表，共28个问题，每个问题作“是”（打“√”）或“非”（打“×”）两种回答。请你认真完成，然后参看后面的评分计分办法，对测验结果做出解释。

1. 关于自己的烦恼有口难言。
2. 和生人见面感觉不自然。
3. 过分地羡慕和妒忌别人。
4. 与异性交往太少。
5. 对连续不断的会谈感到困难。
6. 在社交场合感到紧张。
7. 时常伤害别人。
8. 与异性来往时觉得不自然。
9. 与一大群朋友在一起时，常感到孤寂或失落。
10. 极易受窘。
11. 与别人不能和睦相处。
12. 不知道与异性相处如何适可而止。
13. 当熟悉的人对自己倾诉他的生平遭遇以求同情时，自己常感到不自在。
14. 担心别人对自己有坏印象。
15. 总是尽力使别人赏识自己。
16. 暗自思慕异性。
17. 时常避免表达自己的感受。
18. 对自己的仪表（容貌）缺乏信心。
19. 讨厌某人或被某人所讨厌。
20. 瞧不起异性。
21. 不能专注地倾听。
22. 自己的烦恼无人可倾诉。

23. 受别人排斥与冷漠。
24. 被异性瞧不起。
25. 不能广泛地听取各种意见、看法。
26. 自己常因受伤害而暗自伤心。
27. 常被别人谈论、愚弄。
28. 与异性交往不知如何更好地相处。

（二）人际关系诊断计分表（表 5-1）

表 5-1　人际关系诊断计分表

Ⅰ	题目	1	5	9	13	17	21	25	小计
	分数								
Ⅱ	题目	2	6	10	14	18	22	26	小计
	分数								
Ⅲ	题目	3	7	11	15	19	23	27	小计
	分数								
Ⅳ	题目	4	8	12	16	20	24	28	小计
	分数								
评分	标准	打“√”的给 1 分，打“×”的给 0 分，总分							

（三）结果的解释与辅导

每一横栏上的小计分数，代表你与朋友相处时的困扰程度，分数越低越好。表中Ⅰ横栏的分数，表示你在交谈方面的困扰程度；表中Ⅱ横栏的分数，表示你在交际与交友方面的困扰程度；表中Ⅲ横栏的分数，表示你在待人接物方面的困扰程度；表中Ⅳ横栏的分数，表示你在与异性朋友交往方面的困扰程度。

总分是 0～8 分，表示你与朋友相处时困扰较少，说明你性格开朗，善于交谈，主动关心别人，身边的朋友不少，彼此相处得比较愉快。总分是 9～14 分，表示你与朋友相处存在一定程度的困扰，说明你的人缘一般，跟朋友的关系不牢固，时好时坏，经常处在一种起伏波动之中。总分是 15～20 分，表示你与朋友相处时困扰严重，说明你性格不开朗，不善于交谈，不喜欢主动地跟别人打招呼或有明显的自高自大。

二、宁静致远：人际交往的沟通技巧

大学生渴望获得同学的理解与认同，收获友谊与爱情，有着强烈的交往意愿。然而，因未掌握人际交往的沟通技巧，缺乏交往艺术，常常给自己带来诸多困惑。

（一）运用语言艺术

语言是直接抒发情感、沟通思想、传递信息的重要人际交往工具，语言艺术的高低会直接影响大学生的人际交往效果。要注意在不同场合把握讲话分寸，善于运用幽默语言提升人际吸引力，化解尴尬局面。大学生在语言运用方面需要注意以下几点：

1. 学会表达

俗话说："话不投机半句多。"大学生一起交流时，尽量选择一个共同感兴趣的话题，尽量做到让每个人都有机会发表自己的看法或见解。对于内向的同学，可以主动询问："某某同学，你对这个问题怎么看？"当别人说得不好时，不要取笑别人，更不能提及他人的生理缺陷，要学会缓和不愉快的气氛。因此，与人交谈时，表达要和善、诚恳、有条理、言简意赅，多用委婉词句；如果言语尖酸刻薄，言外有意，冷言冷语，则会引起别人对你的反感，正所谓"良言一句三冬暖，恶语伤人六月寒"。

2. 学会幽默

幽默也是人际交往中不可或缺的语言艺术。幽默是男人的风度、女人的魅力，能让世界充满微笑与愉悦，是避免人际冲突的灵丹妙药。平时与同学交谈时，若对方保持沉默，巧用幽默，便可打破僵局，缓解紧张局面；相处出现矛盾时，幽默能起到润滑剂的作用；幽默的言行会引起别人对你的兴趣，使大学生的相处变得更顺畅、更自然。例如，在宿舍里，同学不小心打翻了水杯，气氛瞬间有些尴尬，这时另一位同学幽默地说："看来这水杯是太想给咱们的地板来个'SPA'啦！"大家听后，不禁哈哈大笑，尴尬气氛也随之消散。因此，大学生要学会幽默，这需要培养敏锐的观察力、丰富的想象力、灵活的应变能力和广博的知识。

3. 学会拒绝

当同学或朋友提出的要求，自己在客观上无法满足或主观上不想答应时，若碍于面子，担心拒绝会伤害对方而勉强给予肯定承诺，这会使自己陷入自我谴责、痛苦之中，或勉强为之，导致内心冲突加剧，不利于大学生的身心健康。因此，当无法满足或无力帮助别人时，要勇敢地说"不"，学会拒绝，有原则的拒绝比无原则的帮助更有价值。

首先，倾听后再说"不"。当同学向你提出要求时，他们心中或许会有困扰或担忧，害怕你立刻拒绝。因此，在拒绝前认真倾听，会让对方有被尊重的感觉，之后再委婉拒绝，能减少对对方的伤害。

其次，说明说"不"的原因。当决定拒绝对方时，要清晰地告知不能答应的缘由，若能适当提出有效的建议或替代方案，对方同样会感激你。

最后，说"不"时要温和坚定，就像裹着糖衣的药丸更容易入口一样，委婉坚定地表达拒绝比直接说"不"更容易被接受。大学生掌握拒绝的艺术，既能减轻心理上的紧张与压力，又能展现自身个性，也不会让自己在人际交往中陷入被动，大学生活就会变得轻松潇洒。

4. 学会赞美

汪国真说过："一个永远不欣赏别人的人，也就是一个永远也不会被别人欣赏的人。"赞美的实质是对他人的赏识和激励，能激发一个人的潜能。

前提是赞美必须是真实的、诚恳的，虚情假意的赞美只会引起对方的反感。当你赞美别人时，会发现自己收获的远远多于付出的，这是成本最低的交往方式。大学生与人交往时，要善于发现美，大到同学的品行、能力，小到服饰、发型。恰到好处的赞美能让人际关系更加和谐。

（二）运用非言语沟通

大学生除了通过语言进行交流外，表情、目光、姿态等非语言要素在相互交往中发挥着语言无法比拟的作用。非言语沟通是人们不借助有声的内容，而是凭借面部表情等无声的语言所进行的沟通。

在众多非言语沟通方式中，眼神和姿态是极为重要的表现形式，它们能直观地展现内心深处的情感，贵在自然。眼睛是心灵的窗户，不仅能传情，而且能交流思想，表达不同的情绪情感。大学生要学会通过观察他人的眼神洞察其内心，推断其对事物的态度。姿态可分为身体表情和手势表情两种。身体表情通过四肢与躯体的变化展现人的各种情绪状态；手势表情既可以单独使用，也能与言语配合，可表达赞成与反对、喜欢与讨厌、接纳与拒绝等态度和思想。

（三）学会倾听

善于倾听是一门学问，倾听不是被动消极的活动，而是主动积极的活动。大学生要用心去听人讲话，倾听的过程就是心灵关怀的过程，倾听和善于“讲”都是非常重要的交际艺术，大学生在倾听时要注意以下几个方面：

1. 注意力集中

沟通时，要认真倾听，不可东张西望、心不在焉。倾听不仅要听清对方说的话，理解其表面意思，还需留意对方交流时的情感状态，通过听其言语、观察其举止，体会言语背后的情感。这要求在倾听时保持高度注意力，用心体会。例如，在朋友向你倾诉最近学习压力大时，你不仅要听他讲述具体的课程难度、作业量等，还要留意他的语气、表情，感受他内心的焦虑。如果能准确理解对方的情感表达，自然会增进彼此的友谊。

2. 提供反馈

沟通时，若对方兴致勃勃地讲述，你只是静静地坐在那里听，不给予任何言语的或非言语的反馈，那么不久后，对方就会停止，会觉得与你聊天索然无味，认为你不够朋友，这不利于增进彼此的感情。因此，在沟通时，倾听者不仅要集中注意力，还需要在适当的时候给予反馈。比如，使用一些简单的感叹词，像“嗯”“哦”；也可以通过非言语方式表达专注，如保持恰当的身体姿势、与对方保持眼神交流、点头示意等，设身处地地去体会当事人的内心感受，并做出同感反应。

3. 不轻易打断

沟通时，如果对方正激情满满地谈论或发表自己的看法、观点，你突然以“我有事情要出去一下”等话语打断对方，那么对方可能会觉得你不尊重他，心里难免失落难过。同时，你也会错失一次了解对方的机会。每个人都有独特的思想，要学会接纳不同的思想，克制自己，尽量不打断对方说话，让对方能够顺利地表达想法和感受。因此，沟通时，无论你多么不赞同对方的观点，都要保持耐心，不要产生抵抗情绪。

4. 不主动给意见

沟通时，当倾诉者向你讲述自己面临诸多问题，但并未向你询问解决办法时，你若一股脑儿地将自己对问题的分析及自认为的解决方案脱口而出，那么对方或许表面上会感谢你提供的分析和建议，实则在心底已决定结束谈话，不再向你流露情感，因为对方可能只是单纯需要你的倾听、理解和认同。因此，在谈话时，尽量不要主动为对方提供意见，多数时候，用心倾听即可，请遵循“用 10 秒钟的时间讲，用 10 分钟的时间听”的原则。

5. 容忍沉默

沟通时，双方会经常陷入沉默。当对方沉默时，你不要紧张，找个话题来转移对方的注意力，打破沉默。有的人在谈话中沉默，很有可能是进入了思考状态，尤其是当他刚刚讲完自己的一件事或一段感受时。因此，沟通中出现沉默是正常现象，不要觉得尴尬，要分析沉默的原因，再决定是等待沉默自然结束，还是适时打破沉默。

三、有容乃大：人际交往的策略

（一）自我认识，悦纳自我

大学生在人际交往中常常出现心理障碍，多数是因为不能客观、公正地认识自我，无法正确看待自身和他人的优势和劣势，进而产生自卑、嫉妒等心理，给人际交往带来诸多不利影响。

大学生若想拥有良好的人际交往能力，需要秉持客观公正、实事求是的态度进行自我评价。一方面，要清晰洞察自身的优点与缺点，切不可一味地将注意力过度集中在缺点上，而对自身的闪光点视而不见。另一方面，要学会毫无保留地接纳真实的自己。接纳自己，并非仅仅接纳那些令人愉悦的优点，对于自身存在的缺点，同样要给予理解与包容。

正确的自我认识与悦纳自我，对大学生提出了更高层次的要求。这不仅意味着要全面认知自身的优缺点，更重要的是，要学会以一种积极、豁达的心态去接纳自身的缺点。当我们勇敢地接纳自身的缺点，积极主动地借鉴他人的优点，用以弥补自己的短处时，这样会让自己的大学生活因良好的人际交往而变得丰富多彩。

（二）个人形象的树立

常言道：“相由心生。”这意味着我们完全能够通过提升自身修养来增加内在美。大学生个人形象的树立需要注意以下事项：

1. 穿着打扮

俗话说，“人靠衣装马靠鞍”“人靠衣装，佛靠金装”。首先，大学生的穿着务必做到干净、整洁，而不是穿得花枝招展。干净整洁的穿着是对他人的尊重，也是展现自身精神风貌的基础。其次，服饰的选择与搭配要得体、大方。服饰的贵重并不能彰显个人的气质与地位，唯有搭配和谐、风格朴实且穿着大方，才是永不过时的时尚准则。同时，服饰应当与所处场合相协调，从而凸显出个人独特的气质。最后，适当打理发型、化淡妆也是提升个人形象的有效方式。简约而整洁的发型能够展现出青春活力，淡雅的妆容则可以增添几分自信与精致。总之，大学生通过保持整洁的仪表、干净利落的风格，便能充分展示自身的魅力、气质与独特的个性。

2. 谈吐文雅，态度谦和

分享一个故事：有个秀才去买柴，他对卖柴的人说：“荷薪者过来！”卖柴的人听不懂

"荷薪者（担柴之人）"这三个字，但明白"过来"两个字，于是便将柴担到了秀才面前。秀才接着问："其价如何？"卖柴的人不太理解这句话的意思，但"价"这个字他听懂了，便告诉了秀才价钱。秀才又说："外实而内虚，烟多而焰少，请损之（你的木材表面上看似干燥，里头却是湿的，燃烧时会浓烟多而火焰小，请降低些价钱吧）。"然而，卖柴的人由于听不懂秀才的话，于是担着柴走了。这个故事启示大学生，在适当的场合下，可以适当地展示自己的才华，但绝不可自我吹嘘、故意卖弄。在与人交谈时，语言表达要做到清晰、准确、简练、易懂且生动，避免出现吞吞吐吐、欲言又止的情况，这就要持续不断地锻炼和提升自己的交谈技巧。

态度作为一种比较固定的心理反应倾向，会因交往对象的不同而有所差异。例如，你对父母的尊重、对朋友的推心置腹、对小朋友的悉心呵护、对同学或同事的和蔼真诚会使他们产生安全感而亲近你；反之，若表现得傲慢自大、蛮横无理、目中无人，只会使他们对你敬而远之。

（三）交往距离的把握

美国人类学家爱德华·霍尔博士在《无声的语言》一书中，将日常生活中人与人之间的空间距离划分为四类，即亲密距离、个人距离、社交距离和公众距离。

1. 亲密距离

亲密距离是人际交往中最为贴近的间距，恰如人们常说的"亲密无间"。亲密距离的近范围在 15 厘米之内，处于这一距离时，双方之间可能出现肌肤相触、耳鬓厮磨的亲密状态，彼此甚至能够真切地感受到对方的体温和气息。亲密距离的远范围则为 15～44 厘米，身体接触形式可能表现为挽臂执手或促膝长谈，淋漓尽致地展现出亲密友好的人际关系。从交往情境来看，亲密距离属于私人情境范畴，仅适用于在情感层面联系极为紧密的人之间，一般而言，主要就是情侣和亲人。在这种距离下，双方都能深深地体会到来自对方的信任。

2. 个人距离

个人距离在人际间隔上具有一定的分寸感，此时直接的身体接触大幅减少。个人距离的近范围为 46～76 厘米，在这一距离下，双方恰好能够亲切握手，愉快地进行友好交谈。这一距离空间主要用于与熟人之间的交往互动，若有陌生人贸然进入此距离范围，便会被视为对他人的侵犯行为。个人距离的远范围为 76～122 厘米，在这一距离下，任何朋友和熟人都能够自由地进入。在人际交往过程中，亲密距离与个人距离通常应用于非正式的社交情境之中，而在正式的社交场合，则会采用社交距离。

3. 社交距离

社交距离代表着一种社交性或礼节上较为正式的关系。社交距离的近范围为 1.2～2.1 米，一般在工作环境和社交聚会上，人们会保持这样的距离，这一距离通常被用于处理公开关系的个体之间而非私人关系的个体之间。社交距离的远范围为 2.1～3.7 米，在这一距离下，交往关系显得更为正式。例如，工作招聘时的面谈，面试官与应聘者会维持这样的距离，既能让双方有足够的空间，又不失正式感。

扩展阅读 5-2 心理探索：影响人际吸引的个性特征排序

4. 公众距离

公众距离通常是公开演说时，演说者与听众所保持的距离。公众距离的近范围大约为 3.7～7.6 米，远范围则在 7.6 米之外。处于公众距离时，沟通难度大幅增加，直接交谈变得十分困难。例如，在教室中，教师站在讲台上授课，与学生们之间就保持着公众距离，教师只能通过提高音量、借助多媒体等方式与学生进行沟通。又如，电影屏幕与观众的距离、小型演讲会的演讲人与听众的距离等都属于公众距离。公众距离通常用于正常交往的个体之间或者陌生人之间。

（四）适度的自我表露

自我表露是指个体在与他人交往过程中，自愿且真实地展现自己内心想法与行为的过程。自我表露与心理健康之间呈现倒 U 形关系，即适度地进行自我表露，并且与他人适度分享自己的真实想法和情感，有助于促进健康心理的形成。

自我表露具有层次区别。大多数朋友关系往往处于中度或低度自我表露的层次。能够与我们发生百分之百高度的自我表露的人非常少，仅发生在少数挚友间。过少或过多的自我表露都会造成个体适应性的困难。从来不表露自己的人，在面临困难时无法向他人求救，很难获得友谊；而过度的自我表露，将自己所有的事情一股脑儿地倾诉给别人，会令自己完全暴露在别人的面前，毫无隐私可言，同样不利于获得真正的友谊。因此，适度的自我表露对保持心理健康是非常重要的。

自我表露还存在一种表露互惠效应，即一个人的自我表露往往会引发对方相应的自我表露。我们通常更愿意与那些向我们敞开心扉的人分享自己的内心想法。自我表露一般需要遵循以下原则：在合适的时间、恰当的地点，向合适的人倾诉合适的内容。这一原则看似简单明了，实则在实际操作中极难把握，需要根据交往对象的性格特点、关系亲疏程度以及具体的交往情境等多种因素灵活运用。

心理拓展

我 说 你 画

一、活动理念

如果大学生只是站在自己的角度思考问题，就容易出现沟通误会，沟通误会是人际关系问题产生的主要原因。一些话如果你不表达出来，那么别人就不会懂。要学会真诚地表达。

二、活动时间：15～20 分钟

三、活动过程

（一）单向沟通

1. 请一位同学当“表达者”，其他同学当“倾听者”。

2. “表达者”背向“倾听者”，口头描述事先准备好的一幅图（见图 5-1），不能有任何手势或动作，“倾听者”必须按照描述画图，其间双方不可以进行言语沟通。

3. 就“表达者”描述的图和“倾听者”画的图进行交流，谈谈各自的感受。

（二）双向沟通

1. 另请一位同学当“表达者”，其他同学当“倾听者”。

2. “表达者”背向“倾听者”，口头描述事先准备好的另一幅图（见图 5-2），其间允许“倾听者”提问，可以有言语沟通。

3. 就“表达者”描述的图和“倾听者”画的图进行交流，谈谈各自的感受，并比较两轮过程与结果的差异。

四、活动目的

人际沟通是一个双向的过程。有时候你所表达的并不一定就是别人所理解的，你所听到的未必就是别人想表达的。沟通并不是一件简单的事情，需要双方不断反馈、调节沟通方式，才能达到沟通的最佳效果。

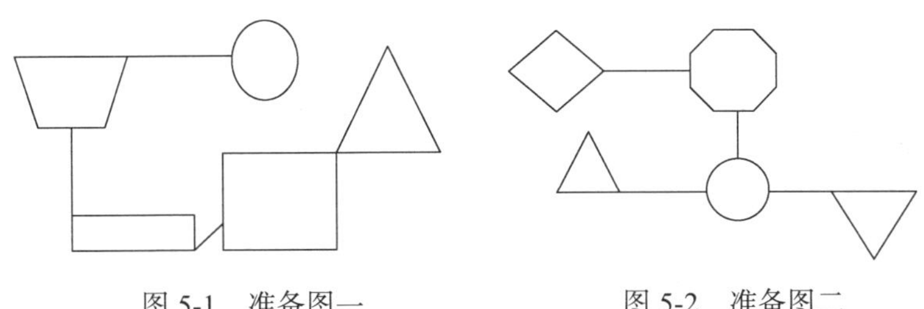

图 5-1　准备图一　　　　图 5-2　准备图二

问题思考

1. 如何提升自身的人际交往技能？

2. 人际交往中会存在哪些认知偏差？

3. 人际关系的建立会经历哪些阶段？根据自己以往的人生经历谈一下自己的人际关系是怎样建立的。

4. 大学生应该如何建立良好的人际关系？

推荐阅览

[1] [美]戴尔·卡耐基. 人性的弱点[M]. 翟文明，译. 北京：中国华侨出版社，2020.

[2] 曾仕强. 人际关系与沟通[M]. 北京：清华大学出版社，2024.

[3] [美]罗伯特·西奥迪尼. 影响力[M]. 闾佳，译. 沈阳：万卷出版公司，2010.

[4] [美]威尔·鲍温. 不抱怨的世界（增订版）[M]. 陈敬旻，李磊，译. 长沙：湖南文艺出版社，2013.

即测即练

自学自测

扫描此码

第六章

何物能浇块垒平——挫折与压力应对

天行健，君子以自强不息。

——《易经·乾卦》

【学习目标】

1. 识别挫折本质与压力反应；
2. 培养积极心态，正确对待挫折；
3. 学会挫折的应对之道。

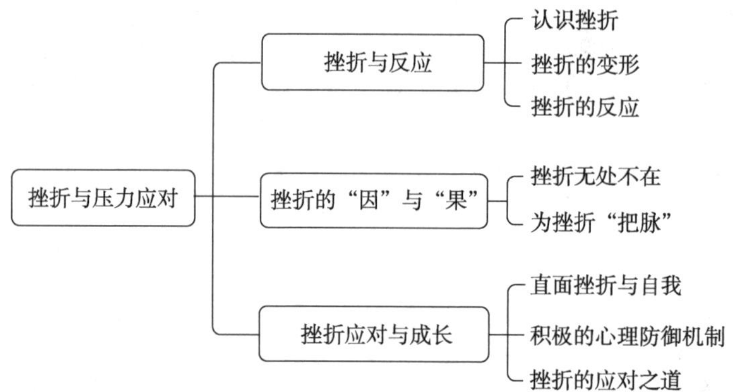

课前思考

大学生李某入校后发现无法融入校园生活，尤其是第一学期的期末考试成绩很不理想，于是萌生了退学的念头。在班主任的及时询问下，李某道出了原委。后来在班主任的开导和帮助下，李某逐渐意识到自己想法的肤浅和轻率，于是下定决心要积极改变自己。在毕业之际，李某也收到了某高校的硕士研究生入学通知书。他不禁感慨道："假如当初退学了，一定没有今天的收获！挫折这东西，虽然可以击倒一个人，但同样可以成就一个人，关键是你如何面对它。"

李某的经历对你有何启发？面对成长路上不可避免的挫折，你的态度是什么？会怎么做？正如党的二十大报告所指出的"青年强，则国家强"。青年要变强，离不开在挫折中磨炼强大的意志品质。

第一节　水穷云起：挫折与反应

生活中，挫折无处不在。那么，什么是挫折？挫折到底是怎么回事？它是怎么产生的？当挫折产生之际，我们会有怎样的反应？又应该如何正确认识这些反应？

一、风起云涌：认识挫折

“人生不如意十之八九。”从小到大，在生活、学习、工作等方方面面我们都会遇到形形色色的困难。比如，高考时由于发挥失常而与理想的大学失之交臂，大学里由于演讲时紧张而导致竞选失败，信心满满地参加运动会却意外没拿到名次，对学生工作认真负责却“费力不讨好”，自己受到无端的误会与抱怨，毕业时没有找到称心如意的工作，等等。这些事情不但会导致我们对自己、对事物的认识上的改变，也会影响我们接下来的行为反应，同时会伴随焦虑、紧张、沮丧、绝望、悲哀等各种情绪反应，这就是挫折。

（一）挫折的定义

顾名思义，“挫折”一词是指挫败、障碍、阻挠、失意的意思。心理学认为，挫折是在某种动机的推动与支配下，在通向目标的过程中，遇到了无法克服或自认为无法克服的障碍或干扰，使目标无法达到，需要或动机不能获得满足时产生的紧张状态或情绪反应的总称。

一般而言，心理学认为挫折是由挫折情境、挫折认知、挫折反应三个方面的要素共同构成的。

1. 挫折情境

挫折情境主要是指那些阻碍个体的需要获得满足、干扰活动动机达成的内外障碍或情境因素，如考试不及格、求职失败、失恋、比赛未取得理想名次、遭受讽刺打击等。

2. 挫折认知

挫折认知是指个体对挫折情境的知觉、认识和评价，这种认知既可以是对实际遭遇到的挫折情境的认知，也可以是对想象中可能出现的挫折情境的认知。由于我们的大脑对所遭遇到的情境总是在进行不断的知觉、评价、衡量，所以我们对情境的判断会直接影响我们的反应。例如，有些同学总是怀疑别人议论自己，总是在嘲笑自己，总是觉得周围人的举动是针对自己的，虽然在客观上并非如此，但他们仍然会有心理压力。即使是面对生活中同样的挫折情境，不同的人对此所产生的心理压力也是不尽相同的。有的人反应轻微，持续时间较短；而有的人反应强烈，持续时间较长。另外，一个人的知识经验结构也会影响到他对挫折情境的知觉判断。

3. 挫折反应

挫折反应是指伴随着挫折认知，一个人对挫折情境产生的情绪和行为反应，如愤怒、失望、紧张、躲避、攻击等。

从上述三个要素不难看出，当挫折情境、挫折认知、挫折反应三者同时存在时，便构成了典型的挫折。在以上三个要素中，一般而言，挫折情境越严重，那么挫折反应就会越强烈；反之，挫折反应就会越轻微。但是，不管是怎样的挫折情境，只有被个体认知后，才会在个体心里产生挫折反应。甚至即使没有挫折情境，只有挫折认知和挫折反应，仍然可以形成心理挫折，这是由个体主观上认知不当造成的，如同我们所说的“自己吓唬自己”。其实，你所担心的并没发生，只是杞人忧天而已。因此，在三个要素中，挫折认知起着最为关键的作用，它表现为我们主观上对情境的一种评价和判断，从而直接决定着对挫折情境的反应。比如，将别人认为严重的情境评价为一般时，那么个体的挫折反应将会变得很弱；反之，将别人认为不严重或者根本不存在的挫折情境评价为严重时，那么将会引起个体强烈、持久的挫折反应。正如大文豪巴尔扎克所言：“世上的事情，永远不是绝对的，结果完全因人而异。苦难对于天才而言是一块垫脚石，对于能干的人而言是一笔财富，而对于弱者而言则是一个万丈深渊。”①

（二）挫折产生的条件

产生一个完整的挫折需要具备以下五个条件：

1. 具备的行动动机和明确的行动目标

比如，为争取获得奖学金或者为考上研究生进一步深造而努力学习。

2. 具备实现目标的行动或手段

比如，为实现目标，制订严密的学习计划，采取积极的现实行动，持之以恒，努力排除各种干扰因素，争取各门学科取得好成绩。

3. 有挫折情境发生

在实现目标的路上，由于遭遇障碍或干扰，个体的目标不能实现。此处存在三种情况：第一，经过一系列的行动，个体顺利实现了目标，那就无所谓挫折；第二，实现目标的过程中遇到障碍，但经过努力克服了障碍实现了目标，或者虽然未能有效克服障碍，但个体改变了行动目标或行动方向，这都将不能导致挫折；第三，在实现目标的路上遭遇障碍并且不能加以克服和超越。只有第三种情况才算是构成了典型的挫折情境。比如，有同学在大一时就立志要考取硕士研究生继续求学深造，尽管一直刻苦努力地学习，但最终还是未能考上，这就形成了挫折；假如他仅仅是把考上硕士研究生作为一种尝试，那即使考不上也无所谓，也就不可能对他形成挫折。

4. 在行为受到阻碍或干扰时，个体产生相应的知觉并对此不能接受

如果客观上存在障碍，但个人主观上并未产生知觉，便形成不了挫折。只有清晰地感觉到障碍，并且对此不能接受，才会产生挫折。比如，考研失败，这对他来说是继续上学深造的障碍。由于之前自己下定决心一定、必须考上研究生，所以对此考试结果不能接受，从而产生各种挫折反应。

5. 由于对挫折的知觉和体验而产生紧张状态和消极的情绪反应

具体而言，个体在遭受挫折时往往会产生焦虑、沮丧、绝望、恐惧、失眠、自我怀疑甚至“发疯”般的各种紧张状态和一系列消极的情绪体验。

（三）挫折的意义

人的一生是追求的一生，也是充满挫折的一生。挫折产生的负面情绪和消极行为不

① 郑日昌. 大学生心理卫生[M]. 济南：山东教育出版社，1999：102.

仅会影响到自己，还会影响到周围的人。党的二十大报告号召广大青年“立志做有理想、敢担当、能吃苦、肯奋斗的新时代好青年”，而蜕变为这样的好青年则必定离不开挫折的打磨。

首先，挫折可以让人更加清醒地认识自己及所处环境，从而调整自己。认识自己从来就不是一件容易的事，人只有在正确、全面、深刻认识自己的基础上，才能不断地调整自己，根据当下所处的环境作出适合自己的决策。大学生应知道自己有哪些优点和缺点，自己的能力水平如何，有没有高估或轻视自己，存不存在盲点，自身具有哪些潜力，等等。

其次，挫折可以让一个人变得更加坚强、成熟、自强不息。失败与苦难是磨炼身心、催人成长最好的助力，如果一个人自小无论做什么事都是一帆风顺的，这种安逸与平静往往会让人安于现状，正所谓“自古雄才多磨难，从来纨绔少伟男”。而历经挫折磨难之后，我们不但增加了人生阅历，积累了更多的社会经验，而且从中变得更加成熟、坚强、有韧性。面对纷繁复杂的社会环境时，更能从容不迫、坦然面对，积极主动地适应各种变化。人们常说“逆境成才”，意味着每一次挫折都是迈向成功的坚实一步，因为人在顺境中待惯了会产生惰性，追求成功、战胜挑战的动机会减弱，自强不息、奋力拼搏的精神便难以培养或容易衰退。正如英国哲学家培根所言：“超越自然的奇迹多是在对逆境的征服中出现的。”①

最后，挫折可以帮助我们汲取教训，变得更加睿智。“吃一堑，长一智”便是对挫折的一种肯定，只有在挫折中，人们才能更加深入地思考，及时总结经验与教训，激励我们不断创新。众多成功人士的经历无不在诠释着这颠扑不破的铁律。

二、心海波澜：挫折的变形

根据不同的标准，我们可以将挫折划分为不同的类别。

（一）按照挫折的来源划分

1. 缺乏型挫折

当个体无法拥有自己认为非常重要的东西时所引起的挫折。比如，物资的缺乏、某方面能力的缺乏、经验的缺乏、生理方面的缺乏等，这些缺乏带来的挫折一般都属于缺乏型挫折。大学生群体中常见的比如由知心朋友的缺乏、某方面能力的缺乏，甚至理想相貌的缺乏所引起的孤独感、愤怒感、失落感等都属于缺乏型挫折。

2. 损失型挫折

损失型挫折主要是指失去了原本拥有的重要的人或物时所引起的心理挫折，如亲人去世、失恋等。所失去的人或物对个体越重要、越突然，则引起的挫折感便越强烈、越持久。

3. 阻碍型挫折

阻碍型挫折主要是指在需求和目标之间出现阻碍或障碍时所引起的挫折。这类阻碍或障碍可以是客观的或物质性的，也可以是观念性的。比如，大学新生入学时，面对新环境

---

① [英]培根. 培根随笔集[M]. 张和声，译. 广州：花城出版社，2013：23.

以及来自四面八方的同学，以及对当地的民间风俗、饮食习惯、气候特征、人情交往等各方面一时难以适应，由此引起内心的紧张与焦虑，这种挫折便是阻碍型挫折。

（二）按照挫折是否符合客观实际划分

1. 现实挫折

由现实具体的挫折情境引发的挫折，如考试不理想、失恋、失业、失去亲人等，在挫折定义中已有详述，此处不再赘述。

2. 想象挫折

在现实中没有具体的挫折情境，仅仅是由于个体主观的想象而导致的挫折。比如，某个同学在跟迎面走来的辅导员打招呼，结果辅导员没有注意到他，他就开始把自己想象得很差，认为自己在老师眼里没有地位，老师看不起他。这种主观臆断带来的挫折实际上要比现实挫折更有危害性，因为它往往是由错误的挫折认知引起的，而这种错误认知的形成往往有着更深层的原因。

（三）按照挫折的内容划分

1. 交往型挫折

个体由于在人际关系处理方面遇到障碍而引发的挫折，如不良的同学关系、宿舍关系或者恋爱关系受挫等。

2. 情境型挫折

由于特定的时空条件限制所导致的挫折，如孤身一人在外不能回家与父母家人团聚时所产生的孤独感，刚到国外留学时所产生的不适应感等。这种挫折往往经过一段时间后便会自动减弱直至解除。

3. 学习型挫折

由于个体在学习中遇到各种障碍而引起的挫折，如学习兴趣提不上去、学习不得法、学习效率低、虽经努力但成绩依然提不上去、考试成绩不理想等。

4. 知趣型挫折

由于个人的兴趣、愿望、志向遇到障碍而引起的挫折，如个人的志向得不到家长、同学或者周围其他人的理解与支持而引起的内心的压抑、孤独等。

5. 自尊型挫折

由于个体在自尊方面没有达到预期或没有得到相应的满足而导致的挫折，如竞选班干部落选，得不到别人的信任，怕被别人误解而导致对自己的不当评价等。

三、疏影横斜：挫折的反应

人在遭受挫折时总是会伴随着强烈的紧张、愤怒、焦虑、激动等各种情绪，同时会做出各种各样的行为反应，这些情绪与行为反应往往也是交织在一起的。

（一）挫折的情绪反应

1. 焦虑

焦虑是挫折发生后最为常见的一种心理反应。由于人的情感反应是非常复杂的，在遭受挫折后，自信心的丧失、自尊心的损伤、失败感、无能感、愧疚感等交织在一起，最终会形成一种包含紧张、不安、忧虑、恐惧等感受在内的复杂心情，称之为焦虑。心理学研究表明，适度的焦虑对提高效率、发挥潜能是有益的，但过度焦虑则会适得其反，甚至会导致心理疾病。

2. 压抑

压抑是把不被社会所接受的本能冲动、欲望、情感、过失、罪疚、痛苦经验等从现实意识压抑到潜意识中去，实现一种“主动遗忘”，从而在现实中不再感受到焦虑和恐惧。但是，被压抑的内容并没有消失，只是被埋藏起来，会不自觉地影响人们的心理和行为，尤其是现实中遇到和压抑内容相类似的情境时，压抑的内容就会不自觉地冒出来，对个体造成更大的危害。

3. 冷漠

冷漠是一种异常复杂和隐蔽的消极心理反应，主要表现为对人和周围事物的漠不关心、无动于衷，似乎毫无情绪反应。而实际上，冷漠是一种极其压抑的情感反应，只是暂时没有表现出来罢了，一旦发作，则如同火山爆发一般不可遏制。它往往出现在个体不堪忍受挫折压力、看不到希望，或者长期反复受到同样的挫折而个体无力改变的时刻，长期的冷漠对身心的危害极大，必须引起高度的关注。

（二）挫折的行为反应

1. 攻击

个体在遭受挫折后，往往会引起愤怒，为了将愤怒尽快地发泄出去，此时最容易出现的行为反应便是攻击。攻击可以分为两种：第一种是直接攻击，即将愤怒的情绪直接发泄到使之受挫的人或物上，表现为殴打、谩骂、讽刺、损坏物品等形式，由于缺乏理智，往往不计后果，从而导致较为严重的后果。第二种是间接攻击，又称转向攻击，是指受挫者不再直接攻击造成挫折的对象，而是把攻击转向自己或者其他无关的人和物上，无形中，要么别人或者无关事物成为无辜的“出气筒”“替罪羊”，要么受挫者自我折磨、自我伤害。

2. 退化

退化又称倒退、退行、回归，是指个体受挫折后表现出与自身年龄或身份很不相称的幼稚行为反应。受挫者为了避免焦虑不安，放弃了原本已经具备的成熟的成人应对方式，转而恢复使用早期阶段较为幼稚的应对方式，如挤眉弄眼、撒娇撒泼、号啕大哭、任性耍赖、蒙头大睡等，从而减轻内心的压力。周围人在面对这种反应场景时，都能感觉到似乎当事者有些“幼稚”或“孩子气”，但当事者自己并不一定能觉察到这种变化。

3. 固执

个体在遭受挫折后，不是理智地采取灵活机动的方式来应对或改变困境，而是继续一意孤行地坚持自己的做法，听不进别人的劝导和意见，看不清问题的实质，依旧盲目重复原先的无效行为，结果失去改变的最佳机会，导致在挫折中越陷越深，这种状况比较多见于惊慌失措的情境中。

4. 逃避

个体在受挫或预感到受挫时，逃避到自认为“安全”的环境中去，以达到缓解紧张、避免痛苦的目的。逃避有三种情况：第一种情况是从一种现实逃避到另一种“现实”中，如原本刻苦努力的大学生，由于考试成绩不理想，便一改过去的刻苦努力，变得漫不经心、得过且过、倾心娱乐，使自己暂时避开了学习压力带来的焦虑不安。第二种情况是逃往幻想世界，以幻想世界中的成功与美好来缓解现实中的挫折，达到暂时的精神解脱。第三种情况是逃往疾病，如有的学生在“关键”时刻“突然病倒”，事情结束时又“不药而愈”，这是一种不自觉地将心理困扰转化为身体困扰的机制，以此达到逃避自责和他责，维护自尊的目的。

5. 反向

反向是指把自己一些不符合社会规范、不被允许的愿望和行为，以一种截然相反的态度或行为表现出来，以掩盖自己的本意，避免或减轻心理压力的行为反应。比如，一个自卑感很重的大学生，在同学中却往往以高傲自大、夸夸其谈等自我炫耀的方式来掩盖自己内心深处的自卑。

6. 轻生

轻生是受挫后的极端表现形式，是一种针对自己的极端转向攻击行为。往往是个体在受挫后痛苦、烦闷的情绪发展到极端程度后，由于没有找到解决的方法与途径，又缺少支持性资源，因此导致对事态产生恐惧，对生活彻底失去信心，对现实感到极端绝望，感到万念俱灰、生不如死，最终采取极端形式摆脱痛苦。

7. 文饰

文饰即文过饰非的行为反应，也称合理化，是指受挫者找出种种理由为自己未能达成目标进行的合理解释，通过“自圆其说”，达到缓解因挫折带来的紧张感和维护个人自尊心的目的。文饰一般表现为两种形式：一种形式是贬低目标的“酸葡萄心理”，对于达不到的目标降低它的价值，如明明是考试成绩不够理想，心里却说“成绩好又怎样，我可不想因为成绩变成书呆子”。另一种形式是美化结局的“甜柠檬心理”，对于得到的不如意的结果主观提升它的价值，如明明是考研失败内心失落，却安慰自己说“本科阶段属于精英式教育，本科文凭其实足够了”。文饰能暂时缓解挫折带来的焦虑，使心理达到暂时的平衡，但是，它往往会掩盖真实，起着自我欺骗和自我麻醉的作用，影响个体实事求是地面对现实、作出积极有效的改变。

第二节　追根溯源：挫折的“因”与“果”

大学是人生的特殊阶段，在这个阶段，我们会遭遇哪些挫折？这些挫折产生的具体原因又是什么？对此，也许你很少进行专门的思考，不过，提前了解这些状况却会让你大受裨益。

一、如影随形：挫折无处不在

大学生活浪漫且美好，令人憧憬，但挫折却常常与你不期而遇。在挫折的大家庭里，以下成员都是众所周知的活跃分子。

（一）适应挫折

大学生初入大学校园，既兴奋又陌生，随之而来的是一个人需要面对全方位的变化：学习方式、生活方式变了，父母不能再随时照顾，学习不再是高中时的封闭式管理，各种方言、各种价值观、各种社团让人眼花缭乱，各种考证让人纠结不断，交友、兼职、娱乐、休闲……不一而足。一个人第一次面对新鲜的环境与众多的变化，适应起来的确会感到有些困难，让部分同学感受到了不小的挫折。

（二）学业挫折

多数同学都会在学业上遭受挫折，与高中时代相比，学习内容变了，部分同学对此会感到吃力；学习方法变了，若一时找不到门径，学习起来便会事倍功半，备感受挫；学习管理变了，再也没有对你督促、要求，升学压力一下子没有了，同时似乎自己也一下子无所适从；对自己的要求降低了，部分同学开始出现一些自我放纵的行为，直到考试前夕才“临时抱佛脚”，结果成绩远不如预期，高中时的优越感一下子失去了；所选专业不一定感兴趣，开始出现懈怠行为，消极应付；不能合理分配学习时间，忙于社会活动，成绩大幅度下滑；等等。

扩展阅读 6-1　心理探索：跳蚤实验

（三）交往挫折

大学是从学校通往社会的桥梁，大学生的交往远比高中时代更为复杂，来自五湖四海的同学在认知、性格、习惯、语言、价值观等方面都有着各种各样的差别，如果缺乏充分有效的沟通交流，很容易会出现误解、矛盾，导致人际关系紧张。加上大学生自己或多或少的“自我中心主义”“完美主义”“理想化认知”等原因，导致部分同学不能对自己形成正确的认识，也无法对照周围的人和事进行理性分析，面对交往中产生的偏差和误会，便很容易产生挫折感。

（四）情感挫折

对爱情的憧憬与渴望时时伴随着大学生的校园生活，这对大学生而言是非常正常的。但是由于大学环境的限制，加之个人的经济不能独立，恋爱观与恋爱动机不够成熟，择偶标准不现实，恋爱中的沟通技能欠缺等，导致出现单恋、失恋甚至畸形恋等状况，使大学生陷入各种情感纠葛，致使情感受挫。若处理不当，不但会对自己造成消极影响，甚至会伤害对方与他人。

（五）家庭挫折

家庭是大学生的经济和精神支柱。一方面，大学生对人的看法、交往方式、矛盾处理方式、认知行为模式等都会受到家庭的影响。异地求学会更思念家乡，一旦脱离家庭的日常照顾，大学生的很多方面便会出现脱节。另一方面，家庭的经济状况、重大变故、重大生活事件等都会给大学生造成重大的现实压力与精神负担，加之如亲人故去、罹患疾病、父母离异、生意破产等，都会严重影响大学生的正常学习生活，使他们背上沉重的负担。

（六）择业挫折

大学生踌躇满志，憧憬未来，关心发展，谋求进步。求职是毕业生面临的重要问题。尤其是随着逐年增加的就业压力，大学生愈发感到就业的困扰。有的大学生往往对工作抱有过高的期待，盲目追求好的工作环境、高薪、晋升空间等，导致高不成、低不就；还有的大学生则不能正确评价自己，缺乏自信，缺乏竞争意识，不敢竞争，导致总是错失良机。

（七）病残挫折

健康是正常学习生活的基础。有的大学生由于身患某种疾病或者体弱残疾，自卑感较强，总是担心别人瞧不起自己，害怕受到歧视，对周围人的举动很敏感，导致自我封闭，不敢进行正常的人际交往，甚至会感觉自尊心受到严重伤害，产生过激行为。

二、一探究竟：为挫折“把脉”

引起大学生挫折感的原因主要包括外部客观因素与个体主观因素。

（一）挫折产生的客观因素

1. 自然因素

自然因素主要是指非人为力量所造成的自然灾害、时空局限、生老病死以及各种事故等，如地震、泥石流、水灾、自然死亡等。当人们亲身经历这些，或者其中涉及亲人并造成重大损害时，会引起巨大的悲痛及恐惧，同时极易导致挫折心理的产生。此类伴随哀伤、恐惧的挫折一般需借助社会援助力量、个人调适以逐渐缓解或转化。

2. 社会因素

社会因素主要是指个体在社会生活中所遭受的政治、经济、文化、道德、宗教、风俗、习惯等变革或人为环境的限制。尤其是市场经济大潮对人们的生活方式、生产方式、价值体系产生的重大冲击，现代文化与传统文化、东方文化与西方文化的剧烈碰撞等，容易让人们陷入矛盾。大学生由于人格尚不完全成熟，加之复杂的社会现象的影响，其世界观、人生观、价值观很容易陷入迷茫与困顿，从而导致心理挫折。

3. 家庭因素

家庭因素主要是指家庭结构、家庭关系、教养方式、家长素养等会直接或间接对大学生的挫折心理产生影响。尤其是长期被家长溺爱的大学生，由于过去一直过分受保护，较少经受生活锻炼，丧失了一系列抗挫力培养的机会，缺乏必要的磨难教育，造成适应能力和心理耐受力不高，进入大学后，一下子独立面临一系列挑战，会使他们顿生挫折。还有的家长对孩子一贯严格管教，批评过多，鼓励过少，也会造成孩子的内向、孤僻、自卑，容易导致他们在大学生活中感到受挫。另外，部分来自贫困家庭、父母离异或单亲家庭的子女，也容易产生挫折感。

4. 学校因素

大学生入学前对大学充满了各种美好的憧憬和遐想，带着各种梦想与期待进入校园。但随着大学生活的展开，可能会发现现实中的大学与他们想象中的“象牙塔”存在很大的差距：校园环境、设施、教室环境、宿舍环境、就餐环境远不如自己预想的那般美好；老师上课的内容不符合自己的兴趣，内容单调；学校管理过于严格；校园文化不够丰富；人际交往不够单纯……综合起来，似乎让人大失所望。

（二）挫折产生的主观因素

1. 生理因素

此处的生理因素主要是指大学生与生俱来的体征、容貌、健康状况、生理缺陷等，如因体弱多病而不能参加运动会取得好成绩，因相貌不佳而不敢去追求心仪的人，因严重口吃而无法从事教师职业等，甚至有的同学患上“体相障碍”，对自己的容貌百般挑剔不满，今天瞧着自己的眼睛不够漂亮，明天看着自己的鼻子不够挺拔，后天发现自己的嘴唇不够美观，于是见人不敢抬头，说话不敢大声，整天盘算着该如何处理，甚至有的同学还会试图通过各种整容来获得满足。

2. 心理因素

心理因素包含的内容比较多，具体而言，有以下几点。

第一，认知方式。认识方式是人们看待事物的方式，如一个人的思想观念、对待事物的思考模式、评价标准、基本信念系统等，具体包括对过去事件的评价、对当前事件的解释、对未来可能事件的预期。心理学家告诉我们，外界刺激总是要通过认知作为中介而使人们产生各种行为。由于认知方式的差异，人们对同一事物可能会有迥然不同的看法，如我们所熟知的“半瓶水”问题，不同的看法显示出不同的心态。

第二，个性特征。个性包括人的气质、性格、能力、兴趣、动机、理想、信念、世界观、价值观等，对一个人的挫折承受力有着重要的影响。一般来说，个性有缺陷的人会倾向于以消极悲观的态度看待生活与世界，其挫折阈限比较低，人际敏感度比较高，尤其是那些孤僻、内向的大学生，容易将周围人无意间的言语动作误解为对自己的非议，从而产生挫折感。

第三，能力与抱负水平矛盾。所谓抱负水平，即自己对自我的要求水平，对自己要求越高，则抱负水平越高，反之亦然。一般来说，对自己的能力没有清晰的分析与认识，设定目标过高，抱负水平远高于实际能力的大学生更容易遭受挫折。

第四，动机冲突。大学生在有目的的活动中，常常会因为一个或者数个目标而产生两个或者两个以上的动机，如果这些并存的动机不能同时获得满足，并且在性质上又出现彼此相互排斥的情况，就会产生动机冲突的现象，从而导致受挫。具体而言，动机冲突可以分为四种形式：第一种为双趋冲突，意思是两个目标都符合自己的需要，对自己都很有吸引力，但现实条件只允许自己选择其中的一个，由此导致难以取舍的冲突，如同我们常说的鱼和熊掌不能兼得，只能取其一。比如有的同学既想参加考研继续深造，又想早日参加工作；又如有的同学既想摆脱家庭又怕失去依靠，都会引发这种双趋冲突，从而导致心理受挫。第二种为双避冲突，正好与双趋冲突相反，大学生对两个目标都不感兴趣，都想避开，但是由于条件限制，必须选择避开其中一个，而不得不接受另一个，由此导致内心的矛盾与痛苦。比如有的同学既不想用功读书，又担心考试不及格被处分。第三种为趋避冲突，与前两种不同，此处是指某一个目标既有利又有弊，对个体同时既有吸引力又有排斥力，个体既想靠近又想躲避，由此导致内心的激烈冲突。比如有的同学既想参加校篮球队，又怕耽误太多时间而影响学习。第四种为双趋避冲突，是指两个目标各有所长，又各有所短。比如一个男生同时面对两个各有千秋的女生时，一时之间无法抉择，陷入冲突之中。

第五，生活创伤。生活中充满了各种意外，失去亲人、失去恋人、遭遇天灾、发生车祸等一系列的创伤事件会给大学生造成难以承受的精神打击，从而引起严重的心理挫折感。由于这些意外有些无法提前预知和控制，个体无法未雨绸缪提前做好心理准备，事情发生时往往让人手足无措，不能有效应对，最终陷入无计可施的强烈挫折中。值得注意的是，创伤导致的心理挫折感因人而异，根据事件冲击力大小与当事人拥有资源的不同，其发展变化的过程也存在着差异。

第六，心态失衡。心态是一种相对稳定的对待生活的态度。由于大学生的阅历不足，积累的挫折经验较少，人格尚未成熟，不能全面、深刻、正确地对待事物，对己对人的了解尚不完整，再加上过去经验与自身习惯的作用，容易产生嫉妒、自卑、偏执、失衡等不良心态。这种不良心态反过来会让人在实际生活中遭遇更多的碰壁、跌跟头、吃苦头等挫折事件，从而引起一系列的心理挫折和行为反应。

3. 压力管理能力

压力管理，一般是指针对可预见的压力源进行必要的干预，以维护心理健康，提高问题处理的效率，保证学习生活目标顺利实现的管理活动。相对于压力应对处理而言，压力管理更具有主动性和积极能动性。个体通过良好的压力管理系统，可以防微杜渐，未雨绸缪，增强对压力的控制感，从而变恐惧性压力为挑战性压力，将意识、精力集中于问题解决，主动寻求外界的支持，提高问题解决的能力。

4. 挫折承受力

挫折承受力是指个体在遭遇挫折时能够忍受和排解挫折的能力，它体现了个体适应变化、应对挫折的能力。挫折承受力有水平高低之分，既包含个体对挫折的接纳、容忍、适应的能力，也包含个体对挫折的主动调整、转化、改善的能力。承受力强的人，不仅能够直面现实，接纳现实，而且能够积极调整，保持心态，百折不挠。而承受力弱的人，遇到问题容易手足无措甚至一经挫折便一蹶不振。挫折承受力是一种心理合力，由于每个人的生理因素、生活经历、个性特征、期待水平、动机、认知方式、社会资源等存在差异，所以有的大学生挫折承受力较强，而有的大学生则比较弱。

课堂活动 6-1

挫折承受力自测问卷[①]

每个人在生活中都会不同程度地受到挫折，人们在受挫后恢复的能力却各不相同。有些人弹性十足，有些人受挫后一蹶不振，而大多数人则介于两者之间。下列问题可以测验出你应付困境的能力。在回答这些问题时，请你用“同意”或“不同意”作答。回答越坦白，越能测验出你的受挫弹性。同意画“√”，不同意画“×”。

1. 胜利就是一切。
2. 我基本是个幸运儿。
3. 白天工作不顺利，会影响我整晚的心情。
4. 一个连续两年都名列最后的球队，应退出比赛。
5. 我喜欢雨天，因为雨后常是阳光普照。
6. 如果某人擅自动用我的东西，我会生气好长时间。
7. 汽车经过时溅了我一身泥水，我生气了一会儿便算了。
8. 只要我继续努力，我便会得到应有的报偿。

扩展阅读 6-2 心理探索：逆商

① 刘国秋. 大学生心理健康教育[M]. 济南：山东人民出版社，2013：255.

9. 如果有流行感冒，我常常是第一个被感染的人。
10. 如果不是因为几次霉运，我一定比现在更有成就。
11. 失败并不可耻。
12. 我是个有自信心的人。
13. 落在最后，常叫人提不起竞争的心思。
14. 我喜欢冒险。
15. 假期过后，我需要舒散一天才能恢复常态。
16. 遭遇到的每一次否定都使我更进一步地接近肯定。
17. 我想我一定受不了被解雇的羞辱。
18. 如果向我所爱的人求婚被拒绝，我一定会精神崩溃。
19. 我总忘不了过去的错误。
20. 我的生活中，常有些令人沮丧气馁的日子。
21. 负债累累的光景叫我寒心。
22. 我觉得要建立新的人际关系相当容易。
23. 如果周末不愉快，星期一便很难集中精力学习和工作。
24. 在我生命中，我已有过失败的教训。
25. 我对侮辱很在意。
26. 如果聘任职务失败，我会愿意再次尝试。
27. 遗失了钥匙会叫我整个星期感到不安。
28. 我已达到不介意大多数事情的地步。
29. 一想到可能无法完成某项重要事情，我会不寒而栗。
30. 我很少为昨天发生的事情烦心。
31. 我不易心灰意冷。
32. 必须有50%以上的把握，我才敢冒险把时间投资在某件事上。
33. 命运对我不公平。
34. 对他人的恨维持了很久。
35. 聪明的人知道什么时候该放弃。
36. 偶尔做个败北者，我也能坦然接受。
37. 新闻报道中的大灾难，使我无法专心工作。
38. 任何一件事遭到否决，我都会寻求报复的机会。

统计与解释：

上述问题，列入“不同意”者为1、3、4、6、9、10、15、17、18、19、20、21、23、24、25、27、28、29、32、33、34、35、36、37，其余题为“同意”。依上列答案，相符者给1分，相反者给0分。

如果你只得到10分或者更少，那么你就是那种易被逆境、失望或者挫折感左右的人，你把逆境看得太严重，一旦跌倒，要很久才能站起来。你不相信“胜利在望”，只承认“见风使舵”。

总分在11～25分之间者，遇到某些灾祸或逆境的时候，往往需要相当长的时间才能振作起来。不过这类人却能找到很多的技巧和策略来获取个人的利益。

如果你的总分高于25分，则显示你应付逆境的弹性极佳。不理想的境遇虽然会对你造成伤害，但不会持久。这类人在情感上通常相当成熟，对生活也充满热爱，他们不承认失败，纵或一时失败，仍坚信有“东山再起”的一天。

第三节　重整旗鼓：挫折应对与成长

每个人的成长路上都充满了竞争、挑战与风险，无论如何，挫折都是不可避免的功课，但是这并不意味着我们对它无能为力。作为一个成熟的大学生，应该正确认识和对待挫折，能够承受各种压力，进而积极有效地应对各种挫折。

一、收拾旧山河：直面挫折与自我

首先，要正确认识挫折。挫折是生活的一部分，是一种人生经历，一种心理体验。俗话说，“不摔长不大”，挫折无疑是让人痛苦的，这种痛苦体验在很大程度上受到个人主观认知的影响，尤其是大学生的认知偏差，往往会加剧挫折感。比如，有的大学生习惯于以偏概全地对待事物：一次考试失败便认为自己“不是读书的料”；一次人际矛盾便觉得自己“人缘不好”；一次失恋便认为自己“没有吸引力”；被老师批评一次便认为老师“总是跟自己过不去”……

其次，要正确对待挫折。挫折是在所难免的，它既能败坏事情，也能成就事情。一方面它让人失望痛苦，备受煎熬；另一方面它又会带给我们教益、启发，磨砺意志，催人奋进。古今中外，有大成就者无不对挫折有着深切的体会，也无不将自己的成功归功于无数次的失败。日本本田公司创立者本田宗一郎说：“我的人生 99% 都是失败，我现在的成功完全是从过去的失败中获得的，我的工作就是全部失败的连续。”大发明家爱迪生一生拥有 1 328 项发明，其中任何一项都不是一帆风顺的。比如，他研制蓄电池时，从 1900 年一直到 1909 年，历时 10 年，共失败 100 296 次，终获成功。这样的例子不胜枚举，它们说明，成功者视失败为良师益友，在失败中汲取养分，成就自己。因此，我们应理性认识和对待挫折。

最后，要正确认识自己。人是复杂的动物，只有正确、全面、深刻地认识自己，发现自己的优势与缺点，才能肯定自己，提高自信，找到努力的方向，根据自己的实际能力制定合适的目标，调整合适的动机水平。只有了解自己的情绪变化，才能有效地控制和管理好自己的情绪；只有在了解自己的个性特征的基础上，进一步理解自己，才能有的放矢地弥补自己的缺陷。

二、构建心灵防火墙：积极的心理防御机制

为了减轻或避免挫折带来的痛苦，个体会类似本能地、有意无意地采取某种方式来摆脱痛苦，以便恢复心理平衡，这便是心理防御机制。心理防御机制有积极与消极之分，一般来说，积极的心理防御机制可以让人面对、接纳现实，带给人们自信、愉快、进取的倾向，帮助个体积极战胜挫折。消极的心理防御机制主要表现为退缩、逃避、自我麻痹、自我安慰、自欺欺人，虽然能暂时减缓心理冲突或矛盾，但同时会阻碍个体正确积极地面对现实，从而降低个体的适应能力，如前面提到的冷漠、文饰、压抑、退行等。

在大学生群体中，积极的心理防御机制通常表现为以下几种。

（一）表同

表同又称认同、仿同，是指一个人在遭受挫折时自觉地仿效他人优良品质和获得成功的经验、方法，使自己的信仰、思想、目标、言行更适应环境和社会的要求，从而在主观上增强获得成功的信念和勇气。这在大学生中是比较普遍的现象，几乎每个大学生内心都有一个光辉、有力的榜样，历史名人、科学家、领袖、明星或者身边的朋友、同学，都可以作为表同的对象，尤其是那些与自己的家境、经历等相似或相近的人，更容易成为表同的对象。

（二）补偿

当一种动机和行为经一再尝试仍不能达到成功时，个体重新调整自己的期望值，设置另一个新目标来代替或补偿，或者谋求新的满足来代替原来的需要，即我们通常所说的“失之东隅，收之桑榆”。具体分为正向补偿和反向补偿，正向补偿是指对自己的失败或缺陷做有利于社会或适应社会的补偿，如有的同学在口才上感觉存在不足，便在学习上发奋努力，最终取得优异的学术成就。而反向补偿则正好相反，如有的同学因为恋爱受挫，便一下子沉溺网络，迷恋上网游，荒废了学业。

（三）幽默

幽默是一种比较成熟的心理品质，那些人格较成熟、心理修养水平较高的大学生往往能在困难和尴尬时通过幽默来化解困局，摆脱困境，从而也维护了自己的心理平衡，渡过难关。它是一种智慧而有效的对付挫折的方法。有这样一则例子可见幽默的力量。众所周知，苏格拉底的妻子是一个脾气急躁的人，其经常让作为哲学家的丈夫难堪。有一次，苏格拉底在同几位学生讨论问题时，他的妻子突然不知何故地叫骂起来，弄得学生们大吃一惊。这时，苏格拉底的妻子又拎起一桶水泼向苏格拉底，浇得这位哲学家浑身湿透，正当众学生错愕当场、尴尬万分、不知所措的时候，苏格拉底却笑了起来，并且幽默地说道：“我早知道打雷之后一定要跟着下雨。”一句话使得大家欣然大笑，一场尴尬顿时消弭于无形。

（四）升华

受挫者将原始的、不符合社会要求的不良动机和需要转变为符合社会要求的动机和需要，或将低层次的行为引导成富有建设性、价值性、创造性的，有利于社会和自己的较高层次的行为。比如，众所周知的文王拘而演《周易》，仲尼厄而作《春秋》，屈原遭放逐而赋《离骚》，司马迁受宫刑而成《史记》，孙膑膑脚而修《孙子兵法》，无一不是执着追求高尚目标，从而使精神升华、转逆境为契机、化不幸为传奇的壮举，既达到了心理平衡，又创造了绝世价值。

三、知行信合一：挫折的应对之道

成长是一个和周围世界不断互动的过程，有的人一有点风吹草动便心慌意乱，而有的人面对风云变幻却岿然不动，这说明外界的刺激总是要通过个体主观的转换之后，才能对人产生影响。所以，面对挫折，我们并不总是被动的。在端正心态、正确认识自我与挫折的基础上，大学生学习和掌握一些应对技巧和调节方法是十分必要的，提高挫折承受力，可以有效地缓解不良情绪，保持心理健康平衡。

（一）压力管理能力提升

第一，通过“可视化成功”和“预防”增强自己的“控制感”。但大学生不能仅停留在对理想的想象中，而应该对那些能够产生荣誉和尊重的工作进行“可视化”。比如，他如果想在演讲中脱颖而出，那么他可以想象自己如何整理演讲稿，如何迎着众人的目光以最合适的方式进行演讲，而不是一味地想象站在领奖台上的风光，这就是“可视化”。而如果有条件时，他可以先给较少的朋友或者想象中的观众演讲以训练自己，同样能获得控制情境的能力，这便是心理“预防”。一旦形成较强的控制感，那么个体就可以有效地将恐惧性压力转化为挑战性压力，从而化解不良情绪。

第二，要善于调节情绪，减少或消除负面情绪。尤其是要根据自己的心理特征，在平时的生活中养成一种良好的情绪调节习惯和机制，以保证自身调节机制的有效自动调节。

第三，注意营养纾压。大学生日常生活中的合理饮食、均衡营养也可以增强其生理机能，从而提高应对压力的能力。人在遭受压力时，体内会释放两种激素：一种是肾上腺素，另一种是皮质醇，它们通常被人们称为压力激素。当心理压力增大时，压力激素也会随之增加，使人们产生强烈的焦虑和不安，同时还会导致失眠、体重下降或上升、脾气暴躁、过度兴奋、注意力不集中等。通过调节饮食，可以有效地平衡压力激素与健康。例如，补充一些营养素如维生素 B 群（谷物、豆制品、动物肝脏等）可以驱赶压力和缓解焦虑；补充富含 DHA 的食物（如鱼、橄榄油）可以降低皮质醇的积累，从而减少脑力疲劳，提高注意力。

（二）挫折承受力培养

拥有良好的挫折承受力则是最好的应对挫折的技巧。挫折承受力的提出者是美国心理测验专家罗森茨威格，他认为挫折承受力是一种“抵抗挫折而没有不良反应的能力”，即个体适应挫折、抵御和应对挫折的能力。培养良好的挫折承受力，除了前面讲述的正确认识自己与挫折、学会建立积极的心理防御机制外，还应该注意以下几点。

第一，要善于调节自己的抱负水平，尤其是要结合对自己能力的认识来设定自己的抱负水平。抱负水平是指个体在从事活动之前对自己要达到的目标或成就的期望标准，是个体进行成就活动的动力。过高或者过低的抱负水平对个体而言都是不明智的，只有在客观分析、充分认识的基础上，制定适合自身能力的、具备一定挑战性的抱负水平，才是明智之举。

第二，要进行合理归因。人们做事情不管成功还是失败，总要进行原因分析：成功，是什么原因促成的？失败，是什么原因导致的？这就是归因。美国著名心理学家韦纳对此进行了深入的研究，他认为，一般而言，失败是由客观因素（任务难度和运气）和主观因素（个人的能力和努力）造成的。人们怎么归因，把失败归因于何种因素，对以后的活动和活动积极性是有很大影响的。如果把失败归因于主观因素，则会使人感到内疚和无助，导致心理挫折感；如果把失败归因于客观因素，则会产生愤怒与敌意。大学生应正确分析自己的失败归因模式，如有的同学将考试成绩不好归因于教师的命题太难、评分不公正、自己运气不好等，而不去努力克服困难避免失败，或者又把失败归因于自己的无能而过度责备自己，这都是不健康的归因模式，最终都无助于找到问题症结，更不可能转败为胜。正确的做法应该是多方面收集信息，客观、冷静地分析自己失败的真实原因，避免归因的片面性；学会实事求是地承担责任，主动改变环境因素，积极调整自己，从而有效应对挫折。

第三，学会求助。在充满竞争与挑战的当代，越发需要人与人之间的相互支持与帮助，这既是一种生存技能，也是一种积极的合作。大量的研究发现，同样遭受挫折困境，那些获得众多家人与朋友支持的人，他们的心理承受力更强，身心健康重新获得平衡的速度也更快。所以，对大学生而言，在遭遇挫折时，要避免把自己封闭起来。要知道，此时此刻，你依然拥有许多资源可以帮助你，也许你多走一步，他们便可以伸出援手帮你渡过难关。力不从心之际，主动寻求支持，向家人、朋友、知己、老师或者心理学专业人士等敞开心扉，这并不是一件尴尬的事，和个人的尊严更没有关系。

（三）自我调适之道

1. 暗示调节法

心理学研究证明，暗示对一个人的心理活动与行为反应有着显著的影响。通过这种来自内部的言语，我们可以有效地提醒和安慰自己，如我们常对自己说的“哦，没关系”“不要着急，会有办法的”“我可以的”“我行”等。借助这些常用的做法，的确可以起到缓解心理压力、调整不良情绪和恢复心理平衡的作用。不过在我们使用暗示的时候，要注意以下几个问题。首先，暗示的语言要简洁，字数一般不超过5个字，语言要积极、肯定、阳光，避免消极、否定的语言。其次，在运用暗示时要温和，避免强制。最后，每次暗示要重复几遍，3～5次最佳，而且在一段时间内最好只用一种暗示语言或某一个特定暗示语。

2. 想象调节法

与暗示调节法相比，想象调节法是一种未雨绸缪的准备训练，主要是通过在想象中对可能的挫折情境或可能会导致自己紧张、焦虑的事件进行预演，并且在想象中想办法放松自己，形成一种心理准备，并将此加以迁移，从而打通想象和现实，能够在现实真实的挫折情境中和紧张场合下应付自如。其基本做法如下：首先，有效地放松自己；其次，把挫折和紧张事件从低到高加以排列，制成等级表；最后，依据等级表从低到高逐一加以想象完成训练，这实际上也是一种在想象中进行的系统脱敏训练。

3. 放松调节法

放松调节法是一种通过身体调节达到情绪调节的途径，针对挫折情境中的紧张和不安情绪，大学生可以掌握身体放松的方法加以缓解。放松调节法主要是通过对身体各部位的主动、有意识的放松，从而提高自我控制能力，达到缓解焦虑、紧张情绪的目的。具体的做法很多，如肌肉放松法、深呼吸放松法、想象放松法等，简便易行，不受时空限制，通过长期练习，可以有效地缓解情绪、消除紧张，增强自我调控能力。假如配合生物反馈仪进行，则可以随时知晓放松过程中自己的各项生理指标，使训练效果更佳。

4. 运动调节法

医学家发现，人在运动状态时，全身各个器官均处于兴奋状态，新陈代谢加快，伴随着或急促或深长的呼吸、不时渗出的汗水等，压力会随之排出体外，心境也会逐渐变得平和。运动期间，通过暂时的注意力转移，也会使紧张焦虑的情绪尤其是攻击性情绪得到极大的缓解。随着长期有规律的运动，个人的情绪容易保持稳定，心理平衡恢复较快，所以，运动不失为一种健康有效的方法。打球、跑步、爬山、游泳、散步、郊游等都可以达到很好的效果。

5. 其他方法

除了上面的调节方法，通过音乐、绘画、涂鸦、舞蹈、电影、阅读、日记等艺术手段也可以有效缓解挫折情绪。

总之，大学生只要充分认识自我，树立起科学正确的挫折观，积极培养和锻炼自己的挫折承受力，掌握一定的心理调适方法，挫折便会变成一块磨刀石，将每个人打磨成真正的自己。最后，让我们以清代著名画家郑板桥的诗共勉：咬定青山不放松，立根原在破岩中。千磨万击还坚劲，任尔东西南北风。

课堂活动 6-2

压力接种技术

心理学家梅肯鲍姆（Meichenbaum）将一种叫作压力接种法（stress inoculation）的技术广泛应用于压力应对训练中。这种技术主要通过个人内心的积极应对陈述（copy statement）来战胜恐惧和焦虑。在训练中，首先要学会辨别和发现那些消极的自我陈述（negative self-statement），即那些自责自贬的使个人焦虑加重的想法；其次，需要学会用事先写在一张单子上的应对陈述来替代消极陈述。应对陈述的目的是肯定自己和消除焦虑，用以排除和抵消压力情境中的自我否定和自我怀疑。

例如，在你准备登台演讲前，你可能很紧张，会对自己说"我心跳得厉害，我害怕了""我讲不了""我脑子里一片空白""观众一定觉得我很傻，讲得没意思"之类的话。这时，你需要马上使用下面的应对陈述来替代上面的消极陈述。你要想"我心跳加快说明我已经从生理上做了最好的准备"等。

在实际压力情境中，常用的一些应对陈述句如下：

1. 现在放松一点，这种小事不可能真的伤害到我。
2. 不要慌，一步一步来。
3. 没有人是完美的，我尽力了。
4. 事情很快就会过去，保持镇静。
5. 明天我就会把事情解决了。
6. 我做这种事情不是第一次了。

梅肯鲍姆还告诉我们，只是学会对自己默诵这些积极的陈述句并不能提高一个人对压力的承受力，你必须在真正的压力情境中实际应用这种技术。个人可以总结一套适合自己的应对陈述句，即每一个陈述句都必须是对你自己有效的。

心理拓展

正向自我对话①

当你遭遇挫折、心中充满痛苦时，你跟自己说些什么就变得非常重要。如果你像安慰好友一样对待自己，那么痛苦的情绪就容易消散；反之，如果你加在自己身上的是责备，就像小时候做错事被严厉地责骂一样，那么痛苦只会加深，不会减轻，无异于雪上加霜。

① 吴国庆. 正向的自我对话[J]. 心理辅导，2002（4）：50.

仔细想想过去，或者用心观察现在，当你面对挫折、心情难过的时候，你的自我对话是“没关系，事情会慢慢变好的”（接纳包容的态度）还是“为什么我这么没用呢”（无情严厉的指责）？前者能帮助自己很快从挫折中站起来，称为正向的自我对话；而后者则是负向的自我对话。所以我们需要不同的正向自我对话来帮助自己。下面就是一些这样的例子，每个例子都包含两部分，第一部分是告诉自己当下情绪所代表的处境是怎样的，第二部分则是提供面对这种处境时的行动准则，希望能对大家有所帮助。

1. 愤怒的时候

（1）我因为别人对我的伤害而感到生气。

（2）生气的目的是消除加在我身上的伤害，而不是怨恨、责备别人。

2. 悲伤的时候

（1）我觉得失去了生命中的重要东西，因而感到十分无助。

（2）我需要别人的一些支持，我能让事情好转。

3. 自责的时候

（1）因为自己而造成对别人的伤害，我感到自责。

（2）一味自责于事无补，重要的是要了解对方实际受损的程度，给予对方必要的补偿。

4. 焦虑的时候

（1）我觉得自身处在不确定的威胁中，所以感到紧张不安。

（2）焦虑是提醒自己先做好准备；事情也许会有点糟，也许会令人兴奋，但我总是有能力去承受与应对。

问题思考

1. 你如何看待人生的挫折？
2. 挫折的应对策略与方法有哪些？
3. 迄今为止你遭遇过的最大挫折是什么？你是怎样成功应对的？

推荐阅读

[1] 留佩萱. 寻找复原力[M]. 北京：中国友谊出版社，2023.
[2] 杨秀君. 抗挫折能力：测量与提升[M]. 上海：华东师范大学出版社，2023.
[3] 推荐影片：《当幸福来敲门》。

即测即练

自学自测

扫描此码

第七章

劝君惜取少年时——学习与创新

时间是一个伟大的作者，它会给每个人写出完美的结局来。

——卓别林

【学习目标】

1. 学会进行时间管理；
2. 能找到适合自己的学习方法与技巧；
3. 学以致用，能够将学、用、创结合起来并运用到实践中去。

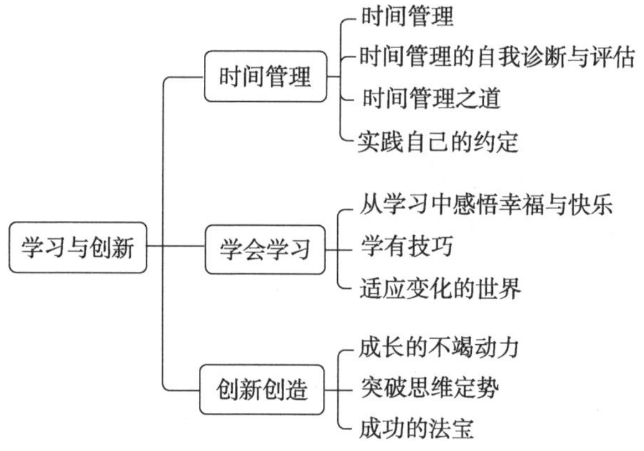

为什么很多人会觉得空虚与无奈？为什么同样在大学里学习，有的人一事无成，有的人硕果累累？

许多人时常会陷入一种“活动的陷阱”——整天忙忙碌碌，以至于忘记了平衡自己的生活。生活中，成功和幸福不是一维的问题。工作或学习需要有多维的效率，这样才会在生活中有不断的成功或幸福。提高效率，时间是一个很重要的因素，节约了时间，你就可能获得更多的成功，与亲朋好友分享更多的快乐。效率、方法和成就是相辅相成地连在一起的。因此，采用一种节约时间的程序，会使你既能取得成功又能养成良好的个人品格。问题不在于我们所拥有的时间太少，而是我们利用时间的想象力和创造性或管理能力不够而已。

因此，一个不容忽视的问题就是大学生的时间管理与学习方法的改进。进入大学，非常重要的一点就是要用一种思考的姿态读大学。如何把握好时间，驾驭好自己的学习，这是一门艺术。掌握了这门艺术，才能使我们在学业之海上乘风破浪，游刃有余。那么如何才能掌握这门艺术呢？

第一节　时不我待：时间管理

在人工智能时代，网络技术的发展为每一个人提供了一个"虚拟社会化"场所。QQ、微信、在线教室等各种交流工具，为学习者创造出一种全新的学习交流空间。但是我们也会在不知不觉中消耗大量宝贵的时间。因此，我们需要找出一些方法，让自己去控制日常生活中的网络时间，这是弥补时间漏洞的最好方法。如果没有反思、改进、行动，终究也不过停留在日复一日的时光消磨中。时间照旧这样悄悄地流淌着，青春也就这样白白地浪费着，最终我们最为宝贵的大学生活一晃而过，没有留下值得我们怀念的东西，也没有值得庆祝的成绩。所以我们必须思考我们究竟在做些什么事情？这些事情是否值得我们去做？应当如何去做？当我们冷静地分析与思考后，就会发现对时间的疏于管理是影响我们成功的关键因素之一。因此时间管理是大学的一门必修课，它能帮助同学们明确目标、认识自我，合理规划自己的学习与工作。

一、惜时如金：时间管理

（一）对时间管理的认识

人们对时间的看法各异，使得时间管理受到极大的影响。事情多了忙不过来的时候就会抱怨时间不够用，没事的时候又会感到时间不知如何打发。个体对时间的观念足以影响到时间管理的成效。

以下几种时间观念都会影响到时间的安排和工作的效能：

（1）认为时间可以证明一切。这种人们常说的一句话是："时间可以证明一切。"他们总是把事情的成功与失败都归结为时间，像这样消极地把问题留给时间的做法只会造成时间管理的误区。

（2）日常生活中意识不到时间的重要性，等到时间不够用时才发觉时间的重要性，才知道要对时间进行管理，在平时很少或者基本不进行时间管理。持这种态度的人可以把一件事情做到最好，因为他没有时间限制，没有时间压力，可以在比较轻松的状态下完成任务，但往往因此而浪费了更多的时间。

（3）视时间为奴隶。长时间地沉溺于游戏或其他无关紧要的事情，浪费了时间，消磨了意志。

那么时间对我们而言究竟意味着什么？时间的本质是什么？

严格意义上来说，时间具有如下本质：

（1）供给毫无弹性：时间的供给量在任何情况下都是固定不变的，所以我们无法发掘更多的时间。

（2）无法蓄积：时间不像人力、财力、物力和技术那样可以被积蓄储藏，不论愿不愿意，我们都必须消费时间，所以我们无法蓄积。

（3）无法取代：任何一项活动都有赖于时间的堆砌，即时间是任何活动所不可缺少的基本资源。因此，时间是无法取代的。

（4）无法失而复得：时间无法像失物一样失而复得，它一旦消逝，便会永远丧失。花费了金钱，尚可赚回，但倘若挥霍了时间，任何人都无力挽回。

“时间待人是平等的，但时间在每个人手里的价值却不同”，这句话说的就是时间管理。所谓时间管理，就是指为了实现你的目标而一心一意、聚精会神地向前迈进，你努力的方向应该直指你的目标，而不是被嘈杂的外物所随意干扰。换句话说，时间管理就是人们用技巧和工具帮助自己高效率地完成工作，实现预定的目标。当然，时间管理并不是要把所有事情一次性完成，而是更有效地运用时间完成首选的目标。这首选的目标必须是可行的、重要的、比较容易完成的。所以时间管理的目的就是要告诉你什么事情应该做，什么事情不应该做；或者说什么事情应该现在做，什么事情应该以后做。时间管理并不是完全的掌控，而是降低随意性和变动性。时间管理最重要的功能是通过事先的规划，提供一种提醒与指引，提供一种对时间的规划与控制。它具有让每一秒、每一分、每一刻都发挥最大效益与最大效率的作用。

（二）时间管理的重要性

时间管理所研究的就是如何提高时间的价值，最大限度地利用好时间。时间管理是为了提高个人工作时间和业余时间的利用率和有效性而进行的一系列自我管理和时间控制的工作，并运用现代科学的管理方法对时间的消耗进行预测、控制、计划、实施、检查、总结、评价以及反馈等，以克服时间的浪费，达到既有效率又有成果、既经济又合理地完成任务的目的。时间管理是我们每个人走向成功的关键和必需的一步。然而可惜的是，并非每个人都重视这项技能，或真正拥有这项技能。对那些没有这项技能的人，他们的潜能便不能得到很好的发挥，甚至会埋没他们的潜能，最终一事无成。这种时间管理能力是我们每一个普通人都可以获得的。获得了这种能力能够使我们的生活有计划，一张一弛，能保持平衡状态。

时间管理即是自我生命的管理。人的生命是用时间来衡量的，从这个意义上来说时间就是生命。时间是每个人一生中最宝贵的资源，没有了时间也就无所谓工作和事业，一个人对时间的管理也是对整个生命的管理，即人的自我管理。时间管理与我们每个人的学习、生活效率或幸福度有着密切的联系，因此时间管理逐渐成为管理学、组织行为学和心理学等研究中的一个新课题。黄希庭等认为个体在运用时间方式上所表现出来的心理和行为特征是一种人格倾向。对大学生而言，如何管理时间直接影响到其学业成就及其大学生活质量。

有效地管理时间能够减轻压力，这一点已经得到共识。如果我们应用时间管理的原则去确定应该做的事，我们就会找到生活的中心所在。这将使我们更加迅速地向前迈进，继续享受充实的生活。一旦遇到上述那种程度的压力时，你很可能会由此产生严重的健康问题；甚至在你经受压力时，你会在我们周围充满细菌和病毒的环境中变得十分脆弱。这是另一个让你做出决定的极好的理由：决定从现在开始去增强你管理时间的技能。

二、时间盘点：时间管理的自我诊断与评估

时间为学习提供了基本的条件，如何利用这些时间便成为学生学习成功的重要因素。作为学生，开发、利用、管理自己的学习时间，这是提升自我学业能力的根本前提。因此，大学生首先必须树立正确的时间观念，同时对自己的时间使用有正确的认识与规划。

我们在做事情的时候会有很多选择，主动权掌握在在我们自己手里，这也会使我们面对各种诱惑时，可以随时改变自己的决定。也正因为万事万物时时刻刻都在变化发展中，我们才需要借助时间管理计划来指引我们更好地处理问题，也保证工作能有序完成。计划可以帮助我们明确工作目标，可以减少工作的盲目性，使各项工作有序进行。当然计划只是我们工作的引导者而不是总指挥，它是我们的行动指南，有了计划，变化来了我们才能轻松应对，才能更好地节约时间，实现效果的最大化。

扩展阅读 7-1　心理探索：时间管理自我诊断量表

三、锦囊妙计：时间管理之道

时间管理策略是学习策略的重要组成部分，是学习者为了按时完成学习任务或提高学习效率，在学习过程中对学习时间进行合理规划和监控所采取的可行而有效的措施和方法，是一种未雨绸缪的策略。席勒指出，时间的步伐有三种：未来姗姗来迟，现在如箭飞逝，过去永远静止。我们每个人都会有时间处理不当的问题。我们无法左右时间——我们不能让它变慢，也不能让它变快；我们更不能把它储存起来，也无法把它重新提取——我们唯一能做的，只是决定现在如何利用它。我们对它永远不能满足，也不知道去哪里找到它。对于时间，虽然你每天都触手可及，你可以是时间的富翁，也可以是时间的败家子，每天 24 小时，你我皆然。关键在于我们大部分人是否能够不让太多的时间从指缝间偷偷溜走。

（一）确定目标的优先顺序

时间管理是一个系统，它是为了帮助你能从生活中有所收获而设计的。在这个系统中，你必须先确定自己所追求的目标是什么，因为不同的目标会在你的头脑里竞相争夺你的注意力。问问自己："我最想从生活中得到什么？""为什么要得到这些？""我怎样才能得到这些？"理顺了这些问题，你便有了可以在较少时间内完成较多事情的方法，这些方法甚至能使你得到意想不到的效果或惊喜。有了目标，也就相应地有了计划。可以说计划提供了时间的界限，同样也提供了完成事情的确定性前提。因为计划会确定某种坐标体系，使得你的学习生活告别无目的的胡乱折腾。这些计划是把未来的事情转换到现在来安排，使得未来的时间被现在控制，同时也使现在的时间成为未来计划的一部分。米德认为未来能够影响到现在，主要是指它影响了我们的行为。正如一个象棋棋手现在选择一个动作是因为他或她已经预测到了接下来的一个或多个反应。缺乏合理的目标，人们会发现自己不仅在四处飘荡，生活之舟无处锚泊，以至于在漂泊游弋中，你很可能会发现连锚缆都没有。因此，我们在做出多种选择时不要企图随意规划未来，要进行恰当的自我设计，切记尽可能不要为未来借贷。换言之，我们只能生活在当下，为当下可行的目标而努力，避免做出不切实际的虚假的"承诺"。这样，当机会降临时，你便可游刃有余，迎运而上；当机会不再青睐，你又可以无所羁绊地轻松离去。

确立了正确的目标之后就是确定目标的优先顺序。因此，你要做好计划，按照事情的轻重缓急决定先后顺序，以及每一件事所需花费的时间。这样做的目的是准确控制时间。否则，你也许天天在做选择，天天采取新的行动，但缺乏选择和行动的优先顺序，最终，目标也难以实现。如果你没有一个可以一步步实现自己理想的具体目标，也不确切地知道自己为什么学习或工作，甚至都不知道自己在干什么，那何谈实现自己的目标？所以首先你要确认一下，你现在所选择的事情对实现你的最终目标能起到什么作用？假如你当下正在做的事情不能对实现你的目标有任何帮助，或者反而离你的初始目标越来越远，那么你需要思考一下，是否还要继续？假如你发现这件事情对实现你的目标能起作用，那么你就应该优先考虑从你发现的那个瞬间开始，把你手头其他的事情停下来，去做你觉得现在应该做的事情。你所拥有的现在的时间都关联着未来的目标，所以为了未来的目标必然要对现在的时间“精打细算”。

第一，要树立恰当的目标。岁月的流逝要求你经常自主树立目标，并随时审视自己的目标。在适当的时候，需要修正或更新自己的目标。这种审视也是回顾过去、总结经验、吸取教训、激励前进的一种机会。确立具体目标时，应结合自己的优势和兴趣，而且所设立的目标应该是自己力所能及的。这样就可以少走弯路，取得成就，增强自信，并能持之以恒地为远大的目标和理想而奋斗。

第二，对自己“狠”一点。例如，假如你想做一个优秀的长跑运动员，在寒冷的冬天仍坚持锻炼不是件容易的事。清晨，迫使自己从热被窝里钻出来，看起来有点“残酷”，但这是取得成功所必不可少的。学习也是这样，学习并不总是快乐的，需要你做出持久而艰苦的努力才能最终有所收获。

第三，切莫半途而废。做任何事情都不会一帆风顺，遇到困难时，万万不可轻易放弃，坚持到底就是胜利。但也不排除有所改变的可能，只是在做决定之前，要三思而后行。因为每一次变动都意味着你需要从头做起，也表明目标离你又远了一程。

进行时间管理的最大目的，就是更好地实现你所制定的目标。这种时间上的投资不是把一天 24 小时的时间都浪费在无所事事上，而是把时间花在“刀刃”上，把最宝贵的时间放在你最应该做的事情上，这是时间管理的重点。如果因琐事而把目光随时从目标上移开的话，你就会离那个目标越来越远。目标不会自己随便移动，而是在你的目光移开的瞬间，它会慢慢离你而去。当然好多人根本就不是中途把注意力转移的问题，而是从最开始就没有一个明确的目标，恍然间，时间就这样溜走了，理想和目标也消失了。

（二）学会利用时间的“边角料”

大多数大学生都认为在大学有许多书要读，许多事情要做，许多活动要参加，许多能力要锻炼……可是，时间总是不够用，实际情况却并非如此。有人做过这样的计算：如果每天利用零散时间半个小时，那一年就有 180 多个小时；如果每小时读上 10 页书，那一年就可以读完 1 800 页书。何况我们每天浪费的时间远远不止半个小时。俗话说：“巧裁缝不厌零头布，好木匠不丢边角料。”几分几秒的时间看起来微不足道，但加起来就大有可为。

第一，缩小时间单位。俄国历史学家雷巴科夫说过，时间是个常数，但对勤奋者来说，时间是个“变数”。假如我们合理地利用这有限的时间，我们完全可以把这种有限转化为无限，如用“分”计算时间的人比用“时”计算时间的人多五十几倍时间。挤时间的秘诀就是尽量把时间单位缩到最小，充分利用零散时间来学习。

第二，做个时间统计表，把每天做各项事情所用的时间都记录下来。这样我们就会惊异地发现：有许多时间不知不觉消耗于无所事事中，既没有做事，也没有娱乐，甚至没有休息，最终既没有学好，也没有玩好。这些间隙时间成为生命的空白点，明白了这一点，我们就会痛惜失去的时间，从而更加珍惜现在的时间，利用好时间的“边角料”。

第三，积少成多。古人云：“不积跬步，无以至千里；不积小流，无以成江海。”学习和利用时间更是如此。日常生活中的零散时间比比皆是，在你等公交车的时间里，坐地铁的时间里，都可以读上几页书，背上几个单词；上课前的五分钟老师还没开始讲课，你可以复习一下以前的内容。生活中你可以发现很多零散的时间，挤出更多可利用的时间，从而增加阅读、回忆或思考问题的时间。每一点零散的时间都像一粒水珠，每粒水珠分散开来，很容易变成蒸汽飘走，可是如果把它们集中起来，则能变成溪流，汇成江海。

（三）改变拖延的习惯

拖延和知道更多信息时再作出决定有什么不同呢？拖延是有意识地、习惯性地推迟应该做的事情，它通常是那种只处于思考状态而没有采取实际行动的人的恶习。如果怀疑自己有拖延的倾向，那你就要问问自己："我为什么要推迟呢？"如果你不能很好地找到原因——不能混淆原因与借口——你就应该振作起来，马上行动，认真反思和分析自己，找到拖延的真正原因。

"马上去做"是说要立即有行动。一个人可能会有很多想法，甚至是一些很棒的想法，但是不去做，那想法始终只是想法而已。举一个很平常的例子：你睡在暖暖的被窝里，你渴了想去喝放在桌子上的水。可你又不想起来，你就会想很多东西。比如，前一天晚上为什么不把水杯放在床边，为什么现在没人从我房间走过，甚至是幻想你要有隔空取物的本事该多好，你会想尽一切办法去弄到那杯水，可结果是你还在被窝里，还是没水喝，其实最好的办法只是起来去拿而已。没有犹豫，做了计划就马上行动，这样其实是消灭了滋生懒惰的土壤，要在积极的想法一出现时就马上行动，让惰性没有乘虚而入的可能，让自己没有办法去懒惰。行动才是成果的前提，所以想到就去做，做行动的巨人。

生活中，我们常常会被一些游离于目标之外的事情所诱惑，如多喝一杯咖啡、多浏览一些花边新闻或短视频、多玩一会儿游戏、多聊一些无关紧要的话题等，将完成工作的时间一推再推，所有这些行为都是拖延的表现。但是不管怎么推迟工作，该做的事情还是要做的。拖延在日常生活中看似可能是对时间的简单浪费，但实际上，其影响远远超出了时间管理的范畴。拖延带来的后果是多方面的，涉及个人生活的各个层面。个体推迟工作的理由有很多共同点，如害怕失败，对自己要求过高，不知道怎样去做，对目标不明确等，这几种借口意味着你不知道该如何处理这项工作，或者对这项工作缺乏足够的兴趣。如果你觉得时间非常不够用却又无从下手去解决这个问题，那只能说明你缺少组织或规划能力。如果对工作本身缺乏足够的兴趣，认为它不值得去做或者有其他想做的事情，说明你需要重新考虑自己的工作态度，找到原因，这些实际问题都是可以解决的。

拖延行为使我们有机会更深入地探索自己的内心世界，包括我们的恐惧、期望、动机和价值观。拖延的挑战和应对过程促进了我们个人的成长，它教会我们面对自己的弱点，勇于接受挑战，不断寻求解决方案和改进方法。这种经历培养了我们积极面对生活挑战的态度，鼓励我们追求更高的目标和更充实的生活。如果拖延问题严重影响了生活和工作质量，建议寻求专业的心理方面的帮助，从而理解并克服拖延。[①]

课堂活动 7-1

下面是一个小测评，可以测试你是不是一个拖延的人：

---

① 郭易安，姚远青."拖延"的心理学[J]. 心理与健康，2024（12）：82-84.

1. 是否在最后期限临近的时候才开始工作？
2. 是否觉得工作的开始部分很难？
3. 是否总是感觉没有足够的时间来完成工作？
4. 必须完成某项工作这种想法是否令你紧张？
5. 是否每周都有遗留下来的工作要做？

如果所有回答都是“是”，说明你有拖延的习惯，喜欢把事情推迟到最后一刻再去做。这样，工作效率会很低。不管要干什么，最快实现目标的方法只有一种——马上开始。但是，首先要分清主次，理顺任务的层次和方法，以及怎样去做，学会分解工作，切不可一头扎进工作，不分主次地盲目开始工作。所以，在开始工作之前，最好先着手准备工作：收集相关信息和资料，同时考虑采取哪种工作方法。抓住了工作的重点，你就已经走在成功的道路上了。

因此，我们在开始工作时要设定最后期限，这样就会有工作的紧迫感，你不得不马上开始工作。当然，有些时候最后期限是由别人设定的，而如果某些工作没有设定最后期限，就需要自己设定一个。自己给自己加压，自己设定最后期限，实际上并没有想象的那么可怕，与其把它看作让你惊恐的东西，不如将它视为对时间管理有益的工具。改变拖延的习惯，关键在于你的执行力是否坚决或彻底。不管最后期限是由别人设定的，还是自己设定的，都要立即执行；把工作分成几部分，然后估算完成每部分所需的时间，并将它安排在时间表上，最后留出复查时间以及做最后补充或改动的时间。

拖延可能是因为对工作害怕、厌倦、担心，也可能是由其他事情引起的。克服拖延最重要的一点就是从现在开始做起，给每个环节排出先后顺序，并设定最后期限，尽力而为。在实现目标的过程中，你可以从一个不太艰巨的事项开始，漫长的征途都始于第一步，一个良好的开端会潜移默化地影响到以后的习惯。当然你不要追求完美，可以用乐观积极的态度对待工作，同时要让工作成绩可视化。在学习过程中，个体每天都要体验到成就感，这样才会使自己的努力不断持续下去。同时个体要努力采取措施避免拖延，将所有的工作都列入时间表，这样就能按部就班地工作。当然完成工作后可以奖励自己，这种自我激励的方法很有用。

（四）懂得删除

一样的时间，会给每个人呈现不一样的生活。要克服拖延的习惯，就要善于对自己的时间进行管理，要充分认识到时间的价值。要懂得赢得时间，与时间赛跑，走在时间的前面，集中时间去做最紧要的事情，切不可平均分配自己的时间。

有调查证实，每天我们都要在无效的劳动上浪费多达 20%的时间，要将不需要做且会对工作带来长期不良后果的事情删除一些。在工作或生活中，你不可能做到让每个人都满意。但是，很多事情会让你身不由己，会让你花很多精力去做其他琐碎的事情。你不可能做到事无巨细全都要管。如果你想提高学习或工作效率，要学会说“不”。要掌握这种技能，不仅需要时间和经验，而且还要有一定的自信心和勇气。回忆一下前五天你所做的各种工作。拿出一张纸，写下你所做的事情，并对这些事情进行分类，如哪些是最优先的工作，哪些属于非优先进行的活动。同时对那些该做的事情还没做、不该做的事情却花费了很多时间的行为进行反思。所以，你要采取另一种态度：不要把做这些小事情看作自己的责任或义务，而是把做小事情看作浪费时间。你能否用这些时间去加快某些重要工作的进展或把它们做得更好呢？你能否用这些时间去实现你的其他目标呢？

四、付诸行动：实践自己的约定

俗话说，“与其坐而论道，不如起而行之”，有些时候一定要快一点。徘徊观望是人生的大敌。许多人因为对已经来到面前的机会没有信心，而在犹豫之间把机会放过了。机会难再来，即便它肯再次光顾你，假如你仍然没有改掉那些徘徊观望的习惯，它还是会照样溜走。行动慢，等于没有行动。能够帮助你谱写精彩人生的关键，只有一个，那就是快速行动。

因此，再多的计划和目标都不如踏踏实实地从现在开始履行自己的约定，将理论付诸行动。人的生命都是有限的，全力以赴地去完成所有的事情不可能也不现实。如果拖延是你的习惯之一，那就抛弃它，把注意力集中在你目前要完成的任务和项目上，然后从现在开始，规划好你的时间，集中精力高效地利用时间，一点一点地完成任务，并规划新的任务，在践约中不断进步与成长。并且我们要记住这样一个简单的事实：当阳光聚集在纸的一点上，这些阳光会把纸燃烧出一个洞；但如果光线没有集中起来，最终纸上不会留下任何痕迹。所以让我们行动起来，留下生命的痕迹。

大学是个体原始资本积累的场所，你可以尽情地积累你的知识资本、智慧资本、方法资本、创造力资本……没有止境，没有限制。相反，如果你挥霍时间，放逐生命，最后的结果只能是平庸或者一无所有。所以我们要做时间的主人，认真、仔细地盘点一天中的 1 440 分钟，才不会浪费更多的时间，才不会忽视我们应该做的事情。而且在我们的生活当中遍布零零散散的“小时间”点，它们很不起眼，看似很少，只有五分钟、十分钟，但如果把分分秒秒的时间汇合在一起，将是一个十分可观的数字。如若这些零散的时间能够被充分把握和利用，完全可以实现大作为。

第二节　学思悟践：学会学习

随着大数据时代的到来，互联网中的知识存量越来越多，人类获取知识的渠道也越来越多元化，知识的壁垒、垄断被进一步打破，知识以前所未有的速度在传播、在更新，人与人之间的知识差距越来越小。对于身处信息时代的大学生来说，“学什么”等知识来源途径问题已经不再是困扰专业学习的关键因素，而“怎么学”“做什么”等认知问题对学习效果的影响越发凸显，让优秀成为一种常态的前提是让学习成为一种习惯，在持续学习中形成个人专长，既要学好，更要好学，在学以致用中走向卓越。

一、学会学习：从学习中感悟幸福与快乐

我们知道，知识是形成人们思想认识、道德品质和世界观、价值观的基础。高度发达的现代社会需要高智商、高技能、高知识和高道德水准的高素质社会公民，而塑造这些的唯一途径就是学习。学习能帮助人们克服精神世界的许多消极因素，人生难免会遇到各种各样的忧愁、烦恼、困惑和不幸，学习可以调节人的心境，使人保持平衡心态，对生活充满希望。作为大学生，要学习的最重要的两个科目是“怎样学习”和“怎样思考”。大学的教学内容、教学方法、学习要求与中学有很大的区别，因此许多新生都在学习上不适应。在中学里，许多学生跟在老师的“脚后跟”后面亦步亦趋，进入大学后，没有了老师的陪

伴，突然间他们就迷失了学习的方向。

他们往往存在这样的问题：学习中的问题无处不在，学习压力大；学习无目标；学习节奏变快，对高速度、大容量的课堂教学不适应；不适应某些老师的授课方式或者学校的课程设置；对学习内容缺乏学习兴趣；缺乏自学能力；想学不知道学什么，记笔记不知道记什么，或者记完了不知道如何去思考笔记中的内容；可选择的东西太多，不会选择或者无法选择；学习上没有什么收获，缺乏成就感；不知怎样利用图书馆，不知如何查阅参考资料；学习上希望有人指点，又羞于或不敢于去问别人……这些问题的产生缘于其选择的范围越来越大，以及原有的学习方式不再适合新的学习环境。面临如此多的问题，大学生必须尽快适应大学的学习生活，及时了解大学课堂教学、学习活动的特点，掌握大学学习的基本要求、规律和方法，增强自己的学习自主性。

二、书山有路：学有技巧

扩展阅读 7-2 心理探索：大三，"搞定"时间！

大学生要学会进行学习方法的自我诊断与评估，首先思考以下几个问题：你平时是否喜欢阅读学习？你的阅读速度是怎样的？是否常常读上几分钟的书就厌倦了？即使读了点书，过一会儿又忘记了？你是否经常去看一些娱乐性的短视频，却常常丢开与自己的工作和职业有关的文章和书籍？如果对上述现象你的回答是不确定的，你应该静下心来思考一下在自己的学习生活中自己是一个怎样的人，自己的学习方法是否存在问题。对于采用哪种学习方法的问题，我们一方面可以通过检验学习效果来修正，即如果学习效果较好，那就说明这种方法是比较适合自己的；另一方面，也可以请相关的心理学专业老师来帮助自己鉴定。

一种学习方法之所以是科学的，主要是因为它符合规律，具有较大的普遍性或普适性。但是，符合一般规律的学习方法不一定就是对自己最有效的，也不一定是合适的。每个人都是一个独特的存在，没有适合所有人的唯一方法，最好的学习方法应该是最适合自己的学习方法。要找到适合自己的学习方法，必须要先了解自己，了解自己的学习能力，了解自己的学习兴趣，以及自己对想学的东西已经知道多少，总结自己成功的学习方法，才能更快地走向成功、实现目标。

（一）了解你的学习风格

作为大学生，要想找到最有效、最适合自己的学习方法，首先要了解自己的学习风格。由于每个学生都有自己独特的学习风格，这种独特性会影响他们的学习效率和学业成就。心理学家威特金提出，人的认知风格分为场独立性与场依存性。场独立性学习者对客观事物作判断时，倾向于利用自己内部的参照，不易受外来因素的影响和干扰；在认知方面能够独立于周围的环境，倾向于在比较抽象和分析的水平上进行加工，对事物作出独立的判断。场依存性学习者对事物的知觉倾向于把外部参照作为信息加工的依据，难以摆脱环境因素的影响。所以学习者应了解自己的认知风格和学习风格类型，在学习过程中根据自己的不同情况随时调整自己的学习策略和方法，即对自己的学习情况有一个好的诊断与把握，并及时做出调整。

（二）恰当的目标定位

人生需要目标，学习更需要目标。目标不是无来由的，设定目标要遵循一定的原则。目标的作用在于帮助个体设定明确的行动方向，给个体以持续的信心、热情与动力。一般人们不愿意为自己设定目标，多数是因为恐惧，害怕产生失败感，怕万一达不到怎么办？或者有一种得过且过的心态，每天过得好好的，平平淡淡的就可以了。也有人可能会说没有目标也可能获得成功。偶然获得的成就固然好，但不多见，因为你不可能永远那么幸运。计划得来的成就会更佳，因为它可以控制，出现频率高。

在现实中，如果没有目标，你会发现再没有什么事情能像实现这样一种飘忽不定的前景那样不幸的了。一个人不可能抓住缥缈不定的目标，对于一种没有任何明确终点的事业，你不可能有持久的毅力去努力、奋斗。相反，你只有参与到各种明确而又具体的工作中时，你才会感到有动力。所以我们只能选择那些具体可行的目标。聪明的人都会找到自己的发展方向。这时目标就能够为你提供学习与工作的重心，使你的学习与工作不会发生偏离；能够让你确定事物的轻重缓急，对于不太重要的问题你能够予以拒绝；能够让你缩小范围，确定努力方向；能够让你明确追求的是什么；能够让你思考自己的价值，朝着正确的方向前进。

大学生在制定目标时，还要注意两个问题：

首先，不能制订太高的学习计划。很多人做事总是很“冲动”，一时心血来潮或好高骛远就为自己制订不切实际的学习计划。虽然这样的计划可以激励自己努力奋斗，但是，如果不考虑到自己的现实状况或实际能力，以致自己制订的计划不能实现，那就势必会对自己的信心造成影响，继而影响到学习的积极性，那么这样的目标就会失去其原有的意义，丧失了激励作用。

其次，也不能制订太低的学习计划。计划制订得太低，虽然很容易达到，但是在实现的过程中个体体会不到学习的成就感，同时也无法通过学习有效地提高自己的能力。另外，太低的学习计划与目标会助长骄傲和自满，这样会失去制定目标的价值和意义。所以必须在头脑中真实地想象：这个目标现在已经以实际的或潜在的形式存在着，它是可以通过自己辛勤的汗水，通过自己脚踏实地的付出而实现的，这种成功机制便会把你引向这个实在的目标。这种适度的目标时刻让你产生一种学习的成就感，是促使你进步的主要动力之一。当然我们在计划执行的过程中切记不能成为计划表的奴隶。

（三）学习资源的获取

《学记》中指出：“独学而无友，则孤陋而寡闻。”进入大学，第一个重要的学习资源就是学友，可是这个资源往往被我们浪费了。学友是你了解外部世界的桥梁，也是你不断完善自己的标尺。一个人学习，只有与学友互相切磋，才能做到“长善救失”，获得更多知识，从而避免“孤陋寡闻”。我们正处在一个飞速发展的信息时代，一个人只依靠个体的埋头苦读了解的知识和信息，是难以适应社会的发展需要的。大学同学之间的交流，可以不局限于本专业或本科系，在整个学校内都可以有学友的相伴。大学生通过这样彼此的互通有无，可以事半功倍地丰富自己的知识，开拓自己的视野，完善自己的知识结构。同学间的相互交流，既是才能和学识的互补，又是智慧和创造力的递增。

扩展阅读 7-3　心理探索：你的学习风格是什么？

第二个重要的学习资源就是教师资源。教师在某一方面的专业知识和阅历是我们学生所缺乏的，向老师请教能使我们收到事半功倍的效果。然而大学中教师资源的浪费却成为一种普遍现象。任何一个会学习的学生都不应忽视教师资源的利用。在大学课堂教学中，虽说老师与学生交流得比较少，但老师们都愿意与主动学习的学生进行交流。作为大学生，可以主动寻求老师的联系方式，主动与老师预约，进行沟通和交流。

第三个重要的学习资源是图书馆资源。每一所大学都会拥有丰富的图书馆资源，但这种资源并没有得到很好的利用。丰富的图书馆资源是丰富我们知识、扩展自己视野的一条重要途径。大学生应该充分利用图书馆资源开拓自己的专业知识面，培养专业兴趣，为将来就业和继续深造打下坚实的基础。

第四个重要的学习资源是学会利用数字资源。通过人工智能辅助教学工具，大学生可以充分利用数字世界，利用丰富的学习资源和自主学习平台。人工智能辅助教学工具可以提供多样化的学习情境和复杂问题，促使大学生进行深入思考和讨论，发展批判性思维，学会从不同角度分析问题，形成独立的见解。大学生可以在教师的引导下，根据自己的兴趣和需求，选择学习内容和路径，培养自主学习的能力，特别是学会充分利用设备的技术功能，在数字技术中不断健康成长。

（四）养成良好的批判性思维

20 世纪 90 年代，美国哲学联合会下属的一个哲学教学委员会着手一个大型研究项目，运用德尔菲方法，咨询 46 位有不同学科背景的批判性思维专家，历时两年，经过六轮磋商，最终就有关批判性思维的诸多事项达成一些共识，写成《德尔菲报告》，其中关于“批判性思维倾向”的共识如下：

- 对广泛的议题怀有好奇心；
- 注重变得见多识广并保持这种状态；
- 善于把握运用批判性思维的机会；
- 信赖理性的探究过程；
- 对自己的理性能力保持自信；
- 对不同的世界观持开放态度；
- 在考虑其他选择和意见时保持灵活性；
- 理解他人的意见；
- 公正地评估推理；
- 诚实地面对自己的偏好、成见、成规、自我中心或社会中心的倾向；
- 谨慎地悬置、作出或改变判断；
- 当诚实的反思表明有必要做出改变时，愿意重新考虑和修正自己的批判性思维习惯和能力的培养。

在当代社会，大学已经成为人才、人文思想、科学理论、前沿技术的生产单位和输出单位。大学本科四年是一个人一生中最重要的时光之一。大学生应在这四年中开拓知识视野，学到可迁移的知识和技能，养成独立思考、自主负责的习惯，拥有健康的体魄和健全的人格，度过丰富多彩的校园生活。这样一旦走出校园，才能各自演绎出成功而精彩的人生，为母校增光添彩，为国家的发展和人类的进步做出自己的贡献。

三、学无止境：适应变化的世界

没有什么是永恒静止的，唯有变化才是绝对的。环境变了、同学变了、老师变了、要求也变了，也只有源于这些变化才会促成你的成长，也只有不断适应这些变化才能丰富你自己。在痛苦的徘徊后你也许会变方向、变方法、变心态，于是你一点点变得成熟、智慧、能干……在这个过程中，很重要的一点就是一定要获得成就感，在每一天结束的时候，当你回顾这一天，你觉得自己收获了很多，就会对明天的学习信心满满，心中充满了斗志和喜悦。否则一味地将学习过程看作是一个艰苦的、枯燥的过程，那么这种坚持可能持续不了多久，学习的效果也会很差。当然在这个过程中也不能缺少辛勤的汗水，唯有不懈的勤奋才能到达光辉的顶点。科学的适合自己的方法则可以使学习少走弯路，提高效率，事半功倍。

学习一定要花时间、耐心和思考力，将获得的新知识和已有的知识进行有效的联结。在这个过程中，我们才有可能内化知识，形成新行为的暗示。学习需要勤奋，也需要方法，但也要跳出学习的“低水平勤奋”陷阱。勤奋付出并不等于低水平的机械记忆。大脑这种通过已有知识学习新知识的特性，除了能够帮助我们记忆之外，还有一个更重要的作用：我们可以将新旧知识建构成知识网络。在新旧知识间建立联系网，我们便能够从不同角度和领域对同一个知识进行分析，从而加深我们的认识和理解。

只有在自己的学习和生活过程中去实践，谋划人生大计，决定做什么工作，决定在我们的生涯中做什么样的转变，决定想去追求的目标，才能给我们带来长期的满足感，给我们带来良好的自我感觉，而且这是一种长期的感觉。一旦我们有了为之奋斗的目标，我们的大脑便会开始运转，向着既定的目标前进。

第三节　动力之源：创新创造

“唯创新者进，唯创新者强，唯创新者胜。”如果这个世界没有创新，便不会有今日人类的文明。一个国家和民族的创新能力，从根本上影响甚至决定了国家和民族的前途和命运。创新能力是民族进步的灵魂、经济竞争的核心。在科学技术飞速发展的今天，创新意识和创新能力越来越成为一个国家国际竞争力和国际地位的最重要的决定因素。培养大学生创新能力既是实现中华民族伟大复兴的战略抉择，又是大学生自身成长成才的内在需要。

关于创新的标准，通常有狭义与广义之分。狭义的创新是指提供独创的、前所未有的、具有科学价值和社会意义的产物的活动。例如，科学上的发现、技术上的发明、文学艺术上的创作、政治理论上的突破等。广义的创新是对本人来说提供新颖的、前所未有的产物的活动。一个人对问题的解决是否属于创新性的，不在于这一问题及其解决方法是否曾有别人提出过，而在于对他本人来说是不是新颖的。作为一名大学生，应该在创新意识、创新思维和创新能力方面不断提升。

一、创新意识：成长的不竭动力

（一）创新意识

创新并不是专属于某些人的权利，它与我们的生活息息相关。创新不是画一幅画、写一部小说或设计一座房子，而是抓住生命中每一个不容错过的机会，设计自己更好的未来。在互联网时代，创新赋予我们的人生无限的可能……

创新意识是指人们根据社会和个体生活发展的需要，引发创造前所未有的事物或观念的动机，并在创造活动中表现出的意向、愿望和设想。创新意识包括创造动机、创造兴趣、创造情感和创造意志。它是人们进行创造活动的出发点和内在动力，是创造性思维和创造力的前提，成为唤醒、激励和发挥人所蕴涵的潜在本质力量的重要精神力量。

（二）创新意识的培养

青年创新意识的培养要注重以下几个方面：

（1）培养求知欲。学而创，创而学，这是创新的根本途径。青年要具备勤奋求知精神，不断地学习新知识，才能在自主创新中发挥生力军作用。

（2）培养好奇欲。将蒙昧时期的好奇心向求知时期的好奇心转化，这是坚持、发展好奇心的重要环节。要对自己接触到的现象保持旺盛的好奇心，要敢于在新奇的现象面前提出问题，不要怕问题简单，不要怕被人耻笑。

（3）培养创造欲。不满足于现成的思想、观点、方法及物体的质量、功用，要经常思考如何在原有基础上创新发明、推陈出新，大脑里经常有“能否换个角度看问题？有没有更简洁有效的方法和途径”等问题盘旋。

（4）培养质疑欲。“学起于思，思源于疑。”有疑问才能促使学生去思考，去探索，去创新。因此，要大胆质疑，提出多种解决问题的方案及最佳方法。一定要以锐不可当的开拓精神，树立和提高自己的自信心，既要尊重名人和权威，虚心学习他们的丰富知识经验，又要敢于超过他们，在他们已进行的创造性劳动的基础上再进行新的创造。

青年在培养创新意识的过程中一定要注意树立科学的创新理念，既要面对现状勇于创新，又要防止把创新当时髦，空谈误国，把创新当成没有实质性新内涵的新提法、新名词；既要着眼于解决现有手段不能解决的问题，又要着眼于用发展的眼光、发展的思维制定解决未来可能出现的新情况、新问题的措施。青年一定要注意把创新精神培养与科学求知态度结合起来，克服重创新的过程，轻创新的结果；克服重创新的数量，轻创新的质量；克服重一般的技术创造，轻科技含量高的、核心技术的创新的思想。青年一定要注意把创新精神培养与继承中华民族优秀传统文化紧密结合，“天行健，君子以自强不息”，要增强自己培养创新意识的信心、勇气和能力。青年创新意识的培养，要允许在创新过程中犯错误。要大胆地试、大胆地闯，这样才会尽快成长起来。

二、创新思维：突破思维定势

传统的学习观念是基于这样的假设：每个人都是一样的，每个人都必须跳过同样的圈，而每个人都可以通过自己的消化进行学习。传统的学习观念主要聚焦于要求学生们记住知识点，重视提供教学内容，但不够关注创新精神的培育，对解决相关问题的能力缺少全面的考虑。新时代的学生需要创造而不是简单地消化信息，且远不止停留于记忆知识点、不断重复内容。那么我们如何能把消化教学内容放在一种具有关联性与挑战性的环境中呢？为了鼓励批判性思维，我们需要建立一个富有关联性、创造性、合作性以及保持变化的教育生态系统。

（一）创新思维

创新思维是指以新颖独创的方法解决问题的思维过程，通过这种思维能突破常规思维的界限，以超常规甚至反常规的方法、视角去思考问题，提出与众不同的解决方案，从而产生新颖的、独到的、有社会意义的思维成果。那么我们如何突破自我，培养创新思维呢？

（二）创新思维的培养

思维定势阻碍了我们创造性地解决问题，我们要培养创新思维，首先必须突破思维定势。常见的思维定势主要有以下几种：权威型思维定势、经验型思维定势、从众型思维定势、自我中心型思维定势等。如果我们在现实生活中能冷静客观地发现自己的思维定势，分析产生的原因并有意识地弱化它，那也是一个非常大的进步和创新思维的开始。

1. 破除权威定势

为破除权威定势，可进行如下训练：去阅读某一权威人物的论著，注意从中找出你有疑问的论点，并针对这一论点查阅相关资料，展开深入研究，看该论点是否科学、严密、正确。其实，只要有了这个过程，不管能否找出问题，也不论研究的结果如何，你都已经达到了训练目的。这是因为，一方面验证了权威不一定处处正确，从而破除了权威效应；另一方面，你确实已经有所发现，有所前进，收获了创新的成果。这才是名副其实的“一举两得”。

2. 破除经验定势

经验定势容易束缚人们的头脑，影响创新思维的发挥。为破除经验定势，可进行如下训练：经验逆反训练。例如：上下班走惯的一条路，虽然自己感觉不错，但也不一定是最好的，不妨几条路换着走，新鲜有趣自不必说，可能还会有更多的发现。我们应该多触摸生活、品尝人生，勤变换视角、勤更新观念、不认死理、不作茧自缚、不“一条路走到黑”，方可使自己的生活更加丰富多彩。

扩展阅读 7-4　心理探索：思维方式自测题

3. 破除从众定势

个性的解放和发展是创新的前提，没有个性就没有创新。从众型思维定势则恰恰相反，它会湮没人们的个性，是对人们个性的一种抹杀，极不利于个人独立思考和创新。因此，必须破除从众型思维定势。在讨论问题时，经过自己的独立思考，提出自己的意见，并有意识地“坚持”，不轻易接受别人的观点，并主动“反驳”。不论最终结果如何，其意义在于实际体会自己动脑筋思考问题并维护自己意见的过程和其中的感受。多次进行这种训练，从众型思维定势自然得以削弱。

4. 弱化自我中心定势

如何弱化自我中心型思维定势？首先，我们千万不要局限在已有知识或成果的范围内，千万不要以为按照自己的思维模式就可以“以不变应万变”，从此可以无往而不胜了。其次，要超越自满，相信世界之大，天外有天，强中更有强中手，要虚心接受别人中肯的建议或意见。再次，要多一点同理心，同理心是指参与别人的情绪或思想的能力，多一点同理心，就能跳出“自我中心枷锁”，而理解自我之外的许多观念和事物。最后，要宽容对待别人，严格要求自己，才能够不断学习、不断实践、不断进步、不断创新。

三、创新能力：成功的法宝

（一）创新能力

创新能力是在技术和各种实践活动领域中不断提供具有经济价值、社会价值、生态价值的新思想、新理论、新方法和新发明的能力。

纽约大学的心理学家斯科特·考夫曼（Scott Kaufman）提出八种创新者应该具有的特征：

1. 勤奋地做着白日梦

有创造力的人细致地观察人类行为，用他们所见去指导他们的创意，又能内观自省，去任性地描绘一个想象的世界。

2. 坚韧的野心家

对于他们想要达成的目标、想要实现的梦想，他们一往无前，百折不挠，虽千万人吾往矣。

3. 不合群却热情

有创造力的人面对他们挚爱的事，他们会百分百地沉浸其中，因为他们处于心流体验中，不理会外人的言语，会让人觉得他们很不合群。在他们展示他们的成果时，他们全身心投入，热情爆棚，下了台就会以一个内向者的形象出现在人们眼中。

4. 既宽容又敏锐

有创造力的人对于未知的经验、情感、观念不带偏见地接受，但对于信息中不同的、全新的部分又能敏感地察觉。

5. 游戏模式和工作模式的快速切换

有创造力的人既有童心，又可以严肃；既意识到生命中的荒谬，又能专心于他们在意的事。他们即使在做正事的时候，也保有游戏嬉戏的心态，这帮助他们可以从试错的失败中快速恢复。

6. 逻辑严密的直觉思考者

有创造力的人看重自己的直觉，却不让自己成为直觉的牵线木偶。他们通过直觉让自己在做出决策前考虑到更多的信息，但做决定的过程却是理性且逻辑自洽的。

扩展阅读 7-5 心理探索：发散思维训练

7. 爱受伤又好得快

有创造力的人和大多数人一样，一生不免遇到困境和打击，但他们能从痛苦中学习并最终成长。同时，他们没有给自己穿上盔甲，遮盖自己脆弱柔软的部分，不吝于向别人展示自己的伤口和弱点，这使得他们和有过类似经历的人能够心心相通。

8. 叛逆的专家

有创造力的人不那么听话，也不服从权威。但他们自己已经是本领域的大家，也尊重他们各自领域的奠基人。

（二）创新能力培养

创新能力是一个民族进步的灵魂，是一个人成功的必备条件，那么一个人如何才能提高自己的创新能力呢?

1. 学习工匠精神，实现行动自觉

新时代大学生要深刻理解创新在民族进步、国家兴旺发达中的重要价值，在学习中延续中华民族创新禀赋，弘扬工匠精神。新时代大学生要以大国工匠为榜样，树立强国复兴有我的责任担当，将个人理想前途与中华民族的伟大复兴事业紧密相连，与国家发展休戚与共，为国家早日实现现代化伟大事业而学习，将自己的根扎在中国大地上。

2. 培养科学的学习习惯和思考习惯

摒弃社会中的不良风气，切实发现自己的真正兴趣，并把自己的兴趣推而广之，坚持不懈地沉醉在发现问题和解决问题的思考当中；还要善于用逆向思维考虑问题的症结，不断培养自己的直觉，并把思维的灵感火花及时保存，使之成为研究的新发现。

3. 积累夯实基础知识

良好的基础知识是创新成果诞生的基点，优秀的创新成果都是饱含科技含量的，没有坚实的知识积累和深厚的知识底蕴，是不可能孕育出优秀发明的。新时代大学生要努力学习专业知识，探求真知真理，不仅要知其然，更要知其所以然，不断培养实践操作能力，不仅要知其所以然，而且要应用学习获得的知识去验证其所以然。

4. 积极参与创新实践

所有人的创新能力都生发于创新活动中。创新实践活动对于大学生创新能力的培养发挥着最直接的激发作用。学生通过参与实践活动，能够切实地感悟到现实的需求。实践活动也为学生的创新精神提供可付诸实践的机会，是激发大学生创新的源泉和动力。对于大学生来说，参与学术科研活动和社会实践活动都是提高创新能力的重要而有效的途径。

大学生有多种参与社会实践的方式，如实习、社会调查、参观学习、社区活动、志愿服务等。在社会实践中遇到的问题，常常是出乎意料的，存在各种可能性，因此是复杂的。通过参与社会实践，大学生能够更加了解社会、体验生活、丰富阅历、积累经验，这就要求大学生在参与社会实践的过程中保持敏锐的观察力、丰富的想象力、独特而活跃的思维能力。在创新实践活动中，学生能够超越书本和经验的限定与束缚，接触到课堂学习中无法想象的新鲜事物，从而激发其创新兴趣，形成良好的思维习惯，锻炼发现问题、解决问题的能力。同时，在实践过程中，学生可以检验自己的理论背景、学习能力和思维能力。

实际上，参与社会实践活动的过程，也就是提高大学生综合实践能力和创新意识，促进大学生全面而有个性地发展的过程。如此，社会实践活动对于大学生创新能力的锻炼有着极其重要的推动作用。实践活动为大学生创新能力的培养提供了广阔的空间。

大学生在参与科研项目的过程中，可以锻炼创新能力。学术科研项目是培养大学生创新能力的重要方式。通过参与学术科研项目，可以进一步锻炼学生的自主学习能力和探索精神以及培养探究式学习习惯；通过对科研项目中具体问题的分析论证，能够直接锻炼和提升大学生的逻辑思维能力；在具体的研究过程中，能够锻炼大学生对知识的整合和运用能力；在撰写科研成果、学术论文的过程中，能够提高大学生的文字表达能力。更重要的是，在参与学术科研的过程中，能够不断加强大学生对真知灼见的追求，锻炼不断超越现有认识的创新思维，也就是培养大学生的创新意识，提高创新能力。同时也有助于大学生不断完善创新人格，从认识到品质，再到能力，综合提高大学生的创新能力。

心理拓展

（一）知人者智，自知者明——自我工作评价表①

指导语：下面几个问题有助于您对自己的时间管理进行检查和评价，用填空的方式来检查您一天工作的清单（表 7-1）。

表 7-1　一天工作的清单

编号	项目内容	评　价
1	今天是否完成了我所有优先安排的工作？	
2	是否达到或超过了今天的日目标？	
3	今天有哪些事情是在适当时间内完成的？	
4	今天有哪些事情是在不适当的时间内做的？为什么会在这些不适当的时间内完成这些事情？	
5	为何在这段时间进行这一项工作？这一项工作有没有可能提早一些进行？	
6	今天最具学习效率的是哪一段时间？为什么在这段时间内学习效率高？	
7	今天最不具学习效率的是哪一段时间？为什么在这段时间内没有学习效率？	
8	今天学习过程中最大的干扰是什么？	
9	今天最严重的三个时间使用误区是什么？以后有没有可能克服这些误区？如何克服它们？	
10	今天做了哪些不必要的事？	
11	今天花费了多少时间做重要的事？	
12	今天花费了多少时间做不重要的事？	
13	今天有哪些事情本来应花费更多的时间去做？	
14	今天有哪些事情本来应花费较少的时间去做？	
15	从明天开始，应该怎样做才能改进时间的使用？	

（二）规划大学第一年目标

按照以下步骤，完成你大学第一年的目标规划：

① 杨杰. 时间管理[M]. 北京：中国纺织出版社，2003：148.

步骤 1：选出在这一年里对你最重要的四个目标（表 7-2）。

表 7-2　一年里最重要的四个目标

最重要的四个目标	选择目标的理由	实现目标的可能性

步骤 2：目标形成结果预测描述（表 7-3）。

表 7-3　目标形成结果预测

要　求	目　标			
	目标 1	目标 2	目标 3	目标 4
用肯定的语气来预期你的结果				
结果要尽可能具体和生动，要有完成的期限				
要掌握实现过程中的证据				
把握主动权，能全盘掌握的可能性				
是否对自己有利，为社会所需				

步骤 3：目标实现过程中的理性分析（列出实现目标的有利与不利条件）（表 7-4）。

表 7-4　目标实现过程中的理性分析

要　求	目　标			
	目标 1	目标 2	目标 3	目标 4
有利条件				
困难或障碍				
应对策略				

步骤 4：得失与总结（表 7-5）。

表 7-5　得失与总结

案　例	成 败 原 因	经 验 启 示
案例 1		
案例 2		
案例 3		

步骤 5：寻找值得效法的模范。

1. 在你的目标领域中找出有杰出成就的人，简单地写出他们成功的特质和事迹。

2. 闭上眼睛想一想，仿佛他们每一个人都会提供给你一些实现目标的建议，记下他们每一位建议的重点。

3. 记下他们的名字，即使你不认得他们，在这个过程中，他们会成为你成长的忠实顾问。

步骤6：规划每一个月、每一周、每一天的生活。

每日清晨，想想：

（1）我要做什么？（2）我要如何开始这一天？（3）我要朝哪个方向努力？（4）我要得到什么结果呢？……

问题思考

1. 什么是时间管理？时间管理具有什么样的意义？
2. 如何进行时间管理的自我诊断与评估？
3. 如何尽快适应大学生活与学习？
4. 如何充分利用人工智能和其他学习工具？
5. 如何进行创新思维的培养？

推荐阅览

[1] [美]吉姆·兰德尔. 时间管理[M]. 舒建广，译. 长沙：湖南文艺出版社，2021.

[2] [英]迈尔·舍恩伯格，[英]库克耶. 与大数据同行：学习和教育的未来[M]. 赵中建，张燕南，译. 上海：华东师范大学出版社，2014.

[3] 张乐. 别让拖延毁了你的人生[M]. 沈阳：辽海出版社，2017.

[4] 王作冰. 人工智能时代的教育革命[M]. 北京：北京联合出版公司，2017.

[5] 吴翠环，高振强，何秋叶. 学会学习[M]. 杭州：浙江大学出版社，2017.

即测即练

自学自测 扫描此码

第八章

两情若是久长时——恋爱与性心理健康

只有驱遣人以高尚的方式相爱的那种爱神才是美的，才值得颂扬。

——柏拉图

【学习目标】

1. 正确认识爱情的内涵；
2. 学会识别不良的爱情观并认识其危害；
3. 学会分析爱与爱情，能够自我决定与负责；
4. 科学认识“性”并形成正确的性观念，保持性心理健康。

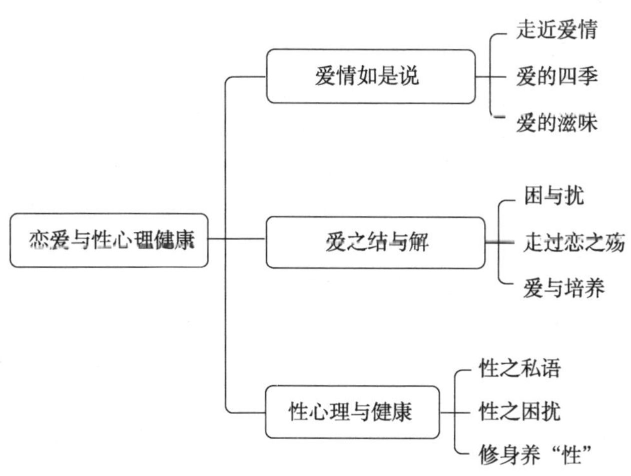

什么是爱情？

白居易《长恨歌》：“在天愿作比翼鸟，在地愿为连理枝。天长地久有时尽，此恨绵绵无绝期。”

卓文君《白头吟》：“愿得一人心，白首不相离。”

屈原《九歌·湘夫人》：“沅有芷兮澧有兰，思公子兮未敢言。”

阮籍《咏怀》：“愿为双飞鸟，比翼共翱翔。”

李白《相逢行二首》：“相见情已深，未语可知心。”
李商隐《无题》：“身无彩凤双飞翼，心有灵犀一点通。”
李清照《一剪梅》：“花自飘零水自流。一种相思，两处闲愁。”
关汉卿《四块玉·别情》：“自送别，心难舍，一点相思几时绝？”
杜公瞻《咏同心芙蓉》：“名莲自可念，况复两心同。”
元稹《离思五首·其四》：“曾经沧海难为水，除却巫山不是云。”
杜牧《赠别》：“春风十里扬州路，卷上珠帘总不如。”
……

弹指千年，聆听古人咏怀，你认为什么是爱情？大学生应该如何把握爱情之舵？怎样才能收获爱情之果？

第一节　悠悠我心：爱情如是说

爱情是一个千古谜题，无论我们如何探究也难穷尽其奥妙；爱情又是一个永远的神话，散发着迷人的魅力，千百年来一直吸引着人们去追求和探索。那么，爱情到底是什么？让我们一起走进爱情的殿堂。

一、爱者，爱也：走近爱情

（一）爱情的含义

从古到今，爱情一直是众多哲学家、艺术家、社会学家、宗教学家争论不休的话题。对于异性之间爱的关系，历来存在两种针锋相对的观点。唯精神论者认为爱情与性欲毫无关系，它纯粹是男女精神上的相互依恋，是爱者将自己的情感完全融化在对所爱之人的关怀之中。“文艺复兴”时期资产阶级学者提出的“唯性欲论”则认为性欲才是爱情的根源，爱情纯粹是为了性欲的满足。这是一种抬高生理需求、贬低精神需求的思想。

显然，以上两种说法都是各执一词，过于绝对了。对此，马克思指出爱情是人的自然属性和社会属性的统一，其自然属性在于爱情是以性欲、性心理为生理基础，而其社会属性则在于爱情是在男女两性自由、互相爱慕的基础上产生的、渴望在肉体和精神上融为一体的强烈的倾慕之情。这种观点不但强调了爱情的物质性与客观性，同时也强调了爱情的精神性与主观性，最终指出爱情是物质与精神、客观与主观的有机统一。

不难看出，爱情是一种“高级的精神生活”，它是一种完善的生物、心理、美感和道德的体验，是男女之间相互爱慕、真挚诚实、相互爱悦、渴望对方成为自己终身伴侣的一种最强烈、最深沉、最持久的感情。首先，爱情既需要生理的成熟，又离不开心理的成熟；其次，爱情与原始的欲望有着本质的区别；再次，爱情有别于友情和亲情，显得浪漫而神圣；最后，爱情的动力既源于男女之性，又高于男女之性。

（二）爱情的特点

爱情作为一种个体身心发展到相对成熟阶段而产生的高尚情感体验，具备以下几个特点。

第一，社会性。爱情是从社会生产、生活活动中产生和发展起来的一种情感，所以它不能离开现实的社会条件而独立存在。人们对这种情感的产生方式和表达方式也都是社会性的，它是一个历史范畴，具有时代性、阶级性和历史性。在特定的社会形态中，爱情的内容与形式一方面会反映出这个社会的道德观、价值观和特定的社会关系，另一方面爱情也同时会受到它们的制约。

第二，专一性、排他性。这是爱情的最大特点，是指爱情中的双方都只能把自己的爱情情感投注到对方一个人身上，全心全意，无论是情感还是性关系都要忠贞不二，不能与第三者分享。其中所包含的感情和义务也只存在于恋爱者两人之间，这是一种在尊重基础上的特殊占有。对此，著名教育家陶行知先生曾说："爱之酒，甜而苦，两人喝，是甘露；三人喝，是酸醋；随便喝，要中毒。"解读入木三分。①

第三，选择性。"白马王子"与"梦中情人"的说法表明每个人心中都有不同的异性偶像。尽管选择时的动机可能千差万别，但是，这种选择具有特殊性，其选择的标准也无法精确量化，既包含理智、判断的成分，又包含直觉、感性的成分；既有生物性质的成分，也有社会性质的成分。这是一种包含生理、感情、意志、审美情趣、价值体系的碰撞，双方的品质可以类似，也可以截然相反；可以互补，也可以冲突，但都有可能擦出爱情的火花。

第四，平等互爱性。所谓互爱，是指男女双方既是施爱者，又是被爱者；既是爱的主体，又是爱的客体。男女双方在地位上、人格上是完全对等的，双方都尊重对方的自愿选择，尊重对方爱的权利，这种选择不存在一方依附或占有另一方的关系，不是出于怜悯，更不是出于"报恩"；不是"落花有意，流水无情"般的一厢情愿，更不是勉强无奈，应付凑合。

第五，纯洁无私性。爱情是神圣、纯洁、无私的。纯洁意味着双方彼此间的坦诚、真挚、忠贞、专一，意味着一种透明和清澈。无私意味着个人愿意为爱情做出牺牲，彼此间不会斤斤计较个人的利益，不会以自我为中心，千方百计地满足私欲。成熟的爱情关系都是建立在彼此保留自己的独特性并尊重对方心灵的独立性基础上的，要保持个人的个性和相对独立空间，这样才能保持彼此之间的吸引力，保证爱情的健康。

第六，持久性。真正的爱情是一种深沉、强烈、持久稳定的情感。当双方相爱时，会产生强烈深刻的、为对方付出一切、与对方融为一体的巨大的幸福感和自豪感，这是一种神秘的高峰体验，"你若安好，便是晴天"。反之，一旦失去了与相爱之人的联系时，内心便会产生强烈的痛苦感、孤独感，这是一种爱情充满生命、意义大于生命的体验。

（三）爱情的类型

根据加拿大社会学家约翰·李（John Lee）的理论，爱情的三原色是"激情""游戏"和"友谊"，这三种颜色的再组合便构成了爱情的次级形式：占有型爱情包含激情和游戏的成分；利他型爱情包含激情和友谊的成分；实用型爱情包含游戏和友谊的成分。于是他总结出了爱情的六种类型。②

1. Eros

Eros 即"激情型"，这种爱情风格是指一个人所追求的爱人在外表上酷似自己心目中已存在的偶像。激情的爱情建立在理想化的外在美基础上。它的特点是一见钟情式，以貌取人，缺少心灵沟通，热烈而专一，靠激情维持，受到对方直接而强烈的身体的吸引，总是想得到对方，总想尽可能多地与对方在一起，对对方的判断往往是不客观的。

---

① 陶行知诗，秦西炫曲：《爱之酒》。

② 侯玉波. 社会心理学[M]. 北京：北京大学出版社，2002：148-152.

2. Ludus

Ludus 即“游戏型”，是逢场作戏、玩世不恭的花花公子式的爱情。这类爱情即与不同的人做游戏，包括欺骗情侣，缺少自我暴露。游戏型的人将爱情视为一场让异性青睐的游戏，这一类型的人并不会投入真实的情感，重视的是过程而非结果，常更换对象，不承担爱的责任，寻求刺激与新鲜感。

3. Storge

Storge 即“友谊型”，是一种缓慢地发展起来的情感与伴侣关系。以友谊为基础，也称“发展而来的爱情”。友谊之爱是一种细水长流型、稳定的爱。这种爱情以友谊为基础，在长久了解的基础上滋长着，能够协调一致解决分歧，是宁静、融洽、温馨和共同成长的爱情。

4. Mania

Mania 即“占有型”，指那种以占有、嫉妒、强烈情绪化为特征的爱情。个体对于情感的需求非常大：依附、占有、嫉妒、猜疑、狂热，在恋爱中情绪不稳定。这种爱控制对方情感的欲望强烈，将两人牢牢地捆在爱情这条绳索上。

5. Agape

Agape 即“利他型”。利他之爱带着一种牺牲、奉献的态度，追求爱情且不求对方回报。在这种爱情中，爱被视为他（她）的义务，并且是不图回报的；以牺牲为特征，置爱人的“幸福”于自己之上。这是一种典型的基督教爱情观念，带有忍耐性和仁爱色彩，这种爱情在现实生活中常常难以实现。

6. Pragma

Pragma 即“实用型”，这类爱情理性高于情感，是受市场调节的现实主义态度。恋爱者寻找个性、兴趣、背景等条件相配的恋爱对象，希望一旦找到合适的恋爱对象，双方的感情能进一步发展。现实之爱者注重对方的现实条件，希望付出成本少，获得报酬高。

二、春夏秋冬：爱的四季

（一）爱情发展的过程

爱情是一个特殊系统，在人生的不同阶段爱情具有不同的性质与特点。一般而言，按照男女双方在爱情中的角色关系，一段完整的爱情都要经历以下四个阶段：

第一阶段：共存期。从体会到来自异性的魅力、爱情发生到双方确立恋爱关系，共同进入热恋期。双方总是想方设法待在一起，相互对对方投入极大的热情和关注，同时很容易将恋爱的对象理想化，感觉对方是最好、最适合自己的人，感觉自己就是世界上最幸福的人，内心渴望与对方融为一体，希望时间一直这样持续下去。

第二阶段：反依赖期。开始从热恋的强烈热情中平静下来，不再像热恋期中那样无条件地满足对方或为对方改变，而是一方或双方都想要抽出多一点的时间去做自己的事情；或者在爱情中发现和完善自己的人格。此时的双方会经常因为彼此之间的意见不一致而发生争吵，从而导致一方会感到被冷落，然后发生“冷战”，有时还会生出“性格不合”的想法而导致分手，伴随着不时出现的磕磕绊绊，很多爱情发展到此阶段即告结束。

第三阶段：独立期，即俗称的磨合期。在此阶段，男女双方开始要求更多独立自主的时间和自由去发展自我，而不是将自己一直局限于爱情空间里。双方都开始认识到两人的不同，开始客观地了解看待自己、对方和关系，能够用理性的头脑对待相处中的问题。如果双方在此阶段能相互尊重对方的选择，支持对方的自我发展，关系便可以得到巩固，顺利进入下一个阶段。

第四阶段：共生期。所谓共生，就是指双方找到了恰当的相处之道，达成了良好的互动模式，彼此的关系既相对独立又保持亲近。彼此对对方的人格、个性、兴趣、爱好、家庭环境等都已经比较了解，能够彼此尊重和扶持，共同成长，感情开始朝向和谐、默契、深沉发展，具备了在家庭中相伴一生的可能。

（二）大学生恋爱心理的发展

从青涩到成熟，大学生恋爱心理一般可以分为以下三个阶段：

第一阶段：萌芽期。这个阶段更多集中于大学低年级，主要是男女双方的第一印象、最初的好感起到一定的导向和动力作用。对方的仪表体态、神态、装扮、言行、气质等让自己怦然心动，内心深处不由自主地升腾起爱的火花，这是大学生恋爱中的常见现象。但是，“一见钟情”并非获得真挚爱情的最佳方式，因为它往往是表面的、整体的、直觉的特征体现。

第二阶段：发展期。本阶段大多集中于大学中年级，随着对大学生活的逐渐适应和对人际交往的深入，男女双方从互有好感逐渐进入定向交往而又心有默契的阶段。双方似乎很投缘，随着相互之间的了解与理解，从中体验到深深的情感依恋，但这种情感又不同于单纯的友谊、同情、尊重，而是一种真挚纯洁的爱慕与依恋。双方选择在合适的时机、以恰当的方式向对方表达自己的心声，然后推动情感走向热恋。

第三阶段：稳定期。本阶段大多集中于大学高年级，随着不断的学习，大学生逐渐成熟起来，头脑开始变得冷静，看待问题逐渐全面，思考问题逐渐深刻，更加务实与理性。在恋爱中，已经从情感强烈动荡的热恋期中逐渐平静下来，开始更多地关注自身发展，如果双方能够在很多方面达成共识，相互理解、尊重、扶持，情感发展便进入稳定状态，为将来成为终身伴侣打下良好的基础。

二、暗香浮动：爱的滋味

（一）大学生恋爱的动机

1. 好奇心理

随着身心日渐成熟，大学生对异性的性冲动与性亲近日益强烈，越发感觉对方神秘，很容易被对方吸引，进而便渴望了解、尝试恋爱滋味，这也是大学生恋爱发生的主要原因。

2. 依赖心理

大学生远离家乡、父母、朋友，中学的升学压力也已经不在，加上对异地的生活习惯、风俗不甚适应，人际关系更加复杂，学业压力重重，一方面导致精神支柱缺失，另一方面又急需寻求慰藉，以此摆脱孤独，最后通过爱情来加以补偿。

3. 一见钟情

身心的成熟加上大众传媒的影响，部分大学生相信一见钟情，没有理由，只有“感觉”，面对眼前的“白马王子”或“梦中情人”，大有“有缘千里来相会”的感慨。一旦遇到与自己心目中的理想异性形象相符的人，便会马上付诸行动，坠入爱河。这类恋爱往往带有浓厚的理想主义色彩，不易持久。

4. 从众心理

有的大学生对恋爱没有自己的主张，眼看周围很多同学都已经谈恋爱了，尤其是同宿舍经常谈论、交流自己的恋爱经历和经验时，便不由得感觉自己“落后”了，便开始有意无意地效仿，“不管怎样，先有再说”。

5. 虚荣心理

有的大学生发现周围同学谈恋爱时，感觉自己不应该比别人差，何况自己比那些谈恋爱的同性同学条件好得多呢。“他这样的都能找到这样的女朋友，凭什么？”于是，虚荣心泛起，处处争抢的心理占据上风，迅速加入恋爱行列，而实际上这样的恋爱往往是最为盲目的。

6. 功利心理

有的同学谈恋爱更多是从现实中的自身利益出发，希望通过对方获得更多的好处，如经济利益、社会地位，或者为将来找工作提供帮助等。

7. 游戏心理

这部分学生主要是受到一些西方性解放之类的观念影响，如果课余时间多，生活比较空虚，便怀着游戏的心理，来满足与异性交往的欲望，“不求天长地久，只求曾经拥有”。这种寻求刺激、填补精神空虚的做法不但缺失了爱情道德，而且害人害己，是极不可取的。

8. 占有心理

有的同学眼看着自己喜欢的异性谈起了恋爱，自己“沉不住气”了，把大学环境中的异性当成了资源，感觉再不出手资源就被别人“抢光”了，“过了这个村，便没这个店”了，于是本着“先下手为强，后下手遭殃”的原则，抓紧行动，仓促进入恋爱，有的同学甚至会为此付出巨大的身心代价，悔恨不迭。哲学家罗素对此也说：“当爱情仅仅以占有为目的时，爱情便失去了价值。”

以上几种都不是真正因为爱情而发生的恋爱，而是大学生恋爱中的非爱情因素使然。大学生初入校园，对此要保持清醒的头脑，切实分清好感与爱情、友谊与爱情、寂寞与爱情、虚荣与爱情、理智与爱情、功利与爱情，以防误入歧途。

（二）大学生恋爱的类型

虽然每个大学生的恋爱途径各有不同，但是在选择恋爱对象时参考的标准却有很多相似之处，加上不同的恋爱动机，我们可以将大学生的恋爱分为以下几种类型。

1. 志同道合型

恋爱双方有正确的恋爱动机，能够以理智引导情感，在两情相悦的基础上，他们可以相互理解，相互支持，能正确合理地平衡和处理好恋爱与学习、性爱与情爱、感情与爱情的关系，双方有着共同的事业进取心，他们将爱情看作人生追求的一部分，善于将爱情化为学习的动力，将学习化为爱情持久的助推器，共同进步，共同成长。

2. 时尚攀比型

眼看着别人，尤其是身边的同学都谈起了恋爱，为避免显得自己无能，满足自己的虚荣心，于是也匆匆谈起了恋爱。由于恋爱动机不纯，目的不端正，恋爱往往缺乏认真的态度，常常“跟着感觉走”，这是一种不健康的恋爱心理。

3. 消遣游戏型

这类学生由于经常感到空虚，课余时间较多，时常感到烦闷、孤独，为弥补这种内心的空虚，试图用谈恋爱来填补。于是，恋爱变成了一种“应景性”的精神需求。尤其是经常看着自己身边的同学出双入对，自己独坐一旁更是空虚难耐，于是便将恋爱作为消遣，打发时间。

4. 实际型

这类学生彼此倾慕与向往的程度也许不那么强烈，但是他们确实有着明确的生活目标，尤其是对于高年级的同学，面临毕业，恋爱时不可避免地也要考虑到将来的去向问题，家庭条件、发展前途也是必不可少要加以关注的。这种恋爱多呈现出理智性与现实性，通常人们大多时候对此也会表示认可。

5. 世俗功利型

与实际型恋爱不同，这种恋爱不一定发生在毕业时分，因为这是一种从自身世俗利益出发，以对方门第、家产、地位、职业、社交资源等为恋爱前提的功利主义类型。这种类型的恋爱主要受到商品经济大潮中不良风气的影响，以至于将爱情物化，同时也使爱情产生了异化。

6. 追求浪漫型

这类学生一般情感比较细腻丰富，对罗曼蒂克式的爱情情有独钟，加上一些文艺作品对爱情的描绘，他们更是对浪漫的爱情充满憧憬，窥探与尝试的心理日趋强烈。

7. 感官满足型

这种恋爱显然主要是以身体感官上的满足为目的，渴望牵手，渴望拥抱，渴望耳鬓厮磨，恨不能整天和对方黏在一起。显然，这种恋爱已经脱离了理智的束缚与指导，受到动物本能的催化，长期沉溺于此，势必给双方造成严重的身心伤害。

扩展阅读 8-1　心理探索：爱情三元论

（三）大学生恋爱的心理特点

进入大学，恋爱几乎成了必修课。仔细分析大学生恋爱，除了具备爱情的一般特性之外，还具备这个群体独有的特点。

1. 自主性强

大学生的权利意识和价值观特别突出，从中学到大学，在这个相对开放的大学校园里，他们追求自由、自主的意识更是强烈，在恋爱中主要体现为自己做主、重感情、接受新思想快、模仿能力强、不受传统习俗的制约，在确定恋爱关系前后，一般都不会与父母沟通征求意见，显示出较强的自主性。

2. 冲动性高

冲动性是对热恋对象强烈亲近的一种心理倾向，也是大学生恋爱中最主要的心理特征之一。这种冲动性有时可以让大学生为了爱情而孤注一掷，甘愿冒着巨大的风险冲破一切枷锁和干涉，尤其是热恋期间，冲动性往往会胜过理智，这种不够理性的做法往往也会给双方带来伤害。

3. 自控力、抗挫力弱

这一点与大学生的冲动性息息相关。大学生由于人格尚未完全成熟，观念开放，恋爱中不容易依靠理智驾驭自己的情感，对恋爱对象很容易产生依赖而不自知。而且，面对恋爱过程中必然的波折，其心理也会伴随强烈的波动性，稍有挫折便会痛苦万分，情绪失常，难以自拔。

4. 稳定性、成熟度低

虽然大学生谈恋爱已经不是个别现象，但是由于其社会阅历尚浅，人生经验不足，很多时候对自己的人生目标、家庭目标还没有建立起清晰成熟的概念，对恋爱的憧憬常常充满浪漫主义的色彩，所以在恋爱中往往会重表面，轻内在；重一时，轻长久；重感性，轻理性；重享乐，轻责任；重过程，轻结果。再加上经济尚未独立，缺乏妥善处理恋爱中情感纠葛的能力，使得恋爱过程充满了变数。

5. 美化爱情，幻想浪漫

大学生朝气蓬勃，青春萌动，很容易沉陷于自己的幻想或想象世界中，对于来自异性尤其是心仪的异性的一个眼神、一句赞许、一声问候，都会浮想联翩，心底深处更是容易一石激起千层浪，泛起的涟漪绵绵不绝，甚至会导致自己食不甘味、夜不能寐，一日不见如隔三秋。

第二节　云开雾散：爱之结与解

恋爱是一个美好的过程，同时也伴随着烦恼与苦涩。大学生在恋爱过程中更是充满了各种心理矛盾和困惑，需要积极面对和解决。

一、爱之皱褶：困与扰

（一）爱情错觉

俗称“单相思”“单恋”，这种一厢情愿、独守对恋爱的渴望通常也被称为“自作多情”。第一种情况是友情、爱情不分，错把友情当爱情。第二种情况纯属自作多情，明明是自己先爱上了对方，对方根本就不爱自己，但还是苦苦纠缠，并把对方的一些言行举止纳入自己的主观想象中，敏感地解读为是对自己的爱的回应，从而造成自己的认知偏差，导致自己深陷其中而不能自拔。第三种情况属于“情感封闭”，自己深爱对方，却不知对方是否对自己有意，又怯于表白，于是故意在对方面前装出一副不屑一顾的神情。

（二）自恋

在古希腊传说中，美少年纳西索斯有一天爱上了自己水中的倒影，从此一发不可收拾，每天顾影自怜，最后跳入水中，死后变成了水仙花，这便是自恋的来源。显然，自恋是指一个人在自我刺激或自我兴奋中寻求快感，而无须他人在场。其实自恋是从婴儿期便开始存在的一种正常现象，随着个体身心成长，自恋也从单纯的身体快慰转变为一种生理和心理的需求，但是成人后自恋将会转为他恋，即注意力转向有益于社会的活动，但人格相对幼稚的人依然会保持自恋。

（三）恋爱纠葛

恋爱纠葛主要是指恋爱时由于某些主观因素或客观因素引发的欲罢不能、欲爱不能的感情冲突和强烈的内心矛盾。比如，父母不同意自己的恋情；恋人之间出现了较大的误解、矛盾或冲突；不小心陷入了“三角恋”或“多角恋”的漩涡而不能自拔；等等。这些情况对大学生而言，常常会带来一系列的情感危机，同时引发焦虑、紧张、恐惧、愤怒等一系列的不良情绪。

（四）选择困惑

面对商品经济和文化碰撞对人们思想观念的冲击，大学生的择偶标准也呈现出多元化趋势，家庭境况、社会地位、个人潜力、人品素养等都在影响和考验着年轻的大学生，爱情的路上充满了各种选择。但是，由于大学生的择偶标准尚未成熟，他们对双方是否匹配、是否能够成为终身伴侣而牵手一生、是否能够收获幸福等感到困惑，加上他们不同的恋爱动机，所以在选择上依然充满迷茫。

（五）同性恋

尽管中国高校的同性恋人数一时很难统计，但同性恋早已不是一个秘密。同性恋的成因涉及生理遗传、社会影响和心理因素，在很多人眼里仍然属于一个“被排斥的群体”，他们本人以及家庭、亲人承受着巨大的舆论压力。而对于同性恋者，面对相对宽松的校园环境，他们依然倍感压力，迫切希望自己能被尊重、被认可。

（六）网恋

随着网络的日益普及和覆盖，越来越多的人际交往都通过这种隐匿的形式进行。由于网络的隐蔽性，大学生网恋的数量逐年上升。的确，网恋不乏成功者。但是，对于大学生而言，由于自我管理能力不强，很容易迷失在网恋过程中。长此以往，不但会耗费大量的时间、精力与金钱，荒废学业，而且容易落入网恋陷阱甚至受到欺骗，备受打击和伤害。

（七）学业与爱情的平衡

一些恋爱中的大学生并不能够很好地控制情感，由于缺乏时间统筹，导致因恋爱而耽误了学业，实在是得不偿失。这种学业与爱情失衡的现象在大学生群体中较为常见。

（八）恋爱消费之困

对于经济尚未独立的大学生而言，恋爱消费也是一个不小的困扰，尤其是那些家境并不富裕的大学生，这是一个很实际又令人困扰的问题。

二、爱的重生：走过恋之殇

爱情是美好的，但爱情之路往往不是一帆风顺的。失恋是大学生恋爱中的常见现象，恋爱受挫如果处理不当，也会严重影响正常的学习、生活和心理健康。因此，大学生一定要冷静、客观地面对失恋，安然度过情感难关，通过升华自己的境界来丰富自己的人生。

（一）失恋的原因

大学生失恋的原因可谓千差万别，但总结起来，一般有以下几种。

第一，现实局限。毕业时无法在同一个地方工作，虽说异地也能成家，但似乎终究不是长久之计，加之父母、亲友旁敲侧击、晓以利害，顾虑到长期分居的家庭负担与责任，最终不得不忍痛割爱。

第二，个性相抵。双方当初相遇时源于某个优点或个性特征而相互吸引，但在相处过程中发现对方很多地方不适合自己，如消费观念、生活方式、价值观等无法调和，最终只得选择结束恋情。

第三，家庭与社会压力。双方恋情未能得到父母的赞同和支持，或者受到了社会偏见的威慑，如觉得门不当户不对，相貌或年龄相差过大，得不到家人的认可，两人缺乏足够的勇气和信心冲破阻碍和干涉，痛定思痛，只得各行其道。

第四，理想幻灭。随着长时间的相处，缺点逐渐暴露，本身又不愿加以克制并努力完善自我，于是我行我素、猜疑妒忌、责备埋怨、不思进取，再无当初的珍惜呵护，当初对爱的憧憬被逐渐瓦解、摧毁，随着对爱情的幻想破灭，爱之花朵也凋零败落。

第五，见异思迁。一方受到外界的诱惑，改变心迹，而发生移情别恋。

第六，盲目恋爱，动机不纯。在择偶标准不成熟的情况下滥爱，“见一个爱一个”；动机不纯，游戏情感，最终都会导致“竹篮打水一场空”，人人敬而远之，唯恐避之不及。

（二）失恋的心理反应

对大学生来说，失恋可能会对其心理造成强烈的冲击和影响。虽然大多数失恋者能够正确面对和处理好这种受挫现象，但有的失恋者并不能及时、有效地处理好。具体而言，主要存在以下几种情况。

第一，由爱生恨，报复心理。失恋带来的心理冲击，有时会让失恋者进入一种暂时的意识狭隘状态，由于剧烈情绪的震荡，失恋者便不能再理智、客观地思考和分析问题。极端情况下便会产生报复心理，“你不让我幸福，我也让你好过不了”“我得不到你，别人也休想得到”，这是一种极不健康、不道德的心理。

第二，绝望、自暴自弃心理。这是失恋带来的一种比较极端的心理反应，尤其是在热恋中被对方拒绝时，表现更为强烈。失恋者仿佛觉得自己的世界瞬间坍塌，感觉自己的生活一下子陷入黑夜，生活没有希望了，甚至会出现自暴自弃、自我伤害的现象，破罐子破摔，严重影响了正常的学习、生活，得不偿失。

第三，孤独、被遗弃心理。失恋者感觉到被对方“抛弃”，感觉备受“屈辱”，会不停地追问自己“为什么会这样”，自尊的受挫导致严重的失败感。莫名的失落与孤独感油然而生，离群索居，冥思苦想，不断地否定自己，严重者会引发程度不等的精神问题。

第四，悲观、消沉心理。这种失恋者将恋爱视为生命的第一要素，一旦失恋，什么学业、前途，统统见鬼去吧！终日沉浸在极度痛苦中，整个人开始变得消沉、无精打采，性格变得冷漠、古怪、不近人情。

第五，宣泄、游戏心理。这是一种变相压抑的心理反应，失恋者精神上好像一下子没有了支柱，只好依靠宣泄，借助于其他活动进行心理补偿，如抽烟、喝酒、终日打游戏等。

但是，“借酒消愁愁更愁”，回过头来依然是无尽的痛苦与惆怅，无计可施之下，陷入了一种恶性循环。

三、爱之能爱：爱与培养

（一）树立正确的恋爱观

1. 认清爱的本质，倡导志同道合的爱情

爱情是一种纯洁、神圣、崇高、复杂的情感活动，是感性与理性的完美统一，是两颗心的和谐共存，是两个人的同呼吸共命运，只有相互了解、相互尊重、相互理解与支持，才能在真挚忠贞的土壤里开出爱情之花。实践证明，在爱情之路上，志同道合者在理想、道德、义务、事业等方面最有可能达到完美的结合。

2. 摆正爱情位置，明确自身使命

大学生的首要任务依然是通过学习发展自己，培养将来立足社会的本领。大学阶段也是人生最为宝贵和绚烂的时期，所以要在明确自己的使命的前提下，摆正爱情的位置，平衡好爱情与学业的关系，要学会以爱情之火去点燃事业，以建功立业之志去升华爱情，积极投身到学习、实践、集体活动中去，这样的爱情之花将会分外美丽。

3. 端正恋爱动机，担负爱的责任

健康纯洁的恋爱动机是保证爱情顺利发展、开花结果的根基，没有端正的恋爱动机，爱情的内容便是虚伪空乏的，爱情之果也必将是畸形的。爱情需要责任，需要担当，需要奉献，需要牺牲。

（二）发展健康的恋爱行为

1. 文明高雅，端庄大方

大学生恋爱要与大学校园相协调，交谈要坦率、自然，语言要文雅、诚恳，防止为了显示自己而装腔作势、矫揉造作，更不要污言秽语、出言不逊。恋爱举止要落落大方，尤其是亲昵动作要把握分寸、持之有度，避免轻浮和粗俗，否则，不但有碍观瞻，而且有损爱情的纯洁与尊严。

2. 调控情感，理智行事

大学生正处于血气方刚之时，恋爱中难免会引起性冲动，对此一定要学会调控。相爱中的男生要时刻提醒自己用意志努力管理好自己，尊重对方，理智行事，升华情感。对于女生而言，更要学会保护自己，自重自爱。总之，双方都要有意识地把恋爱行为控制在社会规范的合理范围之内，避免意外伤害。

3. 平等相待，相敬相爱

恋爱中双方难免会产生冲突、矛盾，此时，不要拿自己的优点去比较对方的缺点，炫耀抬高自己，戏弄贬低对方，这样的做法不但不道德，而且会伤及自尊，损害感情。在日常相处中，双方应适当保持距离，平等相待，相互尊重，宽容理解，共同呵护来之不易的这份情感。

（三）强化爱的能力

美国著名诗人惠特曼曾说：“爱，不是一种单纯的行为，是我们生活中的一种气候，一

种需要我们终身学习、发现和不断前进的活动。”同样，大学生学习和发展爱的能力也是贯穿一生的任务。

1. 辨别爱的能力

大学生由于受到社会阅历和生活经验的限制，对爱情、友情、同情等往往不能加以清晰地辨别，容易受到当时心境和冲动的影响而作出误判。所以，学会辨识爱的真伪，是大学生在迎接爱情之的路上至关重要的一课。

2. 表达爱的能力

前面我们说过单相思的一种情况是由于不能如实表白所致，所以，当你心中产生了爱的火花，请先进行理智分析、辨别真伪之后，再勇敢地表达出来。表达爱，也是一种爱的能力。

3. 迎接爱的能力

当你面对来自对方的爱并能及时准确地作出判断时，假如你爱，就要做出接受的回应，迎接这份爱，这是一种爱的能力。假如你缺乏这种能力，也许你会错过人生中最绚烂的花开。但是，在你接受之前，请先检视一下自己：我是否做好了准备？

4. 拒绝爱的能力

面对自己不希望的爱情，不要优柔寡断、半推半就，要敢于理智地说“不”。当然，当你拒绝的时候，依然要带着感激、尊重和坚决，同时要注意用合适的方式机智地维护自己和对方的尊严与利益。

5. 培育爱的能力

只有不断提升爱的能力才可以让我们获得永恒的幸福。在这个过程中，我们不但要使自己发生蜕变，使爱情保持恒久的魅力，而且要善于拓展自我的空间，将更多的爱投注到更多的人身上，让爱温暖自己的同时，更能辐射到大众。

课堂活动 8-1

恋爱观自测

恋爱观是人生观在恋爱上的反映。它不仅决定着对恋人选择的标准，也决定着一个人恋爱的目的和未达到目的时所采取的方式，由此也关系到婚姻的幸福美满程度。

请从下列各题所给的选项中选择最符合你的一项。

1. 你决定和对方建立恋爱关系时所依据的条件是：(　　)

   A. 各有所长，但总是相等　　　B. 我比对方优越

   C. 对方比我优越　　　D. 没考虑

2. 恋爱日程和起始时间安排是：(　　)

   A. 懂得了人生的真谛和爱情的内涵，又确定了事业的前进方向和出发点

   B. 随着年龄的增长，自有贤妻和好丈夫光临，“月下老人”总有空闲的时候

   C. 早下手为强，越早越主动

   D. 还没想过

3. 你认为爱情最终要达到的目的是：(　　)

   A. 结为情投意合的伴侣

B. 成家过日子，养儿育女

C. 满足情欲的需要

D. 只是觉得恋爱好玩，下一步没想什么

4.（男生作答）你是个小伙子，你对未来的妻子首先考虑的是：(　　)

A. 善于理家，进得厨房　　B. 容貌漂亮，出得厅堂

C. 人品好，能体贴、帮助自己　　D. 只要爱，其他无所谓

（女生作答）你是个姑娘，你对未来的丈夫首先考虑的是：(　　)

A. 潇洒有风度　　B. 金钱、权势占优势

C. 为人正直，待人和蔼可亲，有上进心　　D. 只要他爱我，其他都不考虑

5. 你希望同你的恋人结识是这样开始的：(　　)

A. 青梅竹马，一往情深　　B. 一见钟情，难舍难分

C. 在工作和学习中逐渐产生感情　　D. 经人介绍

6. 你认为巩固爱情的最佳途径是：(　　)

A. 设法讨好对方　　B. 努力使自己变得更完美

C. 对恋人诚恳，言听计从　　D. 无计可施

7. 恋爱的过程是相互了解、相互适应和培养感情的过程，既然是个过程，就需要时间，那么，你希望恋爱的时间是：(　　)

A. 越短越好，最好是“闪电式”　　B. 时间尽可能长些

C. 时间拖得很长　　D. 自己无所谓，听对方的

8. 你认为了解恋人的最佳途径是：(　　)

A. 自己精心设计某些场面，对恋人进行无休止的考验

B. 诚挚地交谈，细心地观察

C. 通过朋友　　D. 没想过

9. 当你在恋爱过程中遇到一位比恋人条件更好的异性，而且他(她)对你有好感时：(　　)

A. 说明真相，更忠于恋人　　B. 对其冷淡，但保持友谊

C. 讨好对方并瞒着恋人和其来往　　D. 感到困惑，不知如何是好

10. 你原以为恋人很有理想，但随着时间的推移发现恋人也有缺点和不足时，你怎么办？(　　)

A. 用对方能接受的方式帮助其改进　　B. 因事先没想到而伤脑筋

C. 嫌弃对方，犹豫、动摇　　D. 不知如何是好

11. 恋爱进程不是一帆风顺的，你对恋爱中出现的波折的认识是：

A. 最好不要出现，既然出现也是件好事，是对双方的相互了解和考验

B. 有点难过，认为这是不幸

C. 疑心丛生，打算分手　　D. 束手无策

12. 当你倾慕某异性并开始对他（她）展开追求时，你发现他（她）已经另有所爱，你怎么办？(　　)

A. 静观待变　　B. 千方百计“切入”

C. 抽身止步，成人之美　　D. 没想过

13. 你们的爱情小舟在行驶中由于对方的原因搁浅时，你怎么办？(　　)

A. 千方百计缠着对方　　B. 毁坏对方名誉

C. 说声“再见”，各奔前程　　D. 不知所措

14. 当你的恋人背信弃义，甩掉你以后，你怎么办？(　　)

A. 只当自己瞎了眼　　B. 你不仁，休怪我不义
C. 吸取教训，重新开始　　D. 悲愤痛苦，不知所以

15. 当你多次恋爱都未成功，随着年龄的增长成了“老大难”时，你怎么办？（　　）
A. 一如既往，宁缺毋滥　　B. 自暴自弃，随便找一个了结
C. 检查一下择偶标准是否切合实际　　D. 自认命不好，对恋爱感到绝望

评分与解释。

根据表 8-1 可以计算出每一项的得分，累计即为自己的总分。

表 8-1　恋爱观自测计分表　　单位：分

题　号	答　案			
	A	B	C	D
1	3	2	1	0
2	3	2	1	0
3	3	2	1	0
4	2	1	3	0
5	2	1	3	0
6	1	3	2	0
7	1	3	2	0
8	1	3	2	0
9	3	2	1	0
10	3	2	1	0
11	3	2	1	0
12	2	1	3	0
13	2	1	3	0
14	2	1	3	0
15	2	1	3	0

评分标准：

35～45 分：恋爱观正确。这是你进入情场的最佳入场券，进场以后也可能有点曲折，但这种曲折只不过是你实现目标的暂时困难。最终你会寻觅到称心如意的恋人，预祝你婚姻美满幸福。

25～34 分：恋爱观尚可。你在情场上虽没有大的失误，但一时也难以得到真正的爱情。爱情是圣洁的事，为了你的幸福，最好把恋爱观再校正一下，将“尚可”修正为“正确”后，再跨入情场也不迟。

15～24 分：恋爱观需要好好端正。这是因为你的恋爱观中有不少问题，甚至还有些“霉点”，这些“霉点”使你辛勤播撒的爱情种子难以萌发，即使萌发了也难结甜蜜之果。如你已进入情场，劝你及早退出来，改进恋爱观念，不愁爱情之树不枝繁叶茂。

得 7 个以上 0 分：你的恋爱观还没有确定。

第三节　正心明性：性心理与健康

一、青春的萌动：性之私语

（一）性是什么？

简单而言，人类的性是一种在进化过程中贯穿个体的全部素质，包含生物、心理、社

会文化等具有丰富内容的存在。全面、正确地认识性既需要哲学的角度（性哲学），又需要科学的角度（性科学）。具体而言，“性”既意味着性别、性器官的活动，又包含性观念、性思维、性体验、性知识学习、性态度、性价值观、性想象力、性伦理等，可以说是一整套的“性文化”。作为一种存在，性既包含生理层面，又包含社会层面与精神层面；既指性意识，又指性行为和性关系。其中，身体的接触、生殖器官的活动，只是人类性表现的很少一部分。（陈一筠，1998）

（二）大学生性心理的发展与特点

一般认为，进入青春期以后，男性的遗精和女性月经的出现标志着性机能的逐渐成熟，性意识发生巨大变化，开始萌生性欲意识，产生越来越强烈的亲近异性的欲望，青少年开始经历性意识的萌动、对性的好奇探索、对异性爱慕追求等一系列心理过程，具体可分为以下四个阶段。

1. 第一阶段：异性疏远期

一般发生在 12～14 岁，这一时期为性发育的开始阶段，一系列的生理变化使男女少年对两性的差别感受特别敏感，隐隐约约会感到一种从未体验过的情感和冲动，羞涩与反感交织在一起，彼此开始疏远起来，对男女关系似懂非懂，对性知识一知半解，对异性不再像儿时那样不分彼此，而是采取相对冷漠的态度。这种对异性疏远的现象，是青年学生性意识萌发的标志，而且这种暂时的疏远也会使男女之间的好奇感增强，为接下来的爱慕做好准备。同时，在此期间，他们的性意识随着性的发育由朦胧状态迅速明朗化。

2. 第二阶段：异性向往期

一般发生在 15～16 岁，男女生开始自然地产生一种对异性的亲和力，特别注意自身对异性的吸引力，同时又有一种不自然的羞怯和退避。男女双方都开始注重自己的仪表，注重对方对自己的态度，力求给异性留下美好的印象，以此博得对方的好感。同时，男女之间的情感吸引让其产生一种彼此接近的冲动，对异性的爱慕与对爱情的向往已经表现得一览无余。但是，这个阶段的男女往往分不清好感和爱情的界限，在感情方面容易发生转移、冲动、判断力差的状况。

3. 第三阶段：异性接近期

一般发生在 16～18 岁，随着性生理的日趋成熟，对异性的好奇使他们产生了相互接近的渴望。这个时期的他们对性知识产生了兴趣，开始主动关心书中有关青春期性生理发育的知识，男女生之间不再像青春期开始那样保持对异性的疏远，而是开始积极参与有两性参加的集体活动，想方设法地接近异性，在与异性交往中获得心理上的满足和快感。此阶段的男女生所亲近的对象具有广泛性、不稳定性、幻想性，这是性意识发展的一个重要阶段。

4. 第四阶段：异性恋爱期

一般发生在 20 岁左右，男女生渐渐从已获得的对异性群体的爱慕之情中，开始有了某一个专一的目标，进入初恋阶段的青年男女性心理发育逐渐达到高峰期。他们开始以自己的标准，即兴趣、爱好、审美观来选择自己理想的恋爱对象，对特定的异性表现出特别的关心。大学生的平均年龄在 20 岁左右，不但进入了初恋的年龄，而且很容易进入热恋。值得注意的是，青年学生在性成熟发展过程中，能否适应社会的要求，使性的生物性与性的社会性达到有机的统一，对每个青年学生来讲都是十分严峻的课题。

二、青春的躁动：性之困扰

（一）性认知方面的偏差

随着我国社会的进步，人们对性的认识发生了很大变化，但对性仍持有某些不正确的认知，如仍把性看成下流的、肮脏的、难以启齿的、污秽的、亵渎的、低级的、见不得人的东西。这种性认知往往导致性情感、性态度的过敏、禁忌、矛盾、冲突，进而影响他们的自我评价。少部分性困扰严重的大学生出现失眠、注意力不集中、情绪抑郁、不愿与异性同学交往等情况，并常常陷入焦虑、困惑和苦闷之中，从而影响其学习、社会活动等，甚至会干扰自我的正常发展。

（二）性自卑

几乎所有的大学生都关注与自己性别相关的体型特征。大学生都希望自己美丽或者潇洒，如果认为自己长相平凡等，就会感到苦恼。比如，有的女大学生对自己乳房大小十分关注和担忧。这些过于在意自己外形特征的大学生，一旦被拒绝、被歧视或遇到恋爱挫折，则很容易引起性心理严重适应不良，极个别甚至会走上轻生道路。

（三）性嫉妒

这是一种对现实或想象中优于自己的性爱竞争者所持有的怨恨情感。当同性别的竞争者出现，而自己的性爱对象有被占有或被夺取的可能时，就会产生各种复杂的情感体验和行为。一般先是注视、疑虑、担心或跟踪，继而转为憎恨、敌视，甚至采取暴力或自虐、自残行为。研究发现，女大学生的性嫉妒心理比男大学生强烈得多。

（四）性幻想的困扰

性幻想也称性想象，它是一种正常的心理现象，一般在入睡前及睡醒后卧床的这段时间，以及在闲暇时出现较多。它是一种介于意识和潜意识之间的、带有性色彩的精神自慰行为，是在没有异性参与的情况下，在大脑中进行的自我满足的性欲活动，故又称“意淫”。一般分为三种：第一种是不伴有性行为的性幻想，又称“白日梦”；第二种是伴随自慰的性幻想；第三种是伴随性生活的性幻想。通常情况下，性幻想的发生率女性高于男性。

青春期的性幻想是性冲动的一种发泄方式，适当的性幻想有利于释放压抑的性冲动。但是，如果性幻想过于频繁且沉溺其中，便会影响正常的学习和休息，甚至把幻想当成现实，导致一种不健康的病态心理，对此应及时加以调节和克服。

（五）自慰的焦虑

自慰俗称“手淫”，是指性欲冲动时，用手或其他物品摩擦、玩弄生殖器等性器官以引起快感、获得性满足的行为，是与青年性生理发育相适应的一种自娱自慰式的自限性性行为。手淫是人到了青春期后，产生了性要求和一时不能满足此要求的矛盾所导致的产物。

自慰引起的心理困惑，表现在以下几方面：其一，虽然从理论上知道自慰是一种自然行为，但潜意识中仍然认为其有害。其二，自慰行为引起大学生对自己的消极评价。这种消极的自我评价，阻碍了其与他人的正常交往，影响了他们的自我表现，也影响了他们的生活和学业。其三，自慰行为引起无休止的联想和一系列强迫性观念，给大学生带来心理上的疲惫和沉重的压力。

（六）性冲动

性冲动是男女大学生生理、心理的正常反应，是在性诱因刺激下，性兴奋强度逐渐增加并企图诉诸行为的一种心理体验。研究表明，引起性冲动的原因有内部和外部两种。性学家发现，激素（荷尔蒙）是造成性冲动的内部因素。就外部因素而言，心理因素和社会因素起着较大的作用。

（七）性梦

性梦，是指人在睡梦中梦见与性对象发生性接触而出现性冲动或性高潮的现象。潘绥铭（1995）的研究表明，95%的男生和 56.7%的女生做过性梦。

心理学家认为，对青年期的学生而言，性梦是一种调节性张力过高的自慰现象。异性间的正常性吸引有时会导致性冲动，在清醒的意识状态下，理智和道德可以抑制这种冲动，然而在进入梦乡后，这种被压抑的性冲动便如同弗洛伊德所言按照“本我”的享乐原则行事，脱离了理智、道德的约束。弗洛伊德认为，梦是愿望的满足，在清醒状态下不敢想不敢做的性心理、性行为都可以在梦中出现，使大脑皮层出现非常活跃的兴奋灶。这种性能量的自然宣泄，类似一种安全阀的作用，可以缓和累积的张力，有利于性器官功能的完善和成熟，是性生理、性心理发育正常的标志。

扩展阅读 8-2　心理探索：同性恋是否属于变态？

另外，值得一提的是女生的月经期烦恼。有些女大学生受错误观念的影响，认为月经“不干净”“见不得人”，对来月经有一种厌恶和排斥心理，她们会把来月经称为“倒霉”，这是一种不良的心理暗示。由于部分女同学对月经本身产生害羞、厌恶、恐慌的情绪，加上外界环境的一些不良刺激，由此引发紧张、烦躁、抑郁等情绪，进而可能不同程度地导致月经紊乱，恶劣心境甚至会引起痛经、闭经。同时，月经期间人体容易疲劳，容易受凉感冒，因此女大学生经期的生理和心理卫生是一个不容忽视的问题。一般而言，大学都会专为女性开设相关的讲座。

三、青春的律动：修身养“性”

（一）正确认识健康的性心理

健康的性心理主要表现为以下几点：第一，具有正常的性欲望。这是随着大学生生理成熟和正常社会化而自然产生的。第二，与同龄人的性心理发展水平相当。第三，具有较强的性适应能力。这是一种性活动与外界形成和谐关系的能力，是一种躯体、感情、知识和社会方面整体的体现，能够积极地增进人际交往和情爱。与此相对立的是不健康的性心理，主要表现如下：第一，将性作为消除疑虑的手段。有的人会将性作为证明自己具备“男子气质”或“女性气质”的手段，以此消除疑虑，这是一种不健康的性心理。第二，将性作为心理“麻醉剂”。尤其是对于那些时常感到生活空虚乏味的人，可能会用频繁的手淫或性活动进行弥补，这种做法非但不能使其从根本上解决问题，反而会使其丧失为改变环境而进行努力的动力。第三，将性作为可资交换的条件。这种情况主要表现为将性作为一种手段，用来获得他（她）认为无法用其他方法获得的内容，是一种交换，显然，这种“买卖”是不道德的，更是不人道的。

（二）重视性道德，完善“性人格”

无疑，人类性行为中人格完善的核心是达成高尚的性道德。性道德是指规定每个人性关系的行为准则和道德规范，即性行为的社会义务、责任和权利的意识，集中反映在恋爱观、家庭观和伦理观上。尤其是现代文明，已经把性道德提到了相当的高度，如英国思想家罗素认为：“美满婚姻的本质是彼此对于人格的尊敬，以及肉体和精神方面极为密切的关系，这使得男女之间的真正爱情成为人类所有经历中最富有成果的事情，和一切伟大而有价值的事情一样，这种爱需要它自己的道德。”①

因此，对大学生而言，全面认识并深刻理解人类的性道德标准是十分重要的，它是指导人们性活动的最根本的原则，包括双方自愿原则、无伤原则、爱的原则、婚姻缔约原则等。

（三）性知识学习与教育

第一，大学是一个学习的广阔场所，对于得风气之先的大学生而言，应更着重于人的教育，文明、素质教育，要把性科学知识、性道德意识、性法治观念和人生的理想情操完整有机地结合起来。因此，大学生接受性教育不仅是科学知识的掌握，更是身心健康和人格完善的途径。大学生应善于利用合适的渠道来获得相应的知识，接受与性相关的教育。但是，要注意避免通过色情网站、不良书籍、淫秽传播品等不健康渠道获取此类知识。

第二，积极参与两性间的正常交往，促进性心理健康发展。正常的交往有助于大学生形成一种正确地对待自我和异性及两性关系的认知，从而满足男女生的心理需要，达到性心理的平衡。男女之间的交往一般是一个从群体到个体的过程，在群体中逐步学习、熟悉与异性交往的一般技巧，从而为接下来进行成熟的个体交往打下基础。

第三，培养良好的生活和卫生习惯。大学生养成良好的生活和卫生习惯有利于其保持良好健康的心理状态。比如，大学生要学会规划，将主要的时间和精力投入学业和工作，避免生活的空虚无聊，以防止让性的意念或欲望占据头脑。学会按时起居，避免睡懒觉，保持昂扬振作的精神状态；充分参与健康的文化娱乐活动，尽量避开有性诱惑的活动；等等。

第四，采取适当有效的途径释放性欲望。通过转移注意力等方式，尽量减少接触与性刺激有关场面的机会；通过升华，使性能量和性情感以建设性的渠道达到平衡与释放。

心理拓展

走出失恋：问道苏格拉底

要求：请两人一组，一人扮演苏格拉底，另一人扮演失恋者，仔细模拟以下对话并交流感受。

苏（苏格拉底）：孩子，为什么悲伤？

失（失恋者）：我失恋了。

苏：哦，这很正常。如果失恋了没有悲伤，恋爱大概就没有什么味道。可是，年轻人，我怎么发现你对失恋的投入甚至比对恋爱的投入还要倾心呢？

失：到手的葡萄给丢了，这份遗憾，这份失落，您非个中人，怎知其中的酸楚啊。

苏：丢了就丢了，何不继续向前走去，鲜美的葡萄还有很多。

---

① 刘俊庭，吴纪饶. 大学生健康教育[M]. 北京：高等教育出版社，1999：185.

失：等待，等到海枯石烂，直到她回心转意向我走来。

苏：但这一天也许永远不会到来。你最后会眼睁睁地看着她和另一个人走了去的。

失：那我就用死来表示我的诚心。

苏：但如果这样，你不仅失去了你的恋人，同时还失去了你自己，你会蒙受双倍的损失。

失：踩上她一脚如何？我得不到的别人也别想得到。

苏：可这只能使你离她更远，而你本来是想与她更接近的。

失：您说我该怎么办？我可真的很爱她。

苏：真的很爱？

失：是的。

苏：那你当然希望你所爱的人幸福？

失：那是自然。

苏：如果她认为离开你是一种幸福呢？

失：不会的！她曾经跟我说过，只有跟我在一起的时候她才感到幸福！

苏：那是曾经，是过去，可她现在并不这么认为。

失：这就是说，她一直在骗我？

苏：不，她一直对你很忠诚。当她爱你的时候，她和你在一起，现在她不爱你，她就离去了，世界上再没有比这更大的忠诚。如果她不再爱你，却还装得对你很有情意，甚至跟你结婚生子，那才是真正的欺骗呢。

失：可是我为她所投入的感情不是白白浪费了吗？谁来补偿我？

苏：不，你的感情从来没有浪费，根本不存在补偿的问题，因为在你付出感情的同时，她也对你付出了感情；在你给她快乐的时候，她也给了你快乐。

失：可是，她现在不爱我了，我却还苦苦地爱着她，这多不公平啊！

苏：的确不公平，我是说你对所爱的那个人不公平。本来，爱她是你的权利，但爱不爱你则是她的权利，而你却想在自己行使权利的时候剥夺别人行使权利的自由。这是何等的不公平！

失：可是您看得明明白白，现在痛苦的是我而不是她，是我在为她痛苦。

苏：为她而痛苦？她的日子可能过得很好，不如说是你在为自己而痛苦吧。明明是为自己，却还打着别人的旗号。年轻人，德行可不能丢哟。

失：依您的说法，这一切倒成了我的错？

苏：是的，从一开始你就犯了错。如果你能给她带来幸福，她是不会从你的生活中离开的，要知道，没有人会逃避幸福。

失：可她连机会都不给我，您说可恶不可恶？

苏：当然可恶。好在你现在已经摆脱了这个可恶的人，你应该感到高兴，孩子。

失：高兴？怎么可能呢，不管怎么说，我是被人给抛弃了，这总是叫人感到自卑的。

苏：不，年轻人的身上只能有自豪，不可能有自卑。要记住，被抛弃的并不就是不好的。

失：此话怎讲？

苏：有一次，我在商店看中一套高贵的西服，可谓爱不释手，营业员问我要不要。你猜我怎么说，我说质地太差，不要！其实，我口袋里没有钱。年轻人，也许你就是这件被遗弃的西服。

失：您真会安慰人，可惜您还是不能把我从失恋的痛苦中解救出来。

苏：是的，我很遗憾自己没有这个能力。但我可以向你推荐一位有能力的朋友。

失：谁？

苏：时间，时间是人类最伟大的导师。我见过无数被失恋折磨得死去活来的人，是时间帮助他们抚平了心灵的创伤，并重新为他们选择了梦中情人，最后他们都享受到了本该属于自己的那份人间快乐。

失：但愿我也有这一天，可我的第一步该从哪里做起呢？

苏：去感谢那个抛弃你的人，为她祝福。

失：为什么？

苏：因为她给了你一份忠诚，给了你寻找幸福的新的机会。

说完，苏格拉底走了。

资料来源：《柏拉图对话录》（苏格拉底与失恋者的对话）。

问题思考

1. 针对大学生常见的恋爱困惑，谈谈如何培养爱的能力。
2. 结合实际，谈谈你对性的看法。

推荐阅览

[1] [英]霭理士. 性心理学、性教育与性道德[M]. 潘光旦，译. 北京：北京大学出版社，2023.
[2] 江剑平. 大学生性健康教育（第三版）[M]. 北京：科学出版社，2023.
[3] 推荐影片：《美丽心灵》。

即测即练

自学自测 扫描此码

第九章

生如夏花多绚烂——生命教育与意义追寻

芸芸众生，孰不爱生？爱生之极，进而爱群。

——秋瑾

【学习目标】

1. 理解生命的意义与价值；
2. 识别心理危机的信号，掌握心理危机的应对策略；
3. 树立珍惜生命、尊重生命、敬畏生命的意识；
4. 培养积极乐观的生活态度。

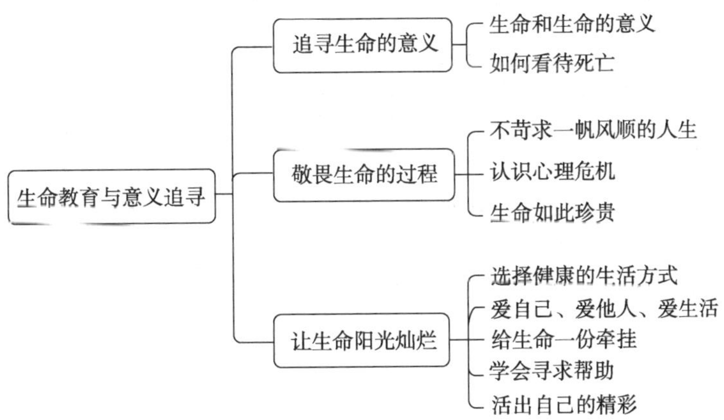

课前思考

史铁生是中国当代著名作家，却在青春年华时遭遇了命运的捉弄——21 岁时双腿瘫痪，后又患上尿毒症，需要靠透析维持生命。在那些艰难的日子里，史铁生也有过挣扎与绝望，但他并未被命运打倒，而是在与病魔的长期对抗中，开始重新审视生命的意义。他开始用文字记录自己的所思所感，将对生命的感悟融入到作品之中。他的文字，既有对命运的抗争，也有对生命的敬畏，更有对未来的希望。

史铁生说："死是一件不必急于求成的事，死是一个必然会降临的节日。"他将死亡视为生命的必然归宿，而将活着视为一种幸运和馈赠。他在地坛公园里观察四季更替，感受生命轮回，从一草一木中汲取力量，最终领悟到："生命的意义就在于生命本身，在于活着的每一个瞬间。”

对于我们大学生而言，在遇到学业、生活等各种困境时，又能从他的经历中获得哪些启示，去发现属于自己生命的价值与方向呢？

第一节 岁月静好：追寻生命的意义

生命是宇宙间的奇迹，我们都带着无限的可能性、无限的潜能降临人间。生命是我们所拥有的一切的前提，失去了它，我们就失去了一切。生命又是我们最容易忽略的东西，我们对于自己拥有它实在太习以为常了。而人只能活一次，既不能拿它跟前世相比，也不能在来生加以修正，仅此一次，不能重来。生命总会面临无尽的挑战，这一章就让我们一起探索生命的意义，去关注生命、珍爱生命、欣赏生命，捍卫生命的尊严，激发生命的潜能，提升生命的品质，实现生命的价值。

有人问一位画家：“如果博物馆失火，里面有一幅名画和一只猫，你会去救哪一个？”画家回答说：“当然要救那只猫。”“为什么要救那只猫呢？”“因为猫是生命。”原因就这么简单，但简单原因背后矗立着的是人生的价值观念。

一、生命之树常青：生命和生命的意义

（一）美丽起点：什么是生命？

生命构成了世界存在的基础，世界正是因为有了生命才精彩。在诗人眼中，一花、一草、一山、一水皆有生命，今天我们用科学的眼光来看待这个世界。一般人不难区分什么东西是有生命的，什么东西是没有生命的，但给生命下一个科学的定义却是千百年来一个困难的问题，至今没有完全解决。生命，按照恩格斯的揭示，是指物质运动的一种特殊形式。从生物学角度讲，生命是生物体所表现的自身繁殖、生长发育、新陈代谢、遗传变异以及对刺激产生反应等的复合现象。从教育学的角度看，生命是能够自觉到自我成长的有机体。教育就是积极促成个体生命自觉地自我成长的活动，使人的生命不断丰富、提升，不断趋于完善。

生命可以被认为是一个复杂的系统。从生命个体与社会的关系来看，人的生命有三重属性：自然生命、精神生命和社会生命。

自然生命是指个体的物质存在，包括身体、组织、器官等身心系统。自然生命是人的生命的根本，是生命存在的物质载体和本能的存在方式，是理解生命的最基本尺度。自然生命是社会生命、精神生命得以存在的前提，没有自然生命，社会生命和精神生命就失去了依托。强健的体魄是生命的源泉。学校应注重学生的身体素质和生活技能的培养，通过自我锻炼来延长自然生命的长度，为其他属性的发展提供基础。

精神生命是指个体的情感、观点、思想、信仰等价值体系。人具有自我意识，能够通过各种心理活动自觉地思考、调控、引导自己的生命活动。精神生命能够最大限度地突破自然生命和社会生命的局限，绽放人这一特殊生命体的存在价值，它是自然生命和社会生命的最终升华与定格。健全的人格是精神生命的意义所在。学校应关注学生的远大理想和坚定信念的培养，通过自我超越来追求生命的高度，实现自我价值和人生意义。

社会生命是指个体与人、自然、社会形成的交互关系，人的生命的存在是一种社会关系存在。人只有在社会中并通过社会来获得自己的发展，社会关系决定了人的潜能和创造力的实现，决定了人的生命具有自由、尊严等内容，决定了人的生命的权利、义务和责任。社会生命制约着自然生命的丰富和精神生命的提升。每个自然生命都被时空所局限，而社会生命的宽度则影响着人们对自然生命的认知和把握，同时也在很大程度上决定了精神生命的境界。学校应培养学生的团队合作和社会交往能力，使其通过自我成长来丰富生命的宽度，学会与人、自然和社会和谐相处。

只有集自然生命之长、社会生命之宽、精神生命之高，才能够形成一个立体的人。这样的生命体才是完整的、幸福的。教育的意义就在于帮助个体生命自觉地自我成长，不断丰富、提升和完善自己的生命。

（二）生命无价：生命意义的追寻

1. 生命的意义需要自己创造

生命的意义是一个深奥且主观的问题，不同的人可能有不同的看法和理解。一名二战纳粹集中营的幸存者后来成为一所学校的校长，他在每一名新教师来到学校时，会交给那名教师一封信：亲爱的老师，我是集中营的生还者，我亲眼看到人类所不该见到的情景；毒气室由学有专长的工程师建造，儿童被学识渊博的工程师毒死，妇女和幼儿被受过大学教育的人枪杀。我怀疑，教育究竟是什么？我的请求是：请你帮助学生成为有人性的人，你们的努力绝不应当被用于制造学识渊博的怪物、受过高等教育的屠夫。只有在使我们的孩子具有人性的情况下，读写算的能力才有其价值。

人与动物的最大不同就在于人会寻找生命的意义。人会问：为什么？我是谁？我有何价值？人生的意义是什么？《彷徨少年时》的作者黑塞说："生命究竟有没有意义，并非我的责任，但是怎样安排此生却是我的责任。"这启示我们：人生的过程要自己好好去创造！每个人必须为自己的人生确定意义。生命是一个不断创造出意义的机会，每一个独特的个体都必须自己孕育意义。你拥有创造出意义的自由，也拥有创造出意义的能量，尽可能地去探索生命，然后你就会拥有丰富的生命。生命价值缺失与生活意义迷惘产生的生命困顿会造成另一种失范或违法行为——校园欺凌和校园暴力。除了一些复杂的个人、社会、心理疾病等因素外，这仍然要从个体人生观、死亡观的角度去寻求原因。

"世界因为我而有所不同。"一个人生命的意义与价值，在于这个人对他人和社会做出的贡献。每个人的生命都富有创造性。

人类的生命价值体现在不断认识自我，开发个人潜能，追求自我发展和成长，为他人和社会创造出高于自己生命的价值，同时也让自己的生命之花绽放。

拥有爱他人的能力也是一个人生命价值的体现。我们的生命在爱中得到滋养，我们的生命从胚胎开始，就是在他人爱的滋养中孕育、成长的。我们从他人那里得到爱，生命变得有意义；同时，我们也应对他人付出爱。爱他人是生命的责任，也是生命价值的体现。爱他人从爱自己、爱亲人、爱朋友开始，心中有他人，能够考虑他人的感受和需要，并为他们做一些力所能及的事情。

除了爱自己和他人外，生命的价值更体现在对社会的贡献上。每个人都从其生活的社会中获益，享受国家的福利，同时也需要承担一份社会责任，为国家、社会做贡献，这是个人生命价值的最高体现。"两弹一星"功臣邓稼先在新中国成立后，毅然回到祖国、报效祖国。为研制原子弹和氢弹，邓稼先远离家人、隐姓埋名，长达28年。我国著名数学家华罗庚从小家境贫寒，他只有初中文凭，却靠着坚定不移的信念和锲而不舍的精神，成为“中国现代数学之父”。进入新时代，同学们应脚踏实地，从我做起、从现实做起、从每一件具体的事做起，把理想、目标化为具体的实践，将个人梦想融入祖国建设中，在社会、国家理想的实现中体现个人价值、实现青春梦想。

2. 发现生命意义的途径

我们可以通过投身于有意义的工作、积极的生命体验，以及承受挫折、学会超越这三种途径来发现生命的意义。

（1）投身于有意义的工作，是我们实现自我价值、寻找生命意义的重要途径。在工作中，我们不仅能够发挥自己的才能，还能通过不断努力和成就感受到自己的存在价值。工作不仅仅是为了生计，更是我们与世界连接、贡献自己力量的方式。当我们全身心地投入到工作中，那种成就感和满足感便是生命意义的一种体现。我们还可以通过自己的方式去创造生活的乐趣，比如培养一项爱好、学习一门新技能或者与家人朋友共度一段美好时光等。

（2）积极的生命体验，也能让我们感受到生命的美好与意义。当我们以开放的心态拥抱生活，感受亲情、友情、爱情的美好，欣赏艺术、文学、音乐的魅力，探索自然、科学、哲学的奥秘时，生命便呈现出丰富多彩的面貌。这些体验让我们深刻理解到，生命的意义不仅在于结果，更在于过程中的感悟与成长。

（3）承受挫折、学会超越，也是我们发现生命意义不可或缺的一环。每个人都会面临困境与挑战，但正是这些磨难让我们获得成长的机会。海伦·凯勒在失明失聪后依然成为著名作家，霍金在瘫痪后依然坚持科学研究。他们用行动证明：生命的价值不在于顺境中的安逸，而在于逆境中的坚持与超越。这种超越不仅是对自我的突破，更是对生命意义的深刻诠释。我们在生活中遇到挫折时，不抱怨、不放弃，在战胜挫折的过程中，我们会发现生命的韧性，领悟到生命的意义。

二、化作春泥更护花：如何看待死亡？

人们往往只注重“生”的研究，而很少愿意甚至忽视“死”的讨论，认为死亡话题是不吉利的，故而退避三舍。庄子云：“人生天地之间，若白驹之过隙，忽然而已。”光阴之流逝即象征着生命的飞逝，你能够做的不只是为它倒数或等待着死亡的来临，而应该让生存更有意义。

（一）秋叶静美：对死亡的反思

从生物学角度讲，死亡是身体机能、脏器及所有生命系统的永久的、不可逆的功能停止。从社会学角度讲，死亡是指人类有意义生命的消失，没有思想、没有感觉。人的死亡既是自然现象又是社会现象，这就是死亡的二重性。死亡具有不可抗拒性、必然性。孔子曰：“未知生，焉知死？”如果我们不懂得死亡的意义，也就无法了解生命的意义，正是由于“死亡”的约束，生命才变得有限，人生中的一切取舍、抉择才变得珍贵，只有这样的生命才值得珍惜，才有价值。

生命如果不能延长，如何能让生命品质更好？不害怕，不逃避，坦然面对死亡，积极尊重生命，赋予意义，珍惜现在拥有的生存时光。如果把焦点全都放在死后的天堂，那恐怕也是一种逃避现实的心态。死亡的意义并非在身后，而是在当下，是死亡令我们感到恐惧和焦虑，是死亡让生命成为有限。

我们不惧怕死亡，但反对无谓牺牲；我们不否认死亡，但应力争延年益寿。“人生自古谁无死？留取丹心照汗青”是文天祥对死亡最大气的阐释；“我自横刀向天笑，去留肝胆两昆仑”是谭嗣同无悔的宣言；“落红不是无情物，化作春泥更护花”是龚自珍对生命生生不息的人生信念……这些坚强者把高尚节操留给时间检验，重于泰山的死不正是他们辉煌人生的升华吗？

生得有意义，死得有价值，无数平凡者的人生与死亡也会铸就伟大，这就是我们现代青年人应有的生死观。

维克多·弗兰克尔（1905—1997）是奥地利心理学家、精神病学家，他是少数从奥斯维辛集中营里活着走出来的人。他的父母、兄弟以及新婚的妻子都死于纳粹集中营。他在《活出生命的意义》（原名为《从死亡集中营到存在主义》）一书中写道：“人类的生命无论处在任何情况下，仍都有其意义。这种无限的人生意义，涵盖了痛苦和濒死、困顿和死亡。”许多大学生，尤其是在经受挫折的时候经常会问自己这样一个问题：“生命的意义到底是什么?”事实上弗兰克尔已经用其痛苦的经历给了我们每个人最好的回答。在集中营极端恶劣的环境下，许多人被摧残致死，还有许多人因为忍受不了这种非人的待遇和无尽的痛苦而选择了自杀。弗兰克尔不仅活下来了，他还千方百计唤起他们生活的勇气。

怎么挽救那些不再对生活有任何期望的人？弗兰克尔领悟到必须从根本上改变人们对生活的态度。就是说，要使那些绝望的人们认识到，我们对生活的期望是什么并不重要，重要的是生活对我们的期望是什么。要使那些打算自杀的人认识到，生活还在期望着他什么，未来还在期望着他什么。这种期望可以是一件很平常的事情，比如孩子在等着他回家，未写完的书稿在等着他完成，等等。但这些事情尽管平常，却是每一个人独有的和珍藏在心中的东西，是赋予他存在的意义的东西。一个人意识到生活对他的期望时，他不会放弃他的生命，不会放弃他所爱的人们，不会放弃他的工作。人寻求意义而不仅是追求需要的满足，这个意义就是认识到生活对我们的期望并为之奋斗。

（二）好好告别：如何疗愈哀伤？

哀伤是人们在经历丧失后出现的一系列情感、认知、行为和生理的变化。这里的丧失不仅指亲友死亡，也包括其他类型的丧失，比如流产、宠物死亡、离婚、分手、失业、破产、确诊重大疾病等。而学界研究最多的还是亲友死亡带来的哀伤。当我们失去时，如何找到前行的方向与生活的意义？

伊丽莎白·库伯勒–罗丝提出哀伤包括五个阶段：否认、愤怒、讨价还价、抑郁和接受。哀伤的心理阶段相似且不可跳过。完成所有阶段，才能真正迈向疗愈。

1. 否认（Denial）

“这不可能发生在我身上。”这是对事实的回避，比如继续留恋熟悉的环境、假装失去的人还在。此阶段通常伴随情感麻木，甚至完全意识不到失落的发生。

2. 愤怒（Anger）

“为什么是我？”愤怒可能指向任何对象：亲人、逝者，甚至命运本身。这是对失落的强烈抗拒和无奈情绪的爆发。

3. 讨价还价（Bargaining）

试图用某种方式挽回失落，比如向上天祈求或做出某种承诺。这是一种心理上的挣扎，期望用“交易”换取不幸的回避。

4. 抑郁（Depression）

深刻的无助感与悲痛涌现，未来的计划与希望被压垮。此阶段的人可能会感到麻木、绝望，甚至产生自我放弃的念头。

5. 接受（Acceptance）

接受并非意味着简单的忍耐，而是与现实和解。逐渐理解失落的意义，学会感恩曾经的美好，找到生活的新方向。

每个人经历哀伤的方式都是独一无二的，过程可能会反复，甚至停滞在某一阶段。这并不意味着失败，而是疗愈中的正常现象。

美国心理学家沃登提出，度过丧亲之痛需要完成四项任务：

（1）接受现实：通过绘制哀伤故事线、整理遗物、谈论丧亲事件等方式，逐步接受逝者已逝的现实，并将其整合到自己的生命故事中。

（2）经历痛苦：不要逃避哀伤情绪，允许自己感受痛苦。可以通过记录情绪、逐步进入哀伤情境等方式，帮助自己经历和消化痛苦。

（3）适应变化：学习新技能、适应新角色、向他人求助，在挑战中发掘自身潜力，逐步适应没有逝者的生活。

（4）重建联结：不要拒绝以新的方式与逝者保持联结。可以通过写信、回忆、感受逝者的存在等方式，与逝者建立新的情感联结，并找到继续前行的意义。

完成这四项任务，可以帮助我们更好地整合丧亲经历，承认失去，接纳悲伤，同时保持与逝者的联结，并继续有意义的生活。愿我们都能在失去中学会与自己和解，找到生命的韧性与美好。

课堂活动 9-1

心理活动：我的墓志铭

死亡，是我们每个人的最终归宿，但如何活着，却是我们能够决定的。所有面向死亡的修行，都是为了更好地活着。请思考：我这一生究竟想做些什么？希望达到一个怎样的目标？希望怎样被人记得？或者真正地消失在宇宙中，什么都没有留下？

为了调剂咱们略显压抑的气氛，先来看几篇幽默的墓志铭。

爱尔兰剧作家萧伯纳的墓志铭：我早就知道无论我活多久，这种事情迟早总会发生的。

美国作家海明威的墓志铭：恕我不起来啦！

美国科学家富兰克林的墓志铭：印刷工富兰克林。

美国著名影星玛丽莲·梦露的墓志铭：37、22、35（她的三围）。

法国作家司汤达的墓志铭：活过、写过、爱过……

俄国大诗人普希金为自己写了《我的墓志铭》诗：这儿安葬着普希金和他的缪斯，还有爱情和懒惰，共同度过了愉快的一生。他虽没做过什么好事，可是就心情来说，却实实在在是个好人。

生于 16 世纪的德国数学家鲁道夫花了毕生的精力，把圆周率计算到小数点后 35 位，是当时世界上最精确的圆周率数值。在他的墓碑上就刻着：

$$\pi \approx 3.14159265358979323846264338327950288$$

请你按照自己的喜好画出喜欢的墓碑的样式，再给自己写一个墓志铭，写的过程就是对自己一生的展望和期待。

请为自己写下墓志铭：

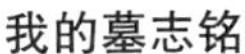

这个游戏的好处就是，一切都还有改变的时间和机遇，你还有足够的时间来重新拟定你的墓志铭。如果你对自己的平庸不满意，你还有时间重振雄风；如果你对自己的浅薄不满意，你还有时间走向深沉；如果你对自己的专业不满意，你还可以选择职业；如果你对自己的性格不满意，你还来得及重塑形象。

通过“我的墓志铭”这一心理活动，参与者不仅能够深入探索自我，还能在分享中感受到彼此的温暖与力量，从而更加珍惜生命，明确人生的方向。

第二节　慎终追远：敬畏生命的过程

一、人生道路多坎坷：不苛求一帆风顺的人生

“盖文王拘而演《周易》；仲尼厄而作《春秋》；屈原放逐，乃赋《离骚》；左丘失明，厥有《国语》；孙子膑脚，《兵法》修列；不韦迁蜀，世传《吕览》；韩非囚秦，《说难》《孤愤》；《诗》三百篇，大抵圣贤发愤之所为作也。”人生不可能都是一帆风顺的，或者遇到困难，或者遇到挫折，或者遇到变故，或者遇到不顺心的人和事，这些都是人生前进中的正常现象。不可否认，当这些现象出现时，会影响人的思维判断，会刺激人的言谈举止，会打击人面对生活的勇气。比如，当你在工作中受到了批评后，你会情绪低落；当你在生活中遇到别人误会你时，你会感到气愤和委屈；当你失去亲人朋友时，你会悲痛至极；当你在求学生涯中遇到不顺时，你会怨天尤人，自暴自弃。失聪使音乐家贝多芬的音乐生涯布满了挫折，然而“我要扼住命运的咽喉”，在完全失聪的情形下，他凭借顽强的意志完成了《命运交响曲》。

（一）人生预演：画出你的生命线

请你不妨拿出一支笔、一张纸，画上一条横线和一条竖线（类似 x、y 轴），竖线上为快乐指数刻度，横线上为年龄时间刻度（见图 9-1）。让我们的脚步停在此时此刻，回望自己的生命历程：什么时候、什么事情、是谁让你开心快乐无比，又是什么时候、什么事件、什么人物让你悲伤难过呢？把这些时刻和相应的快乐指数捕捉好，相信每个人的生命中都有无数个这样的坐标点，但是我们又能记住多少呢？不过没关系，记住的自然就是对你的生命有着特殊的意义和影响的，然后把这些坐标点连接起来，你的生命线就呈现在眼前了。看看自己的那条线，是大起大落，还是小幅波动；是快乐多，还是悲伤多。如果愿意的话，不妨和同伴分享自己的这条线，让他们也聆听一下你的人生故事。

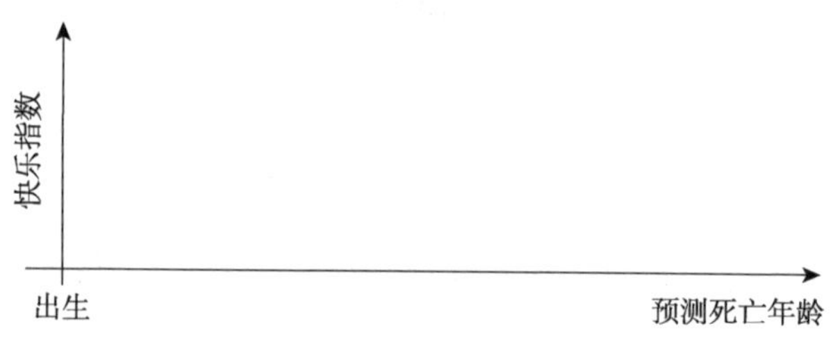

图 9-1　生命线

观察你的生命线：

生命线只有一条，而且它在你毫无觉察的时候，无时无刻不在静悄悄地进行着。过去已成定局，将来在于努力，活在当下是获得幸福的诀窍，这不是“今朝有酒今朝醉”的颓唐和短见，而是脚踏实地的清醒。生命最宝贵之处，不在于它的长度，而在于它的广度和深度。如果你有兴趣，不妨过上三年五载，再把这个游戏做一遍，并把现在绘制的生命线找出来，比照着看看，随着自己的学习和成长，每一次对过去生命的驻足和凝视都会有不同的碰撞和领悟，那一刻，你会蓦然发现自己的改变和提升。

（二）心理激荡：假如生命只有三个月

假如你只有三个月的生命，你打算怎样安排最后的时间？你会做哪几件事，如何排出先后次序？

每个成员认真思索后请写下你的决定。在小组内与其他组员分享，并解释原因，谈一谈你在写的时候有什么感受，这感受对你今后的生活有什么影响。通过活动，可以帮助团体成员对自己的人生观和价值观进行梳理，也可以通过与他人的交流，启发自己。

请讨论以下几个问题：

（1）列出自己生命中最想做的事，怎么做？做得到吗？

（2）有哪些事未做，又做不到？

（3）有哪些事做得不够好，如果人生可以重来一次，你会如何重做那些事？

（4）有什么“身后事”要交代？

心理学研究表明：无论在这最后的三个月里，你想做些什么有意义的事，这些事其实都是你平时内心最想做而又未做的事。生命的最后，自然不是要及时行乐，只是，人们往往需要给自己一个期限，逼自己一把，才会知道什么对自己更重要、什么结果是最想要的。

最怕的不是离去，而是走得太突然，留下无尽的遗憾。还好，这只是一个假设，我们就已经觉得那么真实，有那么多的遗憾我们都还没有去弥补。其实我们每个人的心底都存在着一份善念，但又都容易在庸碌的世俗里被忽略和消耗掉。而生活的无奈之处，恰在于它永远是无法假设的。那么，既然我们心中都有爱，又何必非等到最后三个月才去谋划和实现呢？我们能不能从现在就开始，真实地过好每一天？

二、莫让生命空折翼：认识心理危机

有三个自杀的大学生，分别属于不同的大学，但竟然都是学生命科学的学生。他们或因恋爱失败，或因与同学闹矛盾，或因考试问题，分别走上绝路。这就特别引人深思：这些学生学的只是生命科学，却没学会生命的智慧！

赛达是毕业于哥伦比亚大学的哲学英才，已出版一本精彩的伦理学著作。但突然有一天清晨他吊死在自家门前树下。原因是虽然赛达家庭生活美满，学术研究成果出色，但是，数年来在事业上逼自己太紧，攻治学问的标准过高而影响精神状态，终以自杀了结短暂的一生。这个故事同样引人深思：一个成功的哲学研究者在面对各种问题时，他们应该比别人更睿智，更有力量，是能为人指引生活道路的。可是，这位知识渊博、也有研究能力的教授，在并没有遭遇外在悲惨遭遇的情况下，却选择了放弃生命——这是一个学哲学却不懂智慧的例子。

（一）什么是危机和心理危机？

《韦伯斯特词典》把危机定义为“决定性或至关紧要的时间、阶段或事件”。《辞海》认为“危机是一种紧急状态”。在中国传统文化中，危机是一个非常玄妙的词语：凡是有危险的地方都潜藏着机遇。这个词既体现了辩证思维的智慧，又透露出危险与机遇并存的思想。

大学生心理危机在这里是狭义的，主要指由心理疾病、心理问题而引发的危机事件，如自杀等。心理危机是大学生危机事件中占比重较大的一类。敬畏生命、珍惜生命、热爱生命、爱自己、尊重他人、感恩社会、预防自杀成了大学生需要学习的重要课题。

危机是一把“双刃剑”。一方面，危机中潜藏着机会，它能迫使当事人积极寻求帮助，带给个体成长的契机。没有危机，就没有成长。如果当事人能够有效利用这一机会，会在危机中逐步成长，达到自我完善。在危机过后产生积极的变化，如学会新的应对技巧，心理适应能力提高，心理状态比以前更成熟，抵抗危机的能力提高，总体的心理健康水平超出危机前的水平。另一方面，危机有其潜在的危险性。危机可能导致当事人严重的病态或过激行为，包括杀人和自杀。有的当事人虽然能够度过危机，但只是将有害的后果排除在自己的认知范围之外，并没有真正解决问题。在以后的生活中，危机的不良后果还会不时地表现出来。还有的当事人在危机开始时就处于危险境地，如果不提供及时的、强有力的帮助，他们就无法再迈出成长的脚步。如面对同样的失恋，有的人会从中汲取教训、总结经验，领悟到爱情的真谛，为将来的生活积极准备；有的人失恋后很快陷入另外的情感纠葛中，通过新的恋爱忘记过去；还有的人自暴自弃，采取极端手段放弃生命，甚至采取报复的行动。

（二）寻找黑暗中的一束光：大学生心理危机的识别

心理危机是一种严重的应激，会引起个体的躯体机能及心理活动的改变。只有知道心理危机的表现，才能觉察到你或你所关心的人是否需要帮助。以下情况是心理压力超过应对能力的征兆，存在的情况越多且持续的时间越长，就越需要帮助。

1. 行为表现

（1）社交行为改变。回避与人接触，与集体相处不融洽或过分注意别人。敌对与攻击行为增加，无缘无故地生气或与人敌对，敌对的对象可以是人，也可以是物；可以是别人，也可能是自己。对他人依赖行为增加，自己无法完成本该由自己做的事。对任何事都失去兴趣，生活日夜颠倒。

（2）学业下降。成绩下降，经常逃学或拒绝上学，埋怨老师或同学针对自己，有时需要借助药物才能集中精神学习。

（3）物质滥用。饮酒、吸烟或使用某种药物的行为明显增加，以达到麻痹自己、暂时摆脱烦恼和困境的目的。

（4）行为紊乱或古怪。莫名其妙送人礼物或说告别的话，如“我要离开很长一段时间……”向人道谢、告别、归还所借物品、赠送纪念品。个人卫生状况下降，严重者不顾仪容或整洁。

2. 心理表现

（1）认知能力改变。注意力不集中，答非所问。记忆力下降。思维和解决问题的能力严重下降，严重者会出现思维停滞，大脑一片空白。

（2）情绪改变。在危机中，一般会出现严重的情绪反应，如焦虑、恐惧、抑郁、愤怒、沮丧、紧张、绝望、烦躁、害怕等。严重者会出现精神病症状，如幻听、妄想、被害妄想、自杀念头等，以致影响日常生活。

3. 躯体表现

危机中的生理反应通常涉及全身各个系统和器官。睡眠改变，表现为入睡困难、半夜惊醒或者睡眠质量差等；体重明显增加或者减少；胃口欠佳；身体持续有小毛病，如胃痛、头痛、腹痛、容易疲倦等。

当我们发现自己出现上述反应时，我们应意识到自己已经处于心理危机中，需要及时开展自救，给自己一次机会，去证明生命中蕴藏的价值和意义。只要相信不管怎样卑微、纤弱的生命，都有它自身的价值，就一定能找到自己生命中的喜悦与感动。如果觉察到身边的同学或亲人有以上心理、行为或躯体反应时，需要我们及时关注。如果身边的人，尤其是亲朋好友足够细心，就可能挽救一个人的生命。

（三）生命不能承受之轻：为什么选择结束生命？

大好青春年华，接受高等教育，有着美好前景的大学生，选择结束自己的生命，令人心痛和惋惜。我们在此讨论这个话题，也是希望能减少这些悲剧的发生。按照弗洛伊德的精神分析理论，每个人其实都有一种死的本能。他认为人类的一些冒险行为就是很重要的体现，比如登山、跳伞、深山探险等。在现实生活中，当我们有时冒犯了他人时，比如横穿道路未按红绿灯指示行走，差点被汽车撞倒，常听到的一句话是“找死”。然而并不是每个人都真的会主动寻求死亡，而是将对死亡的恐惧转化成一种生的欲望，而努力好好地活下去。那么为什么有些人就在他人生美好的时候却主动地选择了自我毁灭呢？面对危机，当一个人现有的解决问题的方法和资源无法解除危机时，就会把自杀当作一种解决问题的手段。危机是一种认识，当事人认为某一件事或某种境遇是个人的资源和应对机制所无法解决的困难，除非及时缓解，否则危机会导致情感、认知和行为的功能失调。危机事件主要指丧失亲人、生活变故、失去工作、离婚、遇到危险、患重病等。

自杀常常被当作一种逃避现实或在遇到难以克服的挫折和打击时使自己得以解脱的手段。比如有人觉得生活没有意义。一个自杀的女孩生前写道：我列出一张单子，左边写着活下去的理由，右边写着离开世界的理由。我在右边写了很多很多，却发现左边基本上没什么可以写的……也有自杀者借自杀行为作为对自己因做错了事而产生的悔恨、自罪自责心理的补偿，比如有的大学生因学习成绩不理想觉得对不起父母，以自杀“谢罪”；还有人以自杀作为报复有关的人的手段，期望使对方感到内疚和不安；有些自杀是由爆发性的激情引起的，是由明显的偶然的刺激引起的激愤、悔恨、内疚、羞愧等情绪失控状态下的冲动行为，这类自杀往往发生迅速，被称为冲动型自杀，也称情绪性自杀；另一种自杀类型为理智型自杀，它是在自身经过长期的评价和体验，进行了充分的推理和判断之后，逐渐萌发自杀意念，并有计划地进行自杀准备而采取的自杀行为。

在这个倡导珍爱生命的文明时代，不论是谁因什么原因选择自杀，至少在完成自杀的过程中，他都是以一个臣服于命运的弱者的身份倒下去的。活下去，是给深爱你的人和伤害你的人一次补偿的机会，最重要的是给自己一次机会，去证明生命中蕴藏的价值和意义。只要相信不管怎样卑微、纤弱的生命，都有它自身的价值，就一定能找到自己生命中的喜悦与感动。

三、生如夏花之绚烂：生命如此珍贵

（一）心理危机预防和干预

关爱生命，不仅要关爱自己的生命，还要关爱他人的生命。在困难和挫折面前，并非每个人都能意识到生命的可贵。我们既要提升自身心理素质，让自己的生命充满活力，同时还要关注他人的心理健康，积极预防心理危机。

1. 提高自身心理素质，构建心灵防火墙

（1）知识储备与技能掌握。了解情绪产生机制、压力应对策略、挫折心理调适方法等，掌握情绪管理、压力缓解、问题解决等实用技巧，例如深呼吸放松法、积极自我暗示、认知重构等。熟悉火灾、溺水等紧急情况下的自救与互救方法，增强自我保护能力，减少心理恐慌。

（2）实践磨砺与心态塑造。在实践过程中不断反思自己的行为和表现，总结经验教训，提高自己的忍耐力和调控能力。通过实践锻炼，增强自己面对挫折时的应对能力与恢复能力，学会在困境中保持乐观积极的生活态度。尊重他人生命，避免抱怨与伤害他人，学会与他人和谐共处，构建天地人我共融的和谐关系。

（3）社会支持与专业求助。积极寻求社会支持：在遇到困难时，主动向亲人、朋友、同学、老师等寻求帮助，借助外部力量缓解心理压力。必要时求助专业力量：当自身难以应对心理问题时，及时寻求心理咨询专业人员的帮助，获取科学的心理疏导与支持。

2. 对待他人，要有生命关怀的觉悟和高度的警觉性

当身边的人谈及对生命感到厌恶，或表现出对生活失去信心时，这些话语往往是一种无声的求救信号。无论对方是习惯性地提及死亡，还是以自杀来威胁他人，我们都不能忽视其背后可能隐藏的真实风险。即使他们看似是在开玩笑，也请记住：自杀的念头可能随时转化为行动，任何口头上的自杀威胁都应被认真对待。

有自杀倾向的人往往会在情绪和行为上表现出明显的征兆，例如情绪持续低落、行为退缩、对日常活动失去兴趣、言语中透露出绝望等。多一份关心，就可能早一步发现潜在的危险。对于那些经历重大丧失（如亲人离世、感情破裂、事业挫折等）的个体，他们正处于心理的脆弱期，需要我们适时地给予关心、共情和安慰。

如果发现身边有人有自杀的想法，切记不可激怒对方，更不能指责其想法的错误。自杀者通常认为自己的选择是无奈且合理的，甚至是最优解。此时，指责和批评只会让他们感到更加孤立无援，进一步加重心理负担。相反，我们应该给予他们充分的理解和耐心，让他们感受到这个世界上还有人关心他们、理解他们。

在陪伴自杀者时，要确保他们身边始终有人，避免其独处。主动与他们沟通，倾听他们的感受，用温暖的话语给予支持："你别急，慢慢来，我们一直在这里支持你。"让他们感受到被接纳和关爱，从而重新找到生活的希望。

生命是宝贵的，每一次关怀都可能成为拯救生命的契机。让我们用同理心和耐心守护每一个脆弱的灵魂，共同构建一个温暖、包容的社会环境。

（二）善待生命，珍爱生命

我国大学生对生命观的认识基本是正确的，但还存在以下问题：如对生命存在错误认知、生命幸福感偏低、自杀念头增多、生活没有乐趣和意义、生命价值务实化和功利化、遇到生命挫折选择自我发泄而不求助他人、对其他生命体缺乏信任、自我主义严重等。

活着，要像夏天盛开的花那样绚烂旺盛，要善待生命、珍惜生命。

1. 珍惜生命：生命只有一次

父母给了我们生命，这需要我们时常浇灌，不然就会枯萎，失去光彩。

扩展阅读 9-1 心理探索：谁给青春下了毒？

敬畏生命理论是由德国思想家阿尔贝特·史怀哲提出的，他认为一切生命都有生命意志，每个生命都是应当敬畏的。敬畏生命不仅要尊重、珍视和保护自己的生命，还要尊重他人的生命，学会关爱、宽容，学会与他人、社会、自然和谐相处。敬畏生命绝不允许个人放弃对世界的关怀，敬畏生命始终使个人同其周围的所有生命交往，并感受到对他们负有责任。世界上最大的罪过，就是将别人无辜的生命剥夺。

2. 自我做主：你的人生无可替代

在吃喝拉撒这样的事上，都没有谁能来代替你，又怎能在一些重要的事情上依靠别人呢？谁也不可能代替你自己活！因此，你必须尽好人生的本分，不要把自己应该承担的责任让别人去承担。替别人着想，但要为自己而活。不管周围的人给你打几分，别人的评价并不能左右你的人生。人生无可替代，所有的一切都必须自己去经历，自己去感受。

3. 全面拓展：愿你与世界温暖相拥

常常有人抱怨世界的不对，抱怨人生和命运的不公平，对自己不满，或是苛责别人。

人们之所以抱怨就是为了把自己从某种责任中解脱出来。他们觉得只要对现存问题发表一些消极的评论，就能让他们摆脱积极解决问题的责任。当你的态度、你的思想、你的行为发生了积极变化以后，你会发现你的世界也跟着改变了。当你开始读书以后，你会发现原来世界这么有趣；当你开始练字以后，你会发现方寸之间大有天地；当你开始学习画画以后，你会发现世界原来这么美丽；当你坚持跑步以后，你会发现原来跑步真的能让人酣畅淋漓、身心愉悦。不要小看你自己，在你的世界中，你是一切变化的根源，当你的心态、你的行为是对的，那么你的世界也就对了。

第三节　诗意栖居：让生命阳光灿烂

我们拥有生命，怎能不拥有关于生命的智慧？感受生命的神圣和美好，激发生命的潜能，用心呵护生命的尊严，学会感恩、爱与被爱，最大程度地实现生命的价值，提升生命的品质。

一、守护生命的根基：选择健康的生活方式

（一）生活方式与身心健康

健康是人全面发展的基础，关系到千家万户的幸福。可以说，健康是社会的第一资源，是人生的第一财富。生活方式是指在一定现实条件下生活的人们为满足自身需要所采取的活动方式和行为习惯，具体表现为在衣食住行、学习劳动、物质消费、闲暇和精神文化、人际交往、宗教信仰、政治活动等方面的活动方式与行为习惯。大学生的常见生活方式包括饮食方式、运动方式、睡眠方式、休闲娱乐方式、人际交往方式、学习方式等。在当今社会，大学生的不健康生活方式日益普遍，如缺乏运动、迷恋网络、自我封闭、睡眠不足、吸烟酗酒等。

不健康的生活方式对身心健康有着严重的负面影响。

1. 对身体健康的影响

饮食不规律、营养不均衡：长期暴饮暴食、偏食挑食、营养不良、肠胃疾病等问题，会增加患高血压、糖尿病、心脑血管疾病等慢性病的风险。如今不少人为减肥或健康担忧，成为素食主义者，只吃素不吃肉。但盲目如此，对身体不利。肉类富含优质蛋白、脂肪、维生素及矿物质，其中蛋白质的必需氨基酸更易被人体吸收，有助于大脑及神经系统正常运作。长期不吃肉，大脑营养难以全面。胆固醇常被误解，但其实是人体必需的物质，植物性食物不含胆固醇，长期缺乏会引发贫血、影响神经系统及免疫功能。此外，维生素 B12 几乎只存在于动物性食物中，长期不吃肉易缺乏维生素 B12，导致食欲不振、恶性贫血、脑部损伤等。

缺乏运动：久坐不动、缺乏运动会导致体质下降、免疫力低下，增加患肥胖症、心血管疾病、骨质疏松症等疾病的风险。

睡眠不足：长期熬夜、睡眠不足会导致精神萎靡、注意力不集中、记忆力下降，还会影响免疫系统功能，增加患病风险。

吸烟酗酒：吸烟会损害呼吸系统，增加患肺癌、心血管疾病等疾病的风险；酗酒会损害肝脏、神经系统，增加患酒精性肝病、酒精依赖等疾病的风险。

2. 对心理健康的影响

沉迷网络：过度沉迷网络会导致社交障碍、情感淡漠、价值观扭曲等问题，甚至引发网络成瘾，严重影响学习和生活。

自我封闭：长期自我封闭、缺乏人际交往会导致孤独、抑郁、焦虑等心理问题，影响心理健康。

压力过大：学习压力、就业压力、生活压力等过大会导致焦虑、抑郁、失眠等心理问题，影响身心健康。

3. 对社会适应的影响

人际关系紧张：不健康的生活方式可能导致人际关系紧张，缺乏社会支持，影响社会适应能力。

学习和工作效率低下：不健康的生活方式会导致精力不足、注意力不集中，影响学习和工作效率。

生活质量下降：不健康的生活方式会导致身体不适、心理问题，影响生活质量。

总之，不健康的生活方式会对我们的身心健康造成多方面的负面影响。为了拥有健康的身体和积极的心态，我们应该积极行动起来，摒弃不健康的生活方式，养成良好的生活习惯。

（二）养成健康的生活方式

健康的生活方式并非一蹴而就，而是需要长期的坚持和努力。

1. 合理膳食，均衡营养

饮食是维持生命活动的基础，也是影响健康的重要因素。没有任何一种食物可以提供人体所需的全部营养，所以日常生活中我们应该选择合理的饮食结构，注重饮食的多样化和均衡性，避免暴饮暴食、偏食挑食等不良饮食习惯。

规律进餐，定时定量：一日三餐定时定量，避免暴饮暴食，避免过度节食。

食物多样，营养均衡：每天摄入谷薯类、蔬菜水果、畜禽鱼蛋奶、大豆坚果等食物，保证营养均衡。

清淡饮食，少盐少油：控制盐、油、糖的摄入量，避免高盐、高油、高糖饮食。

足量饮水，促进代谢：每天饮用足量的水，促进新陈代谢，维持身体健康。

2. 坚持运动，增强体质

生命在于运动，运动是保持身体健康的重要途径。大学生应积极参加体育锻炼，增强体质，提高免疫力。

选择适合自己的运动方式：根据自身兴趣和身体状况，选择跑步、游泳、球类运动等适合自己的运动方式。

制订合理的运动计划：每周进行至少 150 分钟的中等强度有氧运动，或 75 分钟的高强度有氧运动。

坚持运动，持之以恒：将运动融入日常生活，养成坚持运动的好习惯。

3. 规律作息，保证睡眠

充足的睡眠是维持身体健康的重要保障。大学生应养成良好的作息习惯，保证充足的睡眠时间。

早睡早起，规律作息：每天保证 7～8 小时的睡眠时间，避免熬夜。

营造良好的睡眠环境：保持卧室安静、舒适、黑暗。

避免睡前过度兴奋：睡前避免玩手机、看电脑等过度兴奋的活动，放松身心，促进睡眠。

4. 保持乐观，积极向上

心理健康是健康的重要组成部分。大学生应保持乐观积极的心态，学会调节情绪，缓解压力。

培养兴趣爱好，丰富精神生活：积极参加各种文体活动。

学会与人沟通，建立良好的人际关系：主动与人沟通交流，建立良好的人际关系，获得社会支持。

保持乐观心态，积极面对挑战：遇到困难和挫折时，保持乐观心态，积极寻求解决办法。

5. 远离不良嗜好，珍爱生命

吸烟、酗酒等不良嗜好严重危害身体健康。大学生应自觉抵制不良诱惑，远离不良嗜好，珍爱生命。

认清危害，远离烟草：了解吸烟的危害，坚决抵制第一支烟，远离烟草。

适量饮酒，避免酗酒：如果饮酒，应适量，避免酗酒。

拒绝毒品，珍爱生命：坚决抵制毒品，珍爱生命，远离毒品。

健康的生活方式是通往幸福生活的桥梁。大学生应积极行动起来，从自身做起，养成良好的生活习惯，为未来的健康生活打下坚实的基础，以更加饱满的热情和更加健康的体魄迎接未来的挑战，创造更加美好的生活！

二、用爱温暖生命：爱自己、爱他人、爱生活

“生命本身就是幸福”，爱则是它的主角。首先从爱自己做起，只有懂得爱自己的人才能够更好地付出自己的爱去爱别人。有健康的身体，可以做自己喜欢做的事，吃自己喜欢的东西，可以听自己喜欢的歌，有乐观的心灵，喜欢的性格，有自己的梦想，这是多么地幸福！不但要爱自己、爱生活，还要爱他人、爱国家。生命的意义并不在于要做出多么伟大的事情，有时候只要在你得到别人的爱时，也懂得为别人付出你的爱。在别人需要的时候看到自己的责任，就会使你的生命充实而有意义。

中国文化博大精深，许多传统文化经典能够发挥激发生命热情、增进生命涵养的功能。传统文化经典或隐或显、或远或近都体现了对生命问题的阐述，具有生命意涵。文化经典在涵养人的人际生命和精神生命中可以发挥良好的作用。通过诵读《百家姓》，了解姓氏，“小我”变“大我”，这也是自我的生命建构。不同的文化经典具有不同的生命意蕴，比如思想类经典“四书五经”，文学艺术经典《诗经》、唐诗宋词，生活类经典《茶经》，科技类经典《梦溪笔谈》《天工开物》等。以中国优秀的传统文化深厚的人文精神为资源，从心性的层面提升大学生的生命气象，从文化的血脉上培养大学生“穷则独善其身，达则兼济天下”的高尚情操，以源远流长的国学精粹滋育大学生志存高远、胸怀宽广的人格，用传统智慧涵养大学生做人做事的博雅，构建大学生健康的人生观、生死观、生活观，从人文、人格、人才多方面来实现生命教育。

三、扛起生命的责任：给生命一份牵挂

责任感是一个人对自己、自然界和人类社会主动施以积极有益作用的精神。从孕育到消亡，生命成长过程中充满抉择。无论做怎样的选择，出发点和落脚点都要对生命负责。扛起生命的责任，意味着对自我、对他人、对社会的承诺。给生命一份牵挂，就是为自己的人生赋予意义，为他人带来支持，为社会贡献价值。只有肩负起责任，才能让生命更有分量。

当我们面对逆境、承受不幸时，人人都会产生绝望的情绪。这个时候要想想从我们出生那一刻起，生命里就寄托了家人对我们的无限期望。所以，我们的生命不仅仅属于我们自己，还属于家人和社会。生命因承担和履行着对自己、对他人、对社会的责任而显得亮丽、充实和富有意义。任何困境、逆境都不是绝境，尤其当你是一个有使命的人，就应该想想那没有完成的责任，它往往能够把你从绝望中拯救出来。纳粹集中营幸存者、著名的心理学家弗兰克尔提到在集中营内，那些知道还有一件任务等待他去完成的人最容易活下去，他了解自己“为何”而活，因而承受得住“任何”煎熬。所以给自己一个使命吧，或大或小都没有关系，因为它能够给你生的力量。

四、汲取生命的滋养：学会寻求帮助

当觉得自己撑不下去的时候，应该向他人寻求支持。不要觉得这样做是脆弱与无能，人人都有脆弱的时候，这并不丢脸。生命的力量并非只来自自身，有时也需要借助外界的力量来滋养和支撑。

寻求帮助是一种勇气的体现，它意味着我们敢于正视自己的不足，愿意接受他人的支持。这种勇气不仅为自己的生命注入新的力量，也为他人提供了展现善意的机会。同时，寻求帮助是一种智慧的选择。在生命的道路上，我们不可能独自解决所有问题。向他人求助，不仅能获得有效的解决方案，还能从他们的经验中汲取智慧，让我们的生命更加坚韧和充实。寻求帮助也是一种情感的连接。当我们向他人求助时，我们不仅在解决自己的问题，还在与他人建立信任和尊重。这种情感的交流，如同生命的阳光，照亮了我们的心灵，也温暖了他人的心房。学会寻求帮助，是一种成长的标志，更是对生命的尊重。它让我们更好地认识自己，理解他人，也让我们在困境中不再孤单。当我们不再害怕求助，而是将其视为一种积极的行动时，我们会发现生命中的许多难题其实并不可怕。因为在这个世界上，总有人愿意伸出援手，给予我们支持和鼓励。以下是一些具体方法和建议，帮助我们在需要时有效获取支持。

（一）明确自己的需求

在寻求帮助前，首先要清楚自己的需求。无论是学业问题、生活困扰还是心理压力，都需要对问题有清晰的认识。例如，学业困难是需要学习方法指导还是某个知识点的讲解？生活问题是需要建议还是实际帮助？心理压力是需要倾诉还是专业咨询？只有明确需求，才能更有效地向他人表达。

（二）选择合适的求助对象

不同的问题需要向不同的人求助。学业问题可以向老师、同学或学习小组求助；生活问题可以向家人、朋友或室友求助；心理问题可以向心理咨询师或专业人士求助；职业发展问题可以向导师、职业规划师或行业前辈求助。选择合适的对象不仅能提高效率，还能

避免尴尬。

（三）学会表达需求

清晰、准确地表达需求是成功求助的关键。直接说明问题，避免拐弯抹角；具体描述问题，让对方快速理解；使用礼貌语言，表达尊重和感激；展现诚意，让对方感受到你的决心。例如，“我在数学积分部分有困难，你能帮我讲解一下吗？”或者，“我知道你很忙，但我很需要你的建议，希望你能帮帮我。”

（四）利用资源和渠道

除了向身边人求助，还可以利用学校资源（如心理咨询中心、学习辅导中心）、社区资源（如公益组织、志愿者团队）、网络资源（如在线课程）和专业机构（如心理咨询师、律师）。这些资源能提供更广泛的支持。

（五）学会接受帮助

接受帮助时，保持开放心态，不要因自尊心而拒绝他人的善意。无论帮助是否成功，都要表达感谢，让对方感受到尊重。如果对方的建议有效，及时反馈，传递积极信号。同时，学会回报他人，传递温暖。

（六）总结经验，提升自我

寻求帮助不仅是为了解决问题，更是为了提升自我。每次求助后，总结经验，思考如何避免类似问题或更好地应对。例如，学习问题可以调整学习方法，生活问题可以反思行为，心理问题可以学习情绪管理技巧。通过总结，我们可以减少依赖，更好地帮助他人。

五、实现生命的价值：活出自己的精彩

大学生处于求学时期，是社会化的前期阶段，生命价值主要体现为内在价值，即内在的体能、知识、技能、品德的积累。能积极主动提升生命价值这一目标要求大学生做到：有理想、有追求，要明白成功是在不懈的追求与奋斗中实现的；要充满青春与活力，朝气蓬勃，理智地处理各种问题；无论身处顺境还是逆境，都能积极乐观地面对。大家可以积极参加创新创业训练、各类专业比赛、学校社团活动、志愿服务活动、毕业实习、科学文化艺术活动等校内外社会实践活动，来实现生命的发展。生命的价值不仅在于享受生活、享受人生，更重要的在于创造和奉献，只有这样，才是真正有质量的生命，才能提升生命的价值。

扩展阅读 9-2　心理探索：自我同情——善待自己的力量

生命的价值不依赖我们的身份地位，也不仰仗我们结交的人物，而是取决于我们本身。你没有必要拿别人的标准来评价自己，也没有必要让别人的想法决定你的人生。人生路途中，无论遇到何种困难、崎岖与坎坷，我们都要像小草一样具有顽强的生命力，永不放弃生的希望。

青年强，则国家强。青春孕育无限希望，青年创造美好明天。青年犹如大地上茁壮成长的小树，总有一天会长成参天大树，撑起一片天。青年又如初升的朝阳，不断积聚能量，总有一刻会把光和热洒满大地。

心理拓展

感谢生命中有你：学会感恩

感恩是一种处世哲学，是一种生活态度，是一种人生智慧。怀着一颗感恩的心生活，我们会时时发现生活的美丽，感受生命的快乐。当生活失意时，更应该学会用心感恩生活，找出幸福的理由，罗列生命的精彩和生命存在的意义，调整自己的奋斗目标，调整自己的心态，平和积极地对待生活。

感恩的契机，可以是病床上奄奄一息的患者看到第二天初升的太阳；可以是沙漠中断水口渴之人举步维艰之时发现一片绿洲；可以是迷茫无序之时忽然的“柳暗花明又一村”。对生活感恩，其实也是善待自我，学会生活。感恩生活让我们得以享受这样的温馨，让生命之花得到护佑，健康成长，灿烂开放。

请续写下面的感恩词：

感恩我的父母，因为：____

感恩我的朋友，因为：____

感恩我的师长，因为：____

感恩爱我的人，因为：____

感恩让我爱的人，因为：______________________________________

感恩所有的人，因为：____

感恩我生活中的磨难，因为：____________________________________

感恩______________，因为：____________________________________

感恩洒在我们身上的每一缕阳光，感恩路人投来的每一个微笑或是一道目光，感谢这一切的存在让我体验到了真实的美好。让我们以感恩的心态来面对生活中的一切幸福和苦难，享受这真实的生活吧！

请你制作一张感恩卡，将感恩卡送给你的父母、朋友或师长吧。

问题思考

1. 你认为生命的意义是什么？你如何在自己的生活中寻找和创造生命的意义？
2. 你认为大学生应如何预防心理危机的发生？
3. 当你或你身边的人出现心理危机时，应该如何识别和应对？
4. 你认为健康的生活方式对提升生命质量有何重要作用？请结合你自己的生活习惯，谈谈你在日常生活中如何保持健康的生活方式以及有哪些改进的空间。
5. 你认为大学生可以通过哪些方式实现生命的价值？

推荐阅览

[1] 吴甘霖. 生命智慧——活出自己的阳光[M]. 北京：工人出版社，2003.

[2] [美]维克多·E. 弗兰克尔. 活出生命的意义[M]. 吕娜，译. 北京：华夏出版社，2018.

[3] 余华. 活着[M]. 北京：北京十月文艺出版社，2021.

[4] [美]米奇·阿尔博姆. 相约星期二[M]. 吴洪，译. 上海：上海译文出版社，2021.

[5] 推荐影片：《肖申克的救赎》、《遗愿清单》、《寻梦环游记》、《浮生一日》（纪录片）、《人生第一次》（纪录片）。

即测即练

自学自测　扫描此码

第十章

敢问路在何方——生涯规划与创业

凡事豫（预）则立，不豫（预）则废。言前定则不跲，事前定则不困，行前定则不疚，道前定则不穷。

——《礼记·中庸》

【学习目标】

1. 树立职业生涯规划意识；
2. 能正确认识、分析自身职业素养，科学规划职业生涯；
3. 能缓解自身就业压力，有创业精神、创业意识。

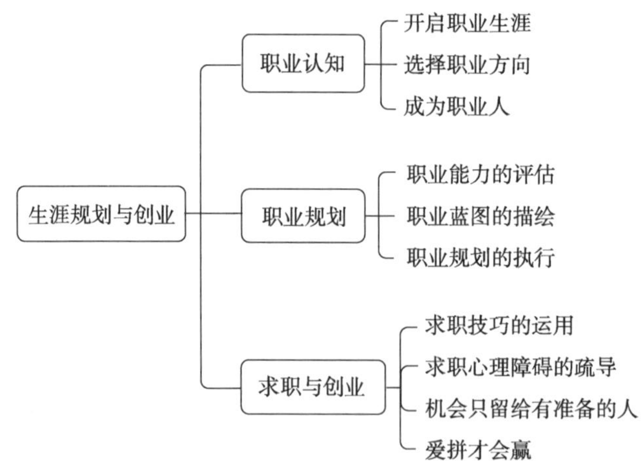

课前思考

人生如同一本书、一本自传，不同的人，书的内容不同。在书中，我们的经历就是那书中的文字，辞去了旧的一天，页码就会相应地增加一页；迎来了新的一天的同时，一张空白的纸也在等着我们去填写。

每一本书都有一份目录，为我们指明方向，快速定位所需的内容；而人生之书同样需要一份清晰的“目录”，那就是我们的愿景与规划。想要让人生之书内容充实而精彩，首先要精心设计这份“目录”。人生最珍贵的，莫过于确立一个远大的目标，并为之倾注不懈的努力与坚持。在人生的每个阶段，我们都可以依据既定的蓝图，脚踏实地完成每一个小目标，最终汇聚成属于自己的辉煌篇章，让人生之书不光有深度，更有温度。

汤之《盘铭》曰：“苟日新，日日新，又日新。”当今的时代是一个挑战和机遇并存的时代，机遇总是垂青于那些有准备的人。只有善于规划自我的人，才能把握自己的命运，“天行健，君子以自强不息”。

你对未来职业有过怎样的思考呢？

第一节　想你所想：职业认知

在我们有限的生命中，职业生活往往对人生道路产生深远而关键的影响。从踏入学校大门的那一刻起，到走上工作岗位，再到离职退休，职业生涯贯穿了大部分人的大半生时光。它不仅决定了我们的生活质量，更深刻影响着个人的生命价值与社会贡献。职业不仅是谋生的手段，更是实现自我、贡献社会的重要途径。通过职业生涯，我们塑造自我、成就梦想，同时也为社会进步注入动力。因此，如何规划并走好职业道路，是每个人都需要认真思考和实践的人生课题。

一、云程发轫：开启职业生涯

近年来，大学生就业形势在多重因素影响下呈现出机遇与挑战并存的局面。2024 年，国务院发布《“十四五”就业促进规划（2024 年修订版）》，进一步强调推动数字经济、绿色经济和高端制造业发展，明确提出到 2025 年新增就业岗位 5 000 万个的目标。特别是人工智能、新能源、生物医药等战略性新兴产业对高技能人才的需求持续增长，为毕业生提供了更多就业机会。然而，传统行业岗位缩减与新兴领域人才需求之间的结构性矛盾依然存在，部分高校专业设置滞后，导致人才供给与市场需求脱节。

部分毕业生就业观念固化，倾向于选择一线城市和传统热门行业，导致就业竞争加剧，职业技能和实践经验的缺乏仍是制约就业的重要因素。然而，最令人担忧的是，当前大学生普遍缺乏职业生涯规划意识，规划能力的不足更是让原本困难的就业局面雪上加霜。许多学生在进入大学后，对自身兴趣、能力和社会需求缺乏清晰认知，盲目选择专业或随波逐流，导致毕业时陷入迷茫，这不仅影响了个人职业发展，也造成了社会人力资源的浪费。

一个人若看不到未来，不知道自己将来能做什么，就无法明确现在该做什么；一个人若不知道现在该做什么，缺乏为之奋斗的目标，便难以拥有光明的未来。职业生涯规划的意义正在于此——它不仅是未来的蓝图，更是当下的行动指南。通过规划，我们可以将长远目标分解为阶段性任务，将模糊的理想转化为具体的行动，从而在人生的每个阶段都能找到前进的方向。

人的一生总会面临各种束缚，无论是物质生活的局限、社会地位的制约，还是传统观念的束缚或法律条文的约束。然而，生命的魅力恰恰在于在束缚中舞出属于自己的美丽人生。正如蝴蝶破茧而出，束缚并非阻碍，而是成长的契机。没有历练的生活往往显得轻浮而缺乏深度，只有对生活的尊重、对目标的执着，才能让我们的生命变得厚重而高贵。职业生涯规划正是这样一种历练，它要求我们在现实的框架内寻找突破，在挑战中实现自我超越。

因此，面对严峻的就业形势，大学生不仅需要提升专业技能，更需要培养职业生涯规划意识，学会在复杂的环境中找准定位，在有限的资源中创造无限的可能。唯有如此，才能在职业生涯的舞台上，舞出属于自己的精彩人生。

（一）职业

在现代社会中，职业不仅是社会人谋生的渠道，更是我们认识自我、发展自我、实现自我的重要途径。对个人而言，职业具有三重现实意义：它是生活保障的基础，是精神享受的源泉，也是实现社会价值的桥梁。职业的本质是一项工作，人们通过社会分工，运用专业知识和技能创造财富，获得相应报酬，从而丰富社会的物质与精神生活。从个人视角看，职业是谋生的手段；从社会视角看，职业是承担社会角色的方式；从人力资源视角看，职业是专门化的劳动岗位。可以说，职业既与人的需求和社会结构息息相关，强调分工与协作；又与个体的内在属性紧密相连，强调专业知识与技能的积累；同时，它还与社会伦理密不可分，强调财富的创造与报酬的合理获取；更与个人生活深度融合，强调物质生活的保障与精神世界的满足。

职业生涯则是个人职业发展的轨迹，是从职业劳动的起点到终点的完整经历，涵盖了从业历程、工作性质以及与职业相关的各类活动。对每个人而言，职业生命是有限的，若无有效的规划，势必造成时间与精力的浪费。作为当代大学生，若以茫然无措的状态踏入竞争激烈的社会，又如何满足社会的需求，为自己赢得一席之地？因此，职业生涯规划不仅是个人发展的必然选择，更是实现人生价值的重要前提。只有明确目标、制订计划，才能在职业道路上稳步前行，成就属于自己的精彩人生。

（二）职业兴趣

根据不同的分类标准，职业可以被划分为多种类别。例如，按照劳动的性质和层次，职业可以分为我们熟知的白领工作和蓝领工作。美国著名职业指导专家霍兰德提出的“人格—职业”类型匹配理论，将人格类型划分为六种：现实型（R）、研究型（I）、艺术型（A）、社会型（S）、企业型（E）和常规型（C），并基于这些人格类型对职业进行了系统分类。现实型（R）的人通常喜欢与机械、工具、动植物打交道，偏好户外活动，具有较强的动手能力和运动天赋，但在处理复杂人际关系时显得力不从心，缺乏良好的沟通技巧，当成为焦点时往往会感到不自在。研究型（I）的人天生充满好奇心，热衷于观察、学习、研究和分析，具备科学探索精神，能够全神贯注于手头的工作，不喜欢管理他人也不愿被他人管理。艺术型（A）的人善于运用想象力和创造力，倾向于在自由的环境中工作，具有艺术直觉和创新能力，渴望获得他人的关注与赞赏，对批评较为敏感。社会型（S）的人通常友善、热心、外向，善于合作，能够洞察他人的情感与需求，擅长与人相处，乐于指导、帮助和启发他人。企业型（E）的人喜欢组织、领导、管理和控制团体活动，追求政治和经济上的成就，自信且认为自己受人欢迎。常规型（C）的人偏好从事资料处理工作，能够遵循指示完成烦琐的任务，在明确自己的职责时会感到舒适，他们行事严谨、脚踏实地，喜欢按计划行事，对违反惯例的行为感到不安。

经过几十年的深入研究，霍兰德通过一百多次大规模实验，逐步完善了人格类型与职业类型的理论体系，并编制了职业适应性测验（Self-Directed Search，简称 SDS）。这一测验帮助个体发现和明确自己的职业兴趣与能力专长，从而为科学地选择职业提供依据。通常，职业适应性测验适用于高中生，帮助他们确定兴趣方向，为大学专业选择提供参考。对于大一、大二的学生而言，也可以通过该测验调整学习目标和计划，为未来的职业发展奠定基础。

二、十字路口：选择职业方向

大学生在择业时，必须充分考量自身内在的、固有的因素，如气质、性格、职业价值观、兴趣、能力、创造力、性别、情感等。这些内在因素是职业选择的重要基石，决定了个人在职业道路上的适应性与发展潜力。如果仅以外在因素（如薪资、地理位置、行业热度等）作为择业依据，而忽视内在需求与特质，往往会导致职业选择与个人发展不匹配，最终陷入频繁“跳槽”或辞职的困境，不仅浪费时间和精力，还可能影响职业生涯的长期发展。因此，科学的职业选择应建立在对外在条件与内在特质的综合评估之上，以实现个人与职业的深度契合。

（一）拓宽视野

霍兰德认为，每个人并非仅拥有一种职业性向，而是多种职业性向的混合体。这些性向越相似，个人在选择职业时面临的内在冲突和犹豫就越少。正如人们常说的那样，人生最大的痛苦并非奋斗本身，而是面对抉择时的迷茫与挣扎。

经过四年的寒窗苦读，大学生在各自的专业领域已小有所成，但在择业过程中却常常遭遇“专业向左，工作向右”的尴尬局面，甚至有人开始质疑大学所学知识的实用性。这一现象的背后，主要有以下几方面原因：

第一，科技与经济发展水平限制了高层次人才的需求量，而大学教育大众化使得原本稀缺的高层次人才逐渐饱和，某些专业甚至出现过剩现象。与此同时，用人单位的选才观念也在悄然转变。以国际著名的四大会计师事务所（毕马威、德勤、安永、普华永道）为例，他们在招聘时通常不分专业，仅考核数学和英语两门课程。因此，一些历史专业、数学专业的毕业生能够顺利入职，而部分会计专业、经济专业的毕业生却因成绩不达标而与机会失之交臂。

第二，大学生就业市场化程度不断加深，但高校的专业设置与社会需求之间仍存在脱节。一些新兴岗位在大学中缺乏对口专业，导致招聘职位无人问津。面对这一现状，高校已开始尝试创新。然而，随着人工智能工程师、数据分析师、用户体验设计师、虚拟现实开发工程师、基因编辑工程师、远程医疗医生等新兴职业的涌现，高校的专业设置显然难以迅速跟上行业发展的步伐。因此，对于大学生而言，过分“死守”专业对口岗位已显得不够灵活。

第三，毕业生的就业观念正在发生变化。在择业时，越来越多的人开始关注工作本身以外的因素，例如是否有编制、工资收入、工作地点与环境等。这些因素逐渐成为毕业生选择职业时重点考量的方面。

第四，用人单位更加注重大学生的综合素质。近年来，企业选人、用人的标准也在不断调整。许多参与招聘的企业表示，他们越来越看重求职者在诚信品质、团队精神、创新激情、发展潜能、学习能力等方面的表现。

综上所述，大学生在择业时不仅需要关注自身的专业背景，还应注重综合素质的提升，同时灵活调整就业观念，以适应不断变化的市场需求。

（二）换位思考

有人深信，态度决定命运，这或许是一条颠扑不破的真理。在相同的岗位上，面对相同的工作时间，为何有些人能够获得上司的青睐与重用，步步高升，而有些人却停滞不前，始终原地踏步？其中，态度的差异起到了决定性的作用。实际上，无论是求职还是职业发展，唯有知己知彼，方能一往无前。这意味着，除了要分析自身适合从事何种职业外，还需深入了解企业对员工的深层次需求，即在求职过程中，从用人单位的角度出发，思考问题。

“不招应届毕业生”“有相关经验者优先考虑”“要求两年以上相关工作经验”……在各类人才招聘会上，我们常常看到用人单位设置的这些“经验门槛”，它们不仅将许多应届毕业生拒之门外，更在心理上给他们设置了障碍。当然，用人单位希望新员工能够迅速适应工作，这并非新鲜事，也无可厚非。然而，面对这种现象，我们应当反思：为何这些单位对应届毕业生持保留态度？应届毕业生又该如何应对？难道这些门槛真的无法跨越吗？

事实上，“经验门槛”也在向我们传递一个信息：用人单位在选人时，真正关心的是大学生是否具备足够的社会实践经验与能力，是否拥有工作岗位所必需的人际沟通能力和社会认知能力。因此，我们应当未雨绸缪，尽早走出“象牙塔”，积极积累社会经验。如果我们已经具备了用人单位所需的“相关经验”，那么即使身为应届毕业生，我们同样能够打破那些纸面上的招聘条件，获得与他人同等的求职机会。

三、华丽转身：成为职业人

一个人呱呱坠地，牙牙学语，三岁上幼儿园，然后上小学，直到大学毕业，参加工作。有的人在将近 20 年的求学生活中，从向父母要，向老师要，向学校要，再到向社会要，养成了“要”的心态，一切都是“要”，想“要”一切。要工作、要职位、要环境、要轻松的事、要各种福利待遇、要“天上掉下来的馅饼”……

扩展阅读 10-1 心理探索：不要只做我告诉你的事，请做需要做的事

学习生涯一路走来，家人倾全力支持，大学生毕业时已自认为是社会的“骄子”。但受教育水平并不等于个人能力、素质，更不等于待遇水平。大学毕业证书只等于步入社会的“门票”。进入社会以后，必须迅速培养“给”的心态。做了 20 多年的消费者、享用者，要尽快成为生产者和供给者。

对于职场新人来说，最不愿意听到客户说的就是“还像个学生”。的确，职场生态与校园氛围有很大的差别，初入职者需要在身份、心态、角色、仪态各方面做好转变的准备。新人不要把自己太当回事，也不要太不当回事。老员工与新员工最大的不同在于两者对企业工作的认识和行为方式。在心态上，老员工大都认识到自己是企业的一分子，做事讲责任、讲规矩、讲团队、讲业绩。而新员工经常以自我为中心，做事喜欢谈个性、说辛苦、论回报。在行为上，老员工都知道发完牢骚，工作照样还要干好；空口无凭，必须用数据说话；抱怨无用，还是得找办法来解决问题；对上级意见再大也要服从为主。而新员工在接到上级交办的事情之初做事有激情，但往往缺乏持久性，倾向于单打独斗，一个人“包打天下”，有时缺少沟通协调，喜欢提建议，而解决问题、持续改进的能力较弱。转变成职业人，必须先“给”，否则你什么也“要”不到。

新入职的大学生应特别注重职场礼仪，以顺利完成从校园到职场的转型。职场礼仪不仅是个人素养的体现，更是职业发展的基石。无论是轻轻关门、端正坐姿，还是大方自然的言谈举止，都能展现个人良好形象，为职业生涯赢得良好开端。即使能力出众，若缺乏职场礼仪，也可能在职场中举步维艰。因为职场礼仪贯穿于上下级沟通、同事协作以及客户交往的方方面面，是维系职场关系的重要纽带。懂得职场礼仪的人，往往能更快获得信任与认可，从而在职业发展中占据优势。

职场礼仪不仅体现个人的教养、风度与修养，还反映其对社会规则的认知水平。通过遵守礼仪规范，个人可以在复杂的人际关系中保持冷静，展现专业素养，赢得领导信任，并与同事建立相互尊重、友好合作的关系。这种和谐的氛围有助于事业的顺利推进，使人在职场中游刃有余。此外，礼仪在调节人际关系方面发挥着重要作用。它是人际交往的润滑剂，能够促进相互尊重，减少矛盾冲突。当人们感受到尊重与礼遇时，更容易建立友谊与合作关系；反之，则可能引发敌对与反感情绪。礼仪的凝聚力和调解功能在职场中尤为重要，它能够缓解冲突，促使各方冷静处理问题，从而维护和谐的工作环境。总之，掌握并运用职场礼仪，不仅有助于个人职业发展，还能促进团队协作与事业进步。它是职场成功不可或缺的软实力。

第二节　定制未来：职业规划

一个人若能充分发挥自身特长，投身于自己热爱的事业，那无疑是幸福而快乐的。正如古人所言，“知己知彼，百战不殆”，唯有具备清晰规划的人，才能确立明确的目标。而有了目标，才能抵御短期利益的诱惑，坚定地朝着既定的方向前行。很多时候，失败并非源于能力不足，而是目标定位出现了偏差。只有做自己真正热爱的事情，并将其做到极致，才最容易走向成功。正如一位诗人所说：“当你面向太阳时，你必定会看到自己的希望。”

扩展阅读 10-2　心理探索：职场礼仪

一、金无足赤：职业能力的评估

被动接受往往难以带来显著的改变，真正能激发行动的，往往是内心深处的声音。相较于专家咨询的高成本、长周期和低针对性，自我职业规划显得更为实际和可行。

第一，确立恰当的职业方向，既不过度自信，也不过分自卑。这是职业规划的第一步，它将指引我们未来 5～10 年的职业积累与发展。明确的职业定位如同灯塔，汇聚我们的精力和资源，为每一步努力指明方向，是从战略高度把握职业成功的关键。

当前，许多高校在人才培养方案中安排了大量的实习和实践课程，大学生应充分利用这些机会接触社会，了解自身的职业能力。例如，一位师范专业的女生，在实习初期加入了一家早教连锁机构的北京总部，尽管岗位不尽如人意，没有假期和薪酬，工作内容也较为单调，但她视此为自我提升的良机。一个月后，她转至南京分部，因为那里能让她登上讲台，锻炼不同的技能。又一个月后，她申请调回家乡的加盟店，那里的负责人允许她自主安排课程，使她得以尝试幼儿英语教学。最终，她在家乡的市属幼儿园实习。通过这几个月的经历，她深入了解了早教机构的运营模式，积累了丰富的教学经验，最终如愿被该幼儿园录用。

近年来，频繁跳槽成为用人单位不愿招聘应届毕业生的主要原因之一。许多“跳早族”心态不稳，不愿从基层做起。某公司负责人表示，只要应届毕业生愿意从基础做起，具备吃苦耐劳的精神，他们是非常欢迎的。跳槽不应是对当前工作的逃避，而应是对更好机会的追求。

第二，评估职业核心能力，认识不足并积极改进。对于大多数接受过大学正规教育并经历过核心能力训练的人来说，职业核心能力测评并非必需。然而，如果大学期间的学习效果不尽如人意，或对某一职业有较高的发展期望，进行职业核心能力测评以评估胜任力就显得尤为重要。全国职业核心能力测评 CVCC（China Vocational Competence Certification）是一项旨在评估和提升个人职业核心能力的综合性测评体系，旨在帮助个人全面了解自身的职业能力水平，明确职业发展方向，并为用人单位提供人才选拔和培养的参考依据。还有许多机构提供包括身体素质、心理素质、礼仪修养、职业沟通能力、自我管理能力、创新创业能力、团队合作能力、领导力和执行力等方面的综合训练。

课堂活动 10-1

职业核心能力测一测

职业核心能力测评题目通常涵盖多个维度，旨在全面评估个人在职场中所需的核心能力。以下是一些常见的职业核心能力测评题目示例，涵盖职业沟通能力、团队合作能力、自我管理能力、创新创业能力、领导力与执行力等方面。

一、职业沟通能力

1. 在与同事讨论问题时，你是否能够清晰表达自己的观点，并倾听他人的意见？
   A. 总是能够　B. 经常能够　C. 偶尔能够　D. 很少能够
2. 当你需要向上级汇报工作时，你会如何准备？
   A. 提前整理好数据和重点，确保逻辑清晰
   B. 简单列出要点，临场发挥
   C. 直接口头汇报，不提前准备
   D. 尽量避免汇报，委托他人
3. 如果同事误解了你的意思，你会如何处理？
   A. 立即澄清，确保双方理解一致　B. 等待合适时机再解释
   C. 忽略误解，继续工作　D. 感到沮丧，不再沟通

二、团队合作能力

1. 在团队项目中，你更倾向于扮演哪种角色？
   A. 领导者，负责统筹和决策　B. 执行者，专注于完成任务
   C. 协调者，促进团队沟通　D. 观察者，提供建议和反馈
2. 如果团队成员之间出现分歧，你会如何应对？
   A. 主动调解，寻找共同点　B. 支持自己认同的观点
   C. 保持中立，不参与争论　D. 回避冲突，等待他人解决
3. 你是否愿意为团队目标牺牲个人利益？
   A. 非常愿意　B. 比较愿意　C. 不太愿意　D. 完全不愿意

三、自我管理能力

1. 你如何管理自己的工作时间？
   A. 制订详细计划并严格执行　B. 大致规划，灵活调整

C. 根据任务紧急程度临时安排　　D. 没有计划，随意处理

2. 当你面对多项任务时，你会如何确定优先级？

A. 根据任务的重要性和紧急性排序　　B. 先处理简单的任务

C. 随机选择任务开始　　D. 等待他人指示

3. 你是否能够按时完成自己设定的目标？

A. 总是能够　　B. 经常能够　　C. 偶尔能够　　D. 很少能够

四、创新创业能力

1. 当你遇到工作中的难题时，你会如何解决？

A. 尝试多种创新方法，寻找最佳解决方案

B. 参考以往经验，按部就班处理

C. 寻求他人帮助，依赖团队力量

D. 回避问题，等待他人解决

2. 你是否愿意尝试新的工作方法或工具？

A. 非常愿意，乐于接受新事物　　B. 比较愿意，但需要时间适应

C. 不太愿意，习惯传统方式　　D. 完全不愿意，拒绝改变

3. 你是否曾提出过改进工作流程或产品的建议？

A. 经常提出　　B. 偶尔提出　　C. 很少提出　　D. 从未提出

五、领导力与执行力

1. 当你负责一个项目时，你会如何分配任务？

A. 根据团队成员的优势合理分配　　B. 平均分配任务，确保公平

C. 自己承担大部分任务　　D. 让团队成员自行选择任务

2. 如果团队成员未能按时完成任务，你会如何处理？

A. 分析原因并提供支持，帮助其改进　B. 重新分配任务，确保进度

C. 批评并督促其加快速度　　D. 自己接手任务，避免延误

3. 你是否能够高效执行上级交代的任务？

A. 总是能够　　B 经常能够　　C. 偶尔能够　　D. 很少能够

六、心理素质与抗压能力

1. 当你面对高强度的工作压力时，你会如何应对？

A. 冷静分析，制订应对计划　　B. 寻求他人帮助，分担压力

C. 感到焦虑，但尽力完成　　D. 无法承受，选择逃避

2. 你是否能够在挫折中保持积极心态？

A. 总是能够　　B. 经常能够　　C. 偶尔能够　　D. 很少能够

3. 当你感到疲惫时，你会如何调整自己？

A. 通过运动或休息恢复精力　　B. 与朋友或家人交流，缓解压力

C. 继续坚持工作，忽略疲惫　　D. 感到无助，无法调整

测评结果分析

通过以上题目，可以初步评估个人在职业核心能力各方面的表现。如果职业沟通能力得分较低，建议加强表达与倾听技巧的训练。如果团队合作能力得分较低，建议学习冲突管理和团队协作技巧。如果自我管理能力得分较低，建议制订明确的目标和时间管理计划。

第三，提高职业成熟度。“世事洞明皆学问，人情练达即文章。”职业成熟度并非用于衡量个人的职业特长或胜任能力，而是来反映一个人在职业过程中的思维和行为方式。它直接作用于职业环境并产生影响，与其他可评价因素，包括工作成绩、工作能力、学历、特长等一样，对职业回馈产生直接影响。

由于组织环境对职业发展过程的巨大影响，职业成熟度测评显得十分重要。组织原则、职场规则、人际策略、方法视角、自我管理等都标志着你的“职业成熟”水平，主动适应环境是个明智的选择，决定着你的回报速度。对于自认为付出没有得到回报，且常归罪于环境恶劣，要么忍气吞声，要么怒发冲冠的人来说，职业成熟度测评是你经验丰富、老谋深算的良师益友。缺乏信息支撑的决策，是莽撞的决策。我们要做好职业调查，充分掌握职业信息，或求教职业咨询师、分析师，为理智的决策提供保障。在历经思考之后，通常我们仍然需要对确定程度进行评估，特别是遇到复杂情况时，取舍、策略、次序、轻重、缓急的筹划都需要各方面人力的深度参与。

二、深谋远虑：职业蓝图的描绘

当我们凝视生命的本质，恰如展开一卷未经涂写的宣纸，墨色如何晕染，留白怎样经营，是群体进化的史诗，更是个体觉醒的独白，生命等待着我们去描绘、去谱写。规划是智慧的提炼升华，而非知识的累积叠加。我们要合理规划自己的人生，发现自我，分析自我，认识自我，实现自我，超越自我。规划就是创造性地高效整合有限资源，做出具有前瞻性的准确决断，将零乱有序化，将复杂简单化，将理论生动化，将理想现实化。

职业规划是个人对职业生涯的预期与计划，需综合考虑内在条件与外在环境。其核心在于确立发展目标，选择合适岗位，制订相应的培训与教育计划，并对各阶段任务进行合理安排。对大学生而言，职业规划即是为毕业求职所做的系统性准备。

在就业经验交流会上，“为理想奋斗”的口号常被提及，但现实中，许多人往往一时激动，产生诸多“理想”与实现“理想”的想法，却缺乏实际行动。想法虽源于思考，但若无实践，便无现实意义。唯有通过严谨有序的表达与实践，才能将其转化为现实，并在过程中激发新的创意。世界著名服装发布会常令人惊叹于设计师的灵感与创造力。那么，如何将最初的想法变为现实？关键在于学会提问、关注、联系并付诸行动。这些步骤是设计师取得突破的核心所在。参考这一点，我们可以按以下步骤制定职业规划：

第一步：自我评估。全面分析个人的职业性格、兴趣、专业技能及工作经验，深入了解自身特质，为后续决策奠定基础。

第二步：明确志向。基于自我认知，确立职业发展方向与目标定位，为职业生涯规划提供清晰指引。

第三步：机会评估。系统评估各类环境因素对职业发展的潜在影响，识别机遇与挑战。

第四步：职业选择。综合考虑个人特质与外部环境，重点评估性格、兴趣与职业的匹配度，以及内外环境与职业的适配性。

第五步：目标设定。明确职业发展目标，这是职业规划的核心环节，为后续行动提供方向。

第六步：路径选择。将职业目标分解为可执行的阶段任务，选择最适合的职业发展路径。

第七步：规划制定。编制详细的职业规划书，设定具体行动计划与措施，确保规划的可执行性，并为后续调整提供依据。

三、步步为营：职业规划的执行

陶行知先生说："行是知之始，知是行之成。"规划的价值在于执行。正如中国古语所言"不积跬步，无以至千里"，阿拉伯谚语强调"金字塔是一块块石头垒成的"，欧洲智慧也告诉我们"伟业非一日之功"。成功从来不是偶然，而是源于持续不懈的努力。执行力是整合内外部资源、实现组织目标的核心能力，它既反映个人综合素质，又随环境变化而动态调整。文化定位、规划制定、心态调整、流程优化、有效沟通、考核机制和团队协作等因素都会影响执行力。其中，能力是基础，态度是关键。深圳华为公司创始人任正非的"先僵化，后优化，再固化"理论充分说明了执行力的重要性。他强调新管理体系的实施需要经过严格的执行阶段，才能进行局部优化和结构性调整。正是这种对制度的尊重和坚定不移的执行力，造就了华为的成功。正如著名法学家谢觉哉先生所言："神圣的工作在每个人的日常事务里，理想的前途在于一点一滴做起。"职业生涯规划的成功，不仅在于科学的设计，更在于脚踏实地的执行。唯有将规划转化为行动，才能在职业发展的道路上稳步前进，最终实现理想目标，切不能"晚上想想千条路，早上醒来走原路"。

扩展阅读 10-3　心理探索：职业成熟度测评案例

提升个人执行力，一方面要通过学习和实践来增强工作能力，但更重要的是良好工作态度的养成。那么，如何树立积极正确的工作态度？

第一，诚实守信，责任为先。

诗人陆游云："古人学问无遗力，少壮工夫老始成。"责任心和进取心是成就事业的根本。所谓守，并非被计划与制度束缚，而是主动克服惰性，在无人监督时仍能自律，养成认真负责、追求卓越的习惯。将工作标准提到最高，以最佳状态投入，用行动建立秩序。"图难于其易，为大于其细。"天下难事必从易处着手，大事必从细节做起。善说不如善做，善始不如善终。诚实守信，即忠于事实，忠于职责。我们应摒弃空谈与虚伪，脚踏实地，信守承诺，以耐心和专注积小胜为大胜。

第二，日清日新，高效执行。

时间如流水，稍纵即逝。拖延是成功的大敌。诗人文嘉在《今日歌》中写道："今日复今日，今日何其少。"若无时间限制，工作便如空头支票。我们应杜绝懒散与拖延，养成"当日事当日毕"的习惯，高效管理时间，把握进度，避免不必要的压力。

第三，勇于创新，追求卓越。

"满眼生机转化钧，天工人巧日争新。"唯有改变，才能焕发活力；唯有创新，才能持续发展。照搬无出路，实践出真知。我们应打破思维定式，拒绝机械模仿，将创新视为不懈追求，始终保持闯劲、冲劲与韧劲。勤于学习，善于思考，在实践中探索真知。

第三节　行你所行：求职与创业

面试对于大多数初入社会的毕业生来说，是一个相对陌生的环节，但它在求职过程中却至关重要。虽然个人的条件和能力是决定成败的关键因素，但充分的准备能够显著提升临场表现。因此，提前做好充分的准备工作，才能在面试中展现出最佳状态。

一、瑕不掩瑜：求职技巧的运用

面试是一个非常重要的过程，有些大学生在这个过程中缺乏经验，面对考官不知所措，未能展示自己最好的状态，使自己在求职中因小失大。面试之前需要我们做好以下准备：

（一）搜集职业信息

在日益激烈的就业竞争中，职业信息的搜集与运用是大学生求职成功的重要前提。职业信息涵盖社会状况、特定职业的性质、任务、要求、待遇等具体内容，以及与获取职业资格相关的教育培训信息。搜集时应做到及时、广泛、具体、准确。高校毕业生就业工作机构是获取职业信息的主要渠道，其提供的信息具有高度的针对性、准确性和真实性。此外，毕业生可通过各类供需见面会了解用人单位的招聘倾向；利用亲戚、朋友、老师、同学等人际网络获取信息；积极参与社会实践和实习活动，了解实习单位的录用意向；或通过电话、求职信、登门拜访等探求性方法，主动了解用人单位需求。报刊、广播、电视、网络等公共传媒也是获取就业信息的便捷途径。

（二）撰写求职材料

求职材料包括求职信、个人简历、推荐表等。

求职信是求职者向用人单位进行自我介绍的简短信函。内容应包括个人基本情况、应聘岗位、胜任能力、工作成绩、发展潜力、所获荣誉及相关证书等。结尾可表达对岗位的渴望，并附上祝词。附录中列出相关证书目录，既方便审核，又给人留下细致周到的印象。求职信应言简意赅，篇幅适中，注重第一印象，前几行需吸引招聘人员的注意。书写规范，突出优势，避免泛泛而谈。

个人简历是简要介绍个人基本情况的求职材料，通常包括个人简介、求职目标、求学与工作经历、专长与成就、科研成果、社团职务等。撰写时应从用人单位角度出发，文字简明，措辞得体，设计美观。

推荐表需如实填写，突出个人特色，并充分利用备注栏补充固定栏目的不足。

（三）面试的技巧与方法

面试是用人单位通过面对面交流对求职者进行考核的重要环节。面试不仅能考察求职者的理解、表达和应变能力，更是求职者展示自我、获得工作机会的关键。

面试前的准备主要包括自我定位、材料准备、模拟演练、主动提问。求职者应明确自身优势与职业目标，保持良好的精神状态；提前准备好相关材料，如简历、证书等；通过角色模拟，熟悉面试流程，预演常见问题与回答，提升应对能力。一些人事主管表示，求职者应主动提问，展现对岗位的兴趣与思考能力，被动等待提问难以留下深刻印象。

面试礼仪上要有时间观念，严格遵守面试时间，提前到达；举止得体，出入面试室轻叩慢关房门，坐姿端正，语言清晰，礼貌使用敬语；着装应简洁大方，避免过于花哨或前卫的装饰，保持手、脸干净，头发整齐。

面试中要自信表达，清晰、简洁地回答问题，展现专业能力与个人特质；积极互动，与面试官保持眼神交流，展现对岗位的热情与诚意；灵活应变，针对面试官的提问，灵活应对，展现应变能力。

通过充分的准备与得体的表现，求职者能够在面试中脱颖而出，赢得心仪的工作机会。

二、追求卓越：求职心理障碍的疏导

（一）求职心理障碍

求职心理障碍是大学生在就业过程中常见的心理问题，主要表现为焦虑、自卑、自负、依赖以及躯体化症状等。这些心理障碍不仅影响求职者的情绪状态，还可能阻碍其能力的正常发挥，甚至导致错失良机。

第一，最常见的求职心理障碍就是焦虑。

焦虑源于对未来的不确定性和竞争压力，适度的焦虑可转化为动力，但过度焦虑则会引发紧张、烦躁等问题。面对风起云涌的人才市场，许多大学生感到担忧、紧张，逐渐形成了危机感、迷茫感，甚至恐惧感，几种感受交织而成了一种复杂的情绪反应——焦虑。过度的焦虑往往使人的精神负担加重、心神不宁，导致部分大学生学习上得过且过、穷于应付，生活中意志消沉，有人甚至严重失眠。

第二，自卑是求职的大敌。

自卑则源于自我评价过低，使求职者缺乏信心，难以展现真实能力。有些学生在大学期间没有足够的社会工作或活动经历，涉世不深加上屡屡碰壁，发现自己的能力与水平并不像想象的那么高，容易出现各种失望、悲观情绪。自卑的实质是自我评价过低，自信心差，是一种经过社会比较的、消极的暂时不如人的心理状态。自卑不仅使一些大学生悲观失望、忧郁孤僻、不思进取，而且有碍于他们聪明才智的正常发挥。

第三，自负会堵住求职路。

自负表现为过高估计自身价值，导致眼高手低，错失合适机会。有人认为“要去就去沿海城市或大城市”“要找工作就一步到位”。一味追求即时的“地域优势、收入优势、专业优势”，过高地估计自己的能力，常常抱着“此处不留爷，自有留爷处”的心理，孤傲心理使他们缺乏客观的自我分析和自我评价，抱怨社会对自己的不公，大有“怀才不遇”之感，不愿意接受别人的建议，结果往往是错失良机，耽误了自己的美好前程。

第四，依赖心理使人故步自封。

依赖心理使求职者缺乏独立判断能力，过度依赖他人。在择业中，有的大学生对自己缺乏清醒的认识，择业信心不足，完全依赖父母，依赖社会关系。但事实上，找工作的前提是：你是一个独立的人，有自己的判断能力，能对自己负责。

第五，躯体化症状及其他问题行为也困扰着处于求职困境的大学生。

躯体化症状和问题行为是心理压力过大的外在表现，如头痛、头晕、血压不正常、消化紊乱、背痛、肌肉酸痛、口干、心慌、尿频、饮食障碍或睡眠障碍等。有些大学生因某些需要不能满足而产生强度较大的挫折感，加之平时缺乏应有的品德与个性修养，因此就可能发生各种各样的问题行为。如逃课、损坏东西、对抗、报复、迁怒于人、拒绝交往、进行不良交往、过度消费、嗜酒等，严重的还会导致违纪与违法。

（二）心理障碍的疏导

“会当凌绝顶，一览众山小。”做一件事情之前必须先相信自己完全可以做到，你才可能会做到。求职心理障碍的疏导可以从以下几个方面入手：

第一，调整认知，正视现实。

双向选择与自主择业为大学生带来了机遇与挑战。社会提供的岗位无法满足所有人的期望，与其抱怨现实，不如立足实际，了解社会需求。一方面，更新择业观念，避免好高骛远；另一方面，承认现状，直面心理障碍，主动寻求解决方案。

第二，掌握自我心理调节方法。

缓解心理压力并非难事，那些从容应对压力的人也是在生活中逐渐学会的。我们可以掌握几种常见的自我调节方法，如精神胜利法、难得糊涂法、随遇而安法、幽默人生法、宣泄积郁法、音乐冥想法等，以减轻生活压力。

第三，参与积极情绪体验，提高挫折承受力。

求职过程中难免遇到困难与挫折，但挫折并非人生的终点，而是成长的契机。面对困境，抱怨无益，保持健康心态与乐观态度更为重要。通过情景联想法、理性情绪疗法等积极心理学方法，改变不合理信念，产生积极情绪反应，有助于提升挫折承受力。

扩展阅读 10-4 心理探索：常见面试问答

第四，主动求助，提高心理健康水平。

当自我疏导效果有限时，主动寻求外界帮助是明智之举。受传统观念影响，许多人对心理咨询存在误解，认为求助意味着泄露隐私或被贴上“精神病”标签。事实上，求助是强者的行为，接受咨询是成长的过程。树立正确的心理健康观念，勇敢寻求专业帮助，才能更好地应对心理困扰，提升心理健康水平。

三、未雨绸缪：机会只留给有准备的人

面对众多招聘启事中“1～3 年工作经验”的苛刻要求，“先就业再择业”成了许多大学生积累经验的无奈选择。然而，这种被动选择往往让工作成为一种负担，生活变得沉重，使我们无暇顾及生命中的其他风景。实际上，大学生就业看似是毕业前夕的事情，却应从入学之初就开始准备。正如爱默生所言：“生活的艺术在于从每一个细节中汲取智慧。”我们需要在大学生活的每一个阶段为未来打下坚实的基础。

1928 年，亚历山大·弗莱明医师在度假归来后，发现培养皿角落长了一丛白色青霉菌落，且周围没有细菌滋长。他敏锐地意识到青霉菌可能具有杀菌或抑制细菌的作用。然而，青霉素的纯化和稳定性问题一度阻碍了其生产。幸运的是，澳大利亚科学家弗洛里看到弗莱明的报告后，产生了浓厚兴趣，并在化学家钱恩的协助下，于 1935 年成功制造出盘尼西林。这一发现不仅为三位科学家赢得了 1945 年的诺贝尔生理学或医学奖，更拯救了至少 2 亿人的生命。弗莱明的成功并非偶然，机会总是青睐有准备的头脑。正是他对溶菌酶的深入研究和对细节的敏锐观察，才让他抓住了这一重大发现的契机。

事实上，早在 1896 年，一位法国医学生就曾发现霉菌与细菌共同注入动物体内时，动物的死亡率显著降低。然而，由于缺乏“物质抑制细菌生长”的概念，他未能进一步探索这一现象。这一遗憾提醒我们，只有具备扎实的知识储备和敏锐的洞察力，才能在关键时刻抓住机遇。通过这些科学发现的事例，我们可以领悟到，无论是医学界的重大突破，还是个人的职业发展，成功往往源于长期的积累与准备。面对严峻的就业形势，许多大学生

未雨绸缪，利用假期实习、打工，甚至出现了实习低龄化的趋势。他们选择与自身专业和发展目标一致的岗位，通过实践积累经验，为未来的正式就业增添自信的砝码。你现在所经历的点点滴滴，都会在未来串联起来，成为你成功的基石。

无论是工作还是生活，我们都应设定明确的目标，并坚定地朝着目标前行。不必计较一时的得失，也不必畏惧暂时的劳累。因为我们深知，每一分努力、每一分钟的时间都在推动我们离目标更近一步。目标是一切成就的起点。只有心怀目标，脚踏实地，才能在人生的旅途中收获属于自己的风景。

四、独立创业：爱拼才会赢

大学生创业是指以在校大学生和毕业生为主体的创业活动。随着我国经济转型的深入推进和社会就业压力的加剧，创业逐渐成为大学生群体的一种重要职业选择。作为年轻的高级知识群体，大学生拥有丰富的知识储备和独特的创造力，是国家重点支持的创业人群。然而，由于社会实践经验与能力的不足，大学生创业往往与成功的关键要素相矛盾，导致许多创业项目在初期便夭折。这使得大学生创业成为社会关注的焦点。在国家经济建设和发展的背景下，大学生创业既面临诸多机遇，也需应对诸多挑战。这些机遇与挑战将推动大学生创业迈向新的高度，同时也为社会的创新与进步注入新的活力。

（一）明确自身优势

第一，充满激情与活力。大学生通常对未来充满希望，拥有年轻的血液和“初生牛犊不怕虎”的精神。这种激情与无畏是创业者不可或缺的素质，能够为创业之路注入源源不断的动力。

第二，理论知识与技术优势。大学生在校期间积累了丰富的理论知识，尤其在技术领域具备较高层次的优势。在当今社会，高科技企业是最具发展潜力的方向之一。技术的重要性不言而喻，大学生创业往往聚焦于高科技、高技术含量的领域，“以智力换资本”成为其鲜明特色和必然选择。许多风险投资家正是看中大学生掌握的先进技术，愿意为其创业计划提供支持。

第三，创新精神与挑战欲望。现代大学生具备强烈的创新精神，敢于挑战传统观念和行业规则。这种创新精神不仅是创业的动力源泉，更是成功创业的精神基石。怀揣创业梦想的大学生，通过努力打拼，不仅创造了财富，也为社会注入了新的活力。

第四，能力提升与价值实现。大学生创业的最大益处在于能够提升个人能力，积累社会实战经验，并将所学知识应用于实践。更重要的是，通过成功创业，大学生能够实现自我理想，证明自身价值，这正是创业最吸引人的地方。唯一成就伟大工作的方式，就是热爱你所做的事。创业不仅是一次职业选择，更是一次自我实现的机会。

（二）看清困难与不足

面对挫折与失败，许多创业者感到痛苦茫然，甚至消沉沮丧。急于求成、缺乏市场意识和商业管理经验是大学生创业失败的重要原因。以往看到的成功案例使心态趋于理想化，但现实中失败的例子远多于成功。只有同时看到成功与失败，才能更全面地认识市场，使年轻创业者更加理智。尽管掌握了一定的理论知识，但实践能力和管理经验的欠缺使创业者难以胜任企业经理人的角色。此外，对市场营销的认知不足，也限制了他们的商业决策能力。

有些大学生对创业的理解停留在想法与概念层面，试图用新奇创意吸引投资。然而，如今投资人更关注技术的独特性、市场潜力和可复制性，而非简单的创意。创业者需提供周密的可行性论证和实施计划，而非仅凭一个主意打动投资人。

市场观念淡薄，过分强调技术的领先性，忽视市场空间和需求也会成为创业绊脚石。谈及市场，很多年轻的创业者多局限于广告宣传，缺乏对目标市场定位和营销策略的深入思考。事实上，投资人更青睐那些技术虽不顶尖但能精准满足市场需求的产品或服务。创业者需制订明确的市场营销计划，有力证明盈利的可能性。

（三）科学规划，迎难而上

1. 自我认知与科学规划

年轻人，尤其是刚毕业的大学生，往往对社会和自身缺乏清晰认知。要明确未来发展方向，仅靠自我思考远远不够，还需通过观察他人、借鉴“过来人”的经验，并结合自身实际，设定阶段性小目标。通过逐步实现这些小目标，逐渐明确人生规划。在创业过程中，提前计划至关重要。制订计划时需综合考虑各种因素，形成切实可行的行动方案，并考虑所有可能的细节。执行过程中，需根据实际情况灵活调整。强大的计划管理能力是成功创业的关键。

2. 胆识与魄力

创业者是团队的核心，其决策直接影响创业的成败。初期可广泛征求意见，但独立决策时需依靠智慧和胆识。决策需谨慎，但优柔寡断可能错失良机。胆识和魄力应建立在深思熟虑的基础上，既要控制风险，又要追求利益最大化。

3. 团队、信息与目标管理

创业如同经营企业，需制定简洁有效的制度，并确保团队理解并严格执行。创业者应根据团队实际情况建立管理制度，如店员管理、培训和绩效考核等，并根据市场变化及时调整。制度设计需基于客观事实，确保可实施性。信息筛选与管理是创业者的重要能力。面对大量信息，需快速识别有效内容，以指导业务有序开展。大学生创业者因缺乏经验，容易做出偏颇决策。在信息甄别困难时，可请教有经验者，逐步提升信息管理能力。目标管理是创业成功的基础。在不同阶段需制定明确目标，并将其细化分解到团队每个成员。长远目标可分解为阶段性小目标，创业者需统筹管理，确保团队朝着共同方向前进。

4. 处理突发事件

创业过程中难免会遇到突发事件，其中许多是我们希望避免的。然而，当事情发生时，积极应对至关重要。若事件涉及顾客，处理得当甚至能起到广告效果。用心的服务能向顾客传递负责任的形象。正所谓“好事不出门，坏事传千里”，任何突发事件若处理不当，都可能损害形象甚至毁掉招牌。因此，妥善处理每次危机，化险为夷，不仅能赢得顾客的信任，还能通过口碑传播，为品牌积累良好声誉。

5. 社会交往能力

“一花独放不是春，百花齐放春满园。”良好的人际关系，不仅能给人生带来快乐，而且能助人走向成功。大学生创业者在开始创业后必将会接触到各种不同类型、身份的人，而接触的人大多是跟自己利益相关的。所以从创业开始就要学会跟各种人打交道。要尽可能地去结交人脉，认识朋友，舍得为自己投资。在与前辈们的交流和学习中不断认识到自己的不足，有针对性地加以完善。

6. 保持身心健康

创业者常与孤独和挫折为伴，创业之路鲜有一帆风顺。如今流行的“逆商”概念，强调人在逆境中的适应能力。保持乐观稳定的心态，是创业者需在长期历练中掌握的技能。大学生创业者往往心高气傲、自尊心强，建议他们放低姿态，坦然接受可能的打击，并在得意时克服骄傲情绪，避免自满。身体是革命的本钱，只有健康才能支撑创业的拼搏。尽管废寝忘食的精神值得肯定，但不可视为常态。年轻创业者精力旺盛，容易沉浸工作，但需注意劳逸结合，避免因过度拼搏而损害健康。

（四）积极应变，主动适应

1. 多学多问，虚心请教

学习是成功者的必备品质，尤其对缺乏社会经验的大学生创业者而言，实效性学习至关重要。做事切忌一意孤行，应广泛请教，不仅限于成功的前辈，目标消费者也是重要的导师。

2. 耐住性子，避免冲动

冲动是年轻人的通病，而创业需要冷静与耐心。多思多虑，尤其在后期经营中，应深思熟虑，做有把握的事。“牢骚太盛防肠断，风物长宜放眼量”，眼光放长远才能走得更稳。

3. 勇于承担，负责到底

“宝剑锋从磨砺出，梅花香自苦寒来。”成功的领导者必须具备责任感。无论成败，不怨天尤人，而是从自身找原因，敢于担当。

4. 认识并接受人性

大学生初入社会，人际交往经验不足，容易因挫折而情绪波动。创业者需认清社会现实，学会接受人性的复杂性，调整心态。

5. 具备大局意识

创业需深谋远虑，不能只关注眼前得失。大学生创业者应放眼未来，做合理投资，避免短视行为。

6. 向竞争者学习

竞争者既是压力来源，也是现成的教材。通过分析竞争者的成败，可以更清晰地看到自身经营的优劣。同时，多请教前辈，借鉴经验，减少失误。决策前需深思熟虑，确保可行性。

7. 合理理财，避免挥霍

大学生创业初期往往缺乏财务概念，而创业需要精打细算。应克制消费欲望，将资金用在刀刃上，杜绝挥霍。

数据显示，大学生创业成功率不足两成，这与经验、性格等因素有关。面对失败，需保持热情，即使创业不成，也可通过工作积累经验，为未来重返创业舞台奠定坚实基础。习近平总书记在会见探月工程嫦娥四号任务参研参试人员代表时强调，实践告诉我们，伟大事业都始于梦想。梦想是激发活力的源泉。中华民族是勇于追梦的民族。在建成社会主义现代化强国、实现中华民族伟大复兴的征途上，每一个行业、每一个人都要心怀梦想、奋勇拼搏，一步一个脚印，一棒接着一棒，在奋力奔跑和接续奋斗中成就梦想。

心理拓展

职业幻游：心灵之旅

目标：帮助学生放松身心，缓解求职压力；引导学生探索职业兴趣，明确职业目标；增强学生的自信心和自我价值感。

时间：约 60 分钟

人数：10~15 人

材料：舒缓的背景音乐、眼罩（每人一个）、纸笔

步骤：

1. 热身（10 分钟）

带领学生做简单的放松练习，如深呼吸或身体扫描，帮助他们放松身心。

播放舒缓的音乐，营造轻松氛围。

2. 引导幻游（30 分钟）

请学生戴上眼罩，调整到舒适姿势。

用缓慢、柔和的语调引导他们进行“职业幻游”。

引导语示例：

想象你走在一条宁静的小路上，阳光温暖，微风轻拂。走着走着，你来到一扇门前，门上写着“未来职业”。你推开门，发现自己置身于一个充满可能性的空间。

你看到不同的职业场景：有人在办公室工作，有人在户外探索，有人在舞台上表演……你被其中一个场景吸引，慢慢走近。

你看到自己在这个场景中，穿着得体的服装，自信地工作。你感受到这份工作带来的成就感和快乐。你仔细观察周围的环境、同事和工作内容。

你与身边的人交流，他们对你表示赞赏和鼓励。你感受到自己的价值和能力。

现在，是时候离开了。你带着这份美好的感受，慢慢走回那扇门，回到现实世界。

3. 分享与讨论（15 分钟）

幻游结束后，请学生摘下眼罩，分享他们的体验。

讨论：

你看到了什么样的职业场景？

在这个场景中，你感受到了什么？

这次幻游对你有什么启发？

4. 总结与延伸（5 分钟）

总结分享，强调每个人都有独特的职业兴趣和能力。

鼓励学生将幻游中的感受与现实结合，探索适合自己的职业方向。

提供一些职业探索资源，如职业测评、职业访谈等。

注意事项：

引导语可以根据实际情况调整，营造更生动的场景。

尊重学生的个体差异，不强迫分享。

可以重复进行幻游，帮助学生更深入地探索职业兴趣。

游戏变式：

“未来名片”：幻游结束后，请学生设计自己的“未来名片”，包括姓名、职位、公司等信息，并分享设计理念。

“职业愿景板”：提供杂志、图片等材料，请学生制作自己的“职业愿景板”，描绘未来的职业生活。

问题思考

1. 如果现在有一笔创业启动资金，可以满足你创业的基本需求，你打算如何开启创业计划？对你来说最大的困难是什么？该如何克服？

2. 结合自己的专业，做一份职场调查报告。要求能够反映该职业的社会现状，对该职业所需人才的具体需求进行深入细致的了解与分析，并能结合人工智能等新技术应用谈一谈该如何面对这些就业新形势。

推荐阅览

[1] [美]理查德·尼尔森·鲍利斯. 你的降落伞是什么颜色[M]. 李春雨，陈雁，王鹏程，译. 北京：中国华侨出版社，2014.

[2] [美]彼得·戴曼迪斯，史蒂芬·科特勒. 创业无畏[M]. 黄拥民，译. 杭州：浙江人民出版社，2015.

[3] 推荐影片：美国电影《当幸福来敲门》，加布里尔·穆奇诺执导。影片讲述了一位濒临破产、妻子离家的落魄业务员，在艰难承担单亲责任的同时奋发向上，最终从股市交易员成长为知名金融投资家励志故事。

即测即练

自学自测

扫描此码

第十一章

知我者谓我心忧——心理咨询与辅导

知人者智，自知者明。胜人者有力，自胜者强。

——老子

【学习目标】

1. 了解心理咨询的定义、分类、对象、基本原则；
2. 正确认识心理咨询及其作用；
3. 了解心理咨询的主要流派及观点；
4. 学会如何运用心理咨询资源。

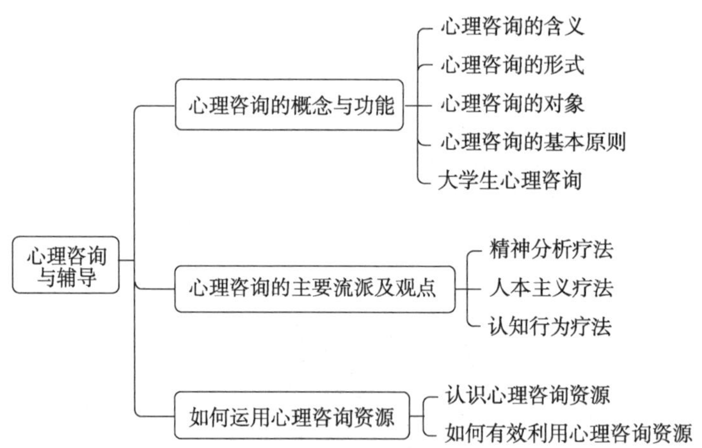

课前思考

电影《心灵捕手》讲述了一个桀骜不驯却又聪明绝顶的年轻人的故事。主人公威尔 20 岁，他没上过大学，却痴迷数学，自己博览群书，但是由于出身卑微、经济贫困，他只能在麻省理工学院做一名清洁工。改变他的命运的是这样一件事情：教授在黑板上写下一道他觉得十分难解的题目，希望他那些杰出的学生能找到答案，可是却无人能解。威尔在下课打扫时发现了这道数学题，并轻易地解开了这个难题。数学教授在找不到真正的解题者后，又出了一道更难的题目，终于由此发现了这位数学天才。

威尔从小被亲生父母遗弃成为孤儿，又受到养父的虐待，因为缺乏家庭的爱和管束，对任何人都不信任，内心自卑却桀骜不驯，甚至到处打架滋事，并被少年法庭宣判送进少年管教所。最后数学教授为他保释并向法官求情，才让他免受牢狱之灾。虽然教授希望威尔能够重拾人生目标，用尽方法希望他打开心结，但许多被教授请来为威尔做心理辅导的心理学家却都被威尔羞辱，纷纷宣告威尔已无可救药。

数学教授在无计可施的情况下只好求助他的大学同学及好友桑恩，希望他来开导这个年轻人。而这位受人仰慕的心理学家能做到吗？威尔在众人的帮助下将以前生命中所遭受的困境都抛之脑后，重新找回生活，打开心胸，拥抱生命。

心理咨询有如此大的魔力，可以打开这个青年的心扉，捕捉到他的心灵。那么心理咨询是怎么一回事呢？

第一节　助人自助：心理咨询的概念与功能

在了解心理咨询之前，我们先看一下什么是咨询。“咨询”一词源于拉丁语，有商讨、劝告、质疑、会谈、征求意见、反思、指导等意义。“咨询”一词最早载于古籍《尚书·舜典》，“咨”表示商量，“询”表示询问。现代社会中，咨询的含义已逐渐固定为专业人员以其专业知识为基础，为顾客提供各方面的指导与建议。咨询的种类很多，根据咨询人员的不同专业，可分为法律咨询、企业咨询、金融咨询等，心理咨询是其中一个重要的组成部分。

一、心理咨询的含义

心理咨询作为一个心理学的专业术语，在其界定和描述上，不同的专家和学者有不同的看法。例如泰勒认为：“咨询是一种从心理上进行帮助的活动，它集中于自我同一感的成长以及按照个人意愿进行选择和做出行动的问题。”[①]将心理咨询界定为一种助人活动。

塞西尔·H. 帕特森认为：“咨询是一种人际关系，在这种关系中咨询人员提供一定的心理气氛或条件，使咨询对象发生变化，做出选择，解决自己的问题，并且形成一个有责任感的独立个体，从而成为更好的人和更好的社会成员。”[②]将心理咨询界定为一种特殊的人际关系。

扩展阅读 11-1　心理探索：心理咨询与心理治疗之间的关系

美国《哲学百科全书》则从心理咨询的特征来界定它的内涵，认为心理咨询有六个方面的特征：①主要着重于正常人；②对人的一生提供有效的帮助；③强调个人的力量和价值；④强调认知因素，尤其是理性在选择和决定中的作用；⑤研究个人在制订总目标、计划以及扮演社会角色方面的个性差异；⑥充分考虑情境和环境的因素，强调人对于环境资源的利用以及必要时改变环境。

朱智贤主编的《心理学大辞典》认为，心理咨询师对心理失常的人，通过心理商谈的程序和方法，使其对自己与环境有一个正确的认识，以改变其态度和行为，并使其对社会生活有良好的适应。心理失常分轻度和重度两种，心理咨询以轻度、属于机能性的心理问题为主。[③]

人本主义心理咨询大师罗杰斯指出，心理咨询是“与日常生活中其他关系不同的一种

① 黎奥尼·泰勒. 咨询过程中的理论原则[J]. 咨询心理学杂志，1958: 5.

② 转引自汤宜朗，许又新.心理咨询概论[M]. 贵阳：贵州教育出版社，1999: 3.

③ 朱智贤. 心理学大辞典[M]. 北京：北京师范大学出版社，1989: 773.

特殊关系”，咨询师与来访者之间的关系应是一种温暖的、彼此信任的关系。

总之，心理咨询专家、学者们没有给心理咨询做出明确、统一的定义。通过分析这些专家、学者们对心理咨询概念的描述，可以把心理咨询定义归纳为：心理咨询是指专业咨询人员运用心理学的理论、方法、技术，帮助来访者就问题进行分析、研究和讨论，找出问题的根本原因，经过专业咨询人员的指导和启发，探讨出解决的方法，从而解决心理困扰，恢复能力，维护身心健康。

二、心理咨询的形式

心理咨询的形式多样，根据咨询的性质，可分为发展咨询与健康咨询；根据咨询的时程，可分为短程、中程和长期心理咨询；根据咨询的规模，可分为个体心理咨询与团体心理咨询；根据咨询的方式，可分为面谈咨询、电话咨询与网络咨询。

（一）按咨询的性质分类

1. 发展咨询

为了适应现代化的工作和生活节奏，人们越来越重视对自身的认识和关注，而发展性心理咨询可以帮助人们挖掘心理潜力，提高自我认识的能力。当自我认识出现偏差或障碍时，可以通过心理咨询得以解决。

2. 健康咨询

当一个精神正常的人，因各类刺激引起焦虑、紧张、恐惧、抑郁等情绪问题，或者因挫折引起问题行为，并且影响社会功能的发挥时，所进行的心理咨询就是健康心理咨询。

（二）按咨询的时程分类

1. 短程心理咨询

在相对短的时间内（1～3 周）完成咨询。资料收集和分析集中在心理问题的关键点上，就事论事地解决求助者的一般心理问题。追求近期疗效，对中远期疗效不做严格规定。做好这类咨询，要求咨询师的思维要敏捷、果断，语言要准确、明快，有较长期的临床经验。

2. 中程心理咨询

在 1～3 个月内完成咨询。可涉及较严重的心理问题，要求有完整的咨询计划、咨询预后，追求中期以上疗效。

3. 长期心理咨询

在遇到严重心理问题或神经症性的心理问题时，可采用长期心理咨询，一般用时在 3 个月以上，应使用标准化咨询方法——心理治疗，要求制订详细咨询计划，追求中期以上疗效，并要求疗效巩固措施。对资历较浅的心理咨询师，除要求有详细咨询计划外，还要求写出案例分析报告。

（三）按咨询的规模分类

1. 个体心理咨询

个体心理咨询的着眼点在于个人，它是咨询师和来访者两个人之间一对一的咨询关系，着重帮助来访者解决个人的心理问题。

2. 团体心理咨询

团体心理咨询的着眼点在于团体，是在团体情境中提供心理帮助和指导的一种心理咨询形式。通过团体内人际交互作用，促使个体在交往中通过观察、学习、体验、认识自我、探讨自我、接纳自我，调整和改善与他人的关系，学习新的态度和行为方式，以发展良好的生活适应能力。

（四）按咨询的形式分类

1. 面谈咨询

面谈咨询在专门的心理咨询机构进行，心理咨询师与来访者面对面地进行交流，详细了解和分析来访者的心理困扰，帮助他们解决影响身心健康的不利因素，提高他们解决问题、适应环境的能力。由于面谈咨询过程中咨询师可以掌握来访者的全面信息，能够全面而深入地为来访者提供帮助，所以面谈咨询是首选的咨询方法。

2. 电话咨询

电话咨询是指咨询师通过电话与当事人进行沟通，了解和分析当事人遇到的心理困扰，帮助当事人解决心理问题。电话咨询由于其方便性、快捷性，在国外主要用于心理危机干预，中国大陆的大部分高校也开设了心理咨询热线。

3. 网络咨询

网络咨询是指咨询师与来访者借助网络平台或者网络聊天工具进行心理咨询。由于网络的匿名性、隐蔽性、快捷性和实时性，网络心理咨询发展迅速，成为心理咨询的一种重要形式。

三、心理咨询的对象

按照心理是否正常，可以把人的心理分为两种状态：正常心理和异常心理。正常心理又可分为心理健康和心理不健康。

心理咨询的对象包括心理健康人群、心理不健康人群，也包括一部分心理异常人群。

（1）心理正常、心理健康，但遇到与心理有关的现实问题，如存在择业迷茫、学习动力不足、学习压力过大、恋爱失败、人际失调、适应不良等问题，产生了心理困扰，需要帮助的人群。针对这类人群开展的心理咨询属于发展性心理咨询，主要帮助他们做出理想的选择，顺利完成发展任务，度过人生的困难阶段。

（2）心理正常，但心理健康出现问题，长期处于心理困扰、心理冲突之中，或者遭受比较严重的心理创伤而失去心理平衡，心理健康遭到严重破坏，尽管他们的精神仍然是正常的，但是心理健康水平却下降许多。这类人群的问题包括一般心理问题、严重心理问题、神经症性心理问题。针对这类人群开展的心理咨询属于障碍性心理咨询，主要帮助他们缓解冲突、消除心理症状及恢复良好的心理功能。

（3）特殊对象。神经症和精神病患者经过精神医学临床治愈之后，心理活动基本恢复正常，通常可被视为心理正常的人，这时心理咨询是可以介入的，但仅起到辅助治疗的作用，帮助患者好转。

四、心理咨询的基本原则

（一）保密及保密例外原则

根据心理咨询伦理守则，咨询师会尊重来访者的个人隐私权，不仅对来访者的有关资料严格管理，予以保密，也不得在咨询室以外的地方随便谈论来访者的事情，更不能将来访者的事情当作茶余饭后的谈话资料。在专业需要的情况下进行教学、科研和写作时，采用来访者的案例须以不暴露来访者个人信息为前提。当然，对保密原则的遵守也有例外的情况，如果咨询师所得到的信息表明来访者有自杀和伤害他人或危及社会安全的尝试和企图时，应立即采取必要的措施保护来访者和他人的人身安全，防止意外事件的发生，这些必要的措施可能包括通知来访者身边的亲友或师长。但也会使有关人员明了如何应对可能的事件，并在尽可能的情况下，保护来访者的个人隐私，保证有关人员不会因此而歧视来访者。所以来访者可以敞开心扉，畅所欲言。

（二）价值中立原则

咨询人员在心理咨询过程中应保持客观、中立的立场，不以咨询人员自身的价值观评判来访者的心理和行为，更不得对来访者进行批评或指责。

（三）专业能力限定原则

咨询人员的主要目的是帮助来访者分析问题所在，培养来访者积极的心态，树立自信心，让来访者的心理得到成长，自己找出解决问题的方法。当来访者面临的问题超出咨询人员的专业能力范围时，心理咨询人员应主动、及时地把来访者转介到合适的心理咨询机构。

（四）时间、感情限定的原则

心理咨询必须遵守一定的时间限制。咨询时间一般规定为每次 50 分钟左右（初次咨询可以适当延长），两次咨询之间的时间间隔一般为一周，不能随意延长咨询时间或间隔。

咨访关系的确立是咨询工作顺利开展的关键，是咨询师和来访者心理的沟通和接近。但这是有限度的。来自来访者的劝诱和要求，即便是好意，在终止咨询之前也应该予以拒绝。

（五）“来者不拒，去者不追”的原则

心理咨询人员在向来访者提供咨询服务时，应尊重来访者自己的意愿，到心理咨询室求询的来访者必须出于完全自愿，这是确立咨访关系的先决条件。“来者不拒”，指对来访者积极提供可能的帮助；“去者不追”，指在心理咨询过程中，来访者退出或离开，应及时安排，做好结束咨询工作，不必勉强建议来访者继续进行心理咨询服务。

（六）重大决定延期的原则

心理咨询期间，由于来访者情绪过于不稳定和动摇，应规劝其不要轻易做出如退学、转学等重大决定。在咨询结束后，来访者的情绪安定、心境得以整理之后做出的决定往往不容易后悔或反悔的比率较小。就此应在咨询开始时予以告知。

五、大学生心理咨询

（一）大学生心理咨询的内容

1. 新生适应问题

从中学跨入大学进入新的校园环境，由于学习环境、人际关系等发生了变化，有一部分新生不能很好地适应大学生活，无法融入新环境、新角色，处于困惑迷茫之中，不少大学生出现了适应问题。适应不良容易造成迷茫、失落、无助、孤独、失望等心理困扰。

2. 人际交往问题

大学生面临的人际交往较之以前更加多样化，同学关系、师生关系、舍友关系、老乡关系、亲友关系、恋爱关系、网络人际关系等错综复杂的人际网络让大学生不可避免地会遇到人际交往的苦恼和困惑。比如同学关系不和、师生之间的矛盾、舍友之间的冲突、朋友之间的误会、恋人之间的猜疑等都会对大学生的生活、学习、身心健康造成影响，产生不良后果，需要及时求助于心理咨询。

3. 学业问题

学习是大学生的主要任务之一，大学生的许多心理问题来源于学习活动。不少大学生无法适应大学学习方式，不能及时了解大学学习规律，不能正确掌握大学学习方法，因而出现了各种心理困惑，不仅影响了学业，还影响了心理健康。例如，缺乏学习动机、缺乏学习信心，出现学习焦虑、学习拖延与疲劳、记忆力衰退、注意力分散、考试焦虑等学习问题。

4. 情绪困扰问题

处于青年期的大学生，有着丰富的情绪体验，情绪波动大。不良情绪会影响他们的个性发展，影响他们对自我的认识和评价，还会影响他们的认知思维水平，降低大学生的学习效率，严重的情绪困扰甚至影响大学生的身心健康。大学生常见的情绪困扰主要有考试焦虑、社交焦虑、择业焦虑、睡眠不良、缺乏信心、情绪低落、抑郁、绝望、敏感、嫉妒、自卑等。

5. 恋爱情感问题

爱情是大学校园里永恒不变的浪漫主题，恋爱心理是否健康直接影响大学生的学习、生活和未来的幸福。恋爱在给人带来甜蜜幸福的同时，也给人带来烦恼和苦闷，大学生对恋爱情感问题的认识与处理正确与否，已经严重影响大学生的心理健康。因恋爱所造成的情感危机，是诱发大学生心理问题的重要因素，恋爱失败往往导致大学生心理问题的发生。有的因为心理负担过重而走向极端，导致悲剧，产生重大的社会影响。

6. 自我问题

大学生的自我意识正处于发展与成熟的关键时期，自我意识的变化容易影响心理的变化。大学生的特殊社会地位和所属的特殊人群，使得他们的自我期望普遍较高，加上多年的校园生活，他们对现实和未来常常抱着不切实际的幻想，导致理想和现实存在较大差距，且短时间内又无法消除，出现了一系列自我矛盾与冲突。

7. 择业与就业问题

随着高等教育由“精英教育”过渡到“大众化教育”，大学毕业生就业难已成为当今社会普遍关注的热点问题。严峻的就业形势使在校大学生产生了巨大的思想压力。大学生心理普遍不够稳定，认识问题和分析问题的能力存在一定的局限性，生理和心理发育明显不同步。加之他们又无工作经验，对自我和社会的了解有限，在求职择业过程中往往会出现各种心理冲突和困扰，出现自我认识模糊、职业需求迷茫、择业焦虑紧张、择业自卑心理、择业嫉妒心理、就业攀高心理等。

以上这些都是大学生在生活中可能会遇到的问题，也是大学生最常做的咨询内容。

（二）大学生心理咨询的作用

总的来说，心理咨询主要可以帮助大学生解决生活和学习中的各类心理问题，纠正不合理信念，改善不良行为，学会调整人际关系，强化适应能力，提高个人心理素质，使他们健康愉快地生活。

1. 认识自己的内外世界

人生存在同一个外部世界中，但却有各自的内部世界。外部世界是由活生生的、不断变化的现实构成的，不随我们的意志而改变。内部世界是以往积累的经验构成的，因人而异，可以按照自己的意志加以调整。这两个世界总是处在既一致又矛盾的状态中。心理咨询可以帮助心理困扰的大学生正确认识内外世界不平衡的部分，尽快调整，使内外世界平衡。

2. 纠正不合理的信念

人们一般以为是事件的发生导致负面情绪的出现，但事实并非如此，负面情绪是个体对事件的看法引起的。不同的信念导致不同的结果，消极的、负面的、不合理的信念往往导致负面的情绪结果，积极的、正面的、合理的信念带来正面的情绪力量。心理咨询可以帮助大学生纠正不合理的信念，帮助他们重新看待经历的事件和各种挫折，学会用新的思维和信念解决当前的心理问题。

3. 学会理解他人

心理咨询能帮助个体更好地理解他人，站在他人的角度思考问题即换位思考，体验他人的内心，感同身受，重新看待自己与他人的关系，恢复心理平衡。

4. 增强自知之明

自知者明，但因种种认识上的限制，人很难认清自己。正因为各种不合理的心理认识、片面的经验、错误的推理、不合理的需求等，导致人们经常失去对自我的正确认识，从而引发种种心理困扰。心理咨询可以帮助大学生重新认识自己，挖掘自身的资源，明确前进的方向，树立新的目标。

5. 学会面对现实和应对现实

心理咨询可以引导大学生学会面对现实，帮助他们提高应对现实问题的能力。

6. 构建合理的行为模式

大学生的心理困扰能否最终得到解决，关键看他们能不能将思想转化为实际行动。心理咨询可以帮助大学生改变先前不合理的行为模式，建立一种新的、合理的行为模式。这种改变是在咨询师的启发、鼓励和支持下发生的，按照这种新的行为模式，大学生的心理问题才能得以改善，他们才能摆脱心理苦恼。

第二节　百家争鸣：心理咨询的主要流派及观点

像心理学的历史一样，心理咨询也有着简短的历史和长远的过去。本节主要介绍大学生心理咨询中常用的三种咨询理论。

一、精神分析疗法

扩展阅读 11-2　心理探索：心理咨询的误区

精神分析主要是通过挖掘来访者潜意识中的心理矛盾和冲突，找到致病的症结，并把它们带到意识领域中来，使来访者对此有所领悟，在现实原则的指导下纠正和消除症结，从而建立良好、健康的心理结构，达到心理健康。其咨询的基本目标是使潜意识意识化，使潜意识冲突表面化，从而帮助来访者重新认识或重建人格，克服其潜意识冲突。

精神分析常用的咨询技术有以下几种。

（一）自由联想法

来访者很舒服地躺着或者坐好，把自己能想到的一切都讲出来，可能是微不足道、荒诞不经或者有伤大雅，都如实讲述。咨询师对来访者所报告的材料加以分析和解释，直到从中找出来访者无意识之中的矛盾冲突，即心理问题的起因。在弗洛伊德看来，浮现在脑海中的任何东西都不是无缘无故的，都是有一定因果关系的，借此可发掘出无意识之中的症结所在。

（二）释梦

在弗洛伊德看来，梦是潜意识内容和冲动的反映，或者是没有满足的欲望、愿望的替代性满足。梦反映了来访者心理深层或被压抑的情绪。他认为睡眠时自我的控制减弱，无意识中的欲望趁机向外表现。但因精神仍处于一定的自我防御状态，所以这些欲望必须通过伪装变形才可以进入意识成为梦象。因此梦是有意义的心理现象，梦是人愿望的迂回满足，咨询的目的是分析这种被压抑的情绪。

（三）阻抗

来访者有意无意地回避某些敏感话题，使咨询重点偏移。有意识的阻抗可能是来访者怕咨询师对自己产生坏印象，或担心说错话，或对治疗者还不信任，经咨询师的说服即可消除阻抗。无意识的阻抗表现为对咨询的阻抗，而来访者并不能意识到也不会承认。来访者往往口头上表示迫切希望早日完成咨询，但在行动上却并不积极。例如来访者可能表现为不愿改变某种行为，即使这种行为给他带来了很大的痛苦。来访者也可能很难正视和讨论他的创伤性体验，或寻找其他话题。在自由联想的过程中，来访者还会表现出很难回忆起一些与症状相关的重要事件及线索。

（四）移情

移情指来访者把对自己父母、亲人等的感情转移到咨询师身上，即把早期对别人的感情转移到咨询师身上，把他当成自己的父母、亲人等。移情并不是对治疗者产生的爱慕，也不是有意识的恐吓，移情是病人无意识阻抗的一种特殊形式。咨询师通过移情可以了解到病人对其亲人或者他人的情绪反应，引导来访者讲出痛苦的经历，揭示移情的意义，使移情成为咨询过程的推动力。

扩展阅读 11-3 心理探索：弗洛伊德口误

（五）解释

解释，是将无意识的材料引入意识，用于揭露症状背后的无意识动机，消除阻抗和移情的干扰，使来访者对其症状的真正含义达到领悟。解释的目的在于使来访者正视他所回避或尚未意识到的东西，使无意识之中的内容变成有意识的。

二、人本主义疗法

人本主义疗法强调人本身具有了解和改善其自身行为的巨大潜力。心理问题产生的原因在于人所处的环境不好，或没有得到良好的指导，个人潜力就不能得到发展，或向歪曲的方向发展，从而产生异常行为。因此，人本主义心理学强调在咨询过程中要以人为中心，要为来访者创造一种良好的氛围，使来访者感受到无条件的支持和关注，体验到自我价值，找到真正的自我，从而达到自我实现的境界。

（一）马斯洛的需求层次理论

马斯洛认为动机是人类生存和发展的内在动力，需要是动机产生的基础源泉。他将需求分为生理需求、安全需求、社交需求（爱和归属感）、尊重需求和自我实现需求五类，由较低层次到较高层次依次排列（见图 11-1）。其中生理需求和安全需求是人的初级阶段的需求，社交需求和尊重需求是人的中级阶段需求，而自我实现需求是人的最高阶段的需求。

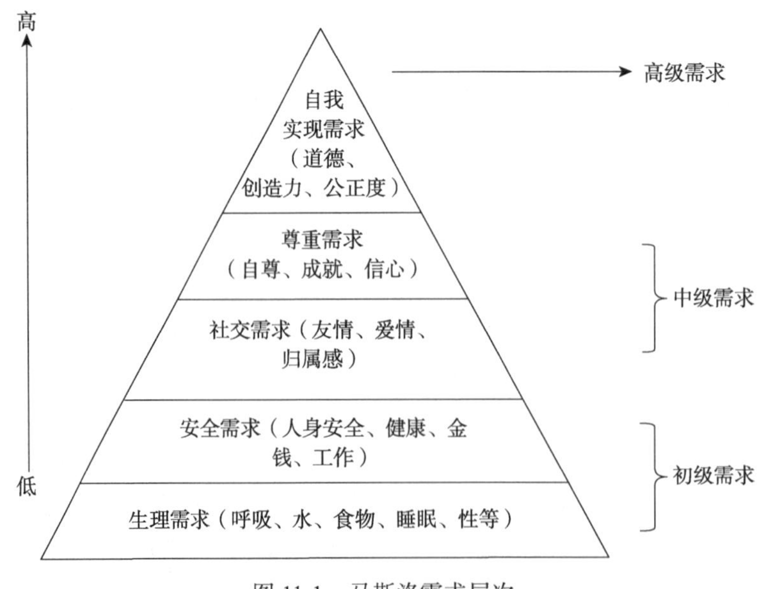

图 11-1 马斯洛需求层次

自我实现是指个体在成长中，其身心各方面的潜能获得充分发展的过程和结果，也就是说，个体本身生而具有但潜藏未露的良好品质得以在现实生活中充分展现出来。马斯洛认为，自我实现的需要是人人对于自我潜能发挥和完成的欲望，是一种使个人潜力得以实现的倾向，这种倾向使一个人越来越成为独特的那个人，成为他所能够成为的一切。

（二）罗杰斯的以人为中心的治疗理论

罗杰斯坚持“人之初，性本善”的人性假设，认为人是诚实的、善良的、可以信赖的，某些“恶”的特性是由于防御的结果而并非本性。

罗杰斯强调要以积极角度看待来访者，相信个体会向功能充分实现的方向发展，在咨询或治疗过程中要以来访者为中心，尊重来访者。心理咨询或治疗的目的不仅是帮助来访者解决问题，更在于帮助来访者的个人成长，从而使他们成为充分发挥作用的人，能更好地解决他们目前以及将来面临的问题。他注重创造一个足够安全的环境，以便消除人们对于这些表面事物的需要，帮助来访者脱离虚假的自我，走向真实的自我。

（三）萨提亚模式

萨提亚既是一位女士的名字，也代表以维吉尼亚·萨提亚名字命名的一种成长模式。对于人的心理问题，萨提亚用了一个非常形象的比喻：这就像一座漂浮在水面上的巨大冰山，能够被外界看到的行为表现或应对方式，只是露在水面上很小的一部分，而暗藏在水面之下更大的山体，则是长期压抑并被我们忽略的“内在”。揭开冰山的秘密，我们会看到生命中的渴望、期待、观点和感受，看到真正的自我。心理咨询师需要做的工作是透过来访者的表面行为，去探索来访者的内在冰山，从中寻找出解决之道——每个人都有自己的冰山，认识到自己的冰山，你的人生就会改变！

扩展阅读 11-4　心理探索：萨提亚模式的五种沟通模式姿态

在咨询过程中，萨提亚强调要重点创造一种情境，让来访者感受到充分的自尊与自信，鼓励来访者重视内在和谐，做自己的主人。咨询师应将重点放在提高来访者的自尊、改善沟通等方面，而不只求消除“症状”，最终使来访者达到“身心整合，内外一致”的状态。

三、认知行为疗法

认知行为疗法将行为疗法与认知疗法加以整合，提出人们对事件的认知影响着他们的情绪与行为，通过改变不合理认知，可以减轻负性情绪。同时，行为对思维和情绪也有强有力的影响，通过改变行为也会促进不合理认知的改变。认知行为疗法首先使用认知技术，帮助来访者修正不合理信念。人的认知、情绪、行为、生理机能与环境是相互作用的，在咨询过程中要系统考虑各个方面，才能产生高效、有益的变化。

（一）识别负性自动思维

负性自动思维是每时每刻都会对情绪有直接影响的一种思维，它们自动产生，不需要任何努力，是对特定时间或情形的特殊思维模式，它的发生短暂又频繁，且人们习以为常，以至于很难被注意到。

比如望梅止渴。如果一个成人之前吃过梅子，再看到梅子时，会口舌生津，产生止渴的效果。如果一个孩子没有吃过梅子，看到梅子就不会有这种感觉。这是因为在成人看到

扩展阅读 11-5 心理探索：你有认知歪曲吗？

梅子时，脑海中会产生自动思维，“梅子是酸的”，因此成人只是看到梅子就会有止渴的效果，而孩子却不会有这种情况。

让我们假设一种情境：你站在拥挤的车上，有人后退踩到你的脚，很痛。你脑海中产生的第一个自动思维是“这人真讨厌，踩我了”，心里充满愤怒。然而如果这个人转过身来，你发现他拿着盲杖，竟是个盲人。这时，你的自动思维也许发生了变化，“他踩我也情有可原”，而你的情绪也随之变化。因此，当一件事发生的时候，你必须在产生情绪反应之前，弄清到底是怎么回事。改变对情境的看法，情绪也会随之变化。

（二）探索核心信念

负性自动思维的另一端就是核心信念，它代表了一个人的“底线”，是关于自身、他人以及一般世界的基本信念。多数情况下，需要通过观察一个人独特的思维与行为来进行推断。与负性思维不同，它们不随时间和情境的改变而发生变化。负性核心信念大多数和早年的成长经历有关。与自动化思维不同的是，核心信念深藏在人的内心，不容易被清楚地表达，一般在治疗中和治疗师持续探询，才能了解。

比如社交焦虑症患者的社交紧张，自动思维可能是“大家都在看我，我表现不好”，深入探究之后发现，核心信念可能是“我不够好，大家不会喜欢我”。抑郁的核心信念一般是“我是不受欢迎的，无能的，失败的”“这个世界是危险的”“未来是糟糕的，我无法改变”等。

（三）检验核心信念的真实性，形成新的观点

识别认知偏见。当来访者可以熟练地意识到自己的自动思维，并能总结出核心信念后，通过简单的逻辑分析，就能意识到认知的不合理性。咨询师将通过提问、举例、权衡利弊分析等方式引导来访者对不合理认知产生挑战，使来访者对负性思维和信念形成更加客观和开阔的视野。之后，咨询师引导来访者思考、重新认识不合理认知，使来访者针对问题形成新的视角。

（四）正视问题，利用行为实验，强化修正的核心信念

引导来访者将不合理认知看作无益但可以理解的想法，考虑这些想法的效用和正确性，考虑最坏的结果，并制订解决方案。通过行为实验检验对其他可能的核心信念的预测。核心信念很牢固，可能需要好几个月才能得以修正。

比如“别人爱批评我”这个核心信念，来访者可以搜集证据，并记录下来，同时询问身边朋友的真实想法。通过分析这些数据可能会发现：确实有些人爱批评，但是大多数朋友对别人的观点相当宽容。最后，核心信念被修正为“有些人会严厉地批评别人，但大部分人还是很宽容的”。

第三节　照亮心路：如何运用心理咨询资源

在大学校园中，同学们面临着学业压力、人际关系、职业规划等诸多挑战。这些挑战可能会引发各种心理困扰，如焦虑、抑郁、迷茫等。本节将详细介绍大学生如何有效运用

心理咨询资源，让心理求助成为自我发展的重要助力。

一、认识心理咨询资源

（一）校内心理咨询中心

1. 功能与服务

校内心理咨询中心是专门为学生提供心理支持的机构。它通常配备专业的心理咨询师，能够提供一对一的心理咨询、团体辅导、心理测评等多种服务。例如，当你感到焦虑或抑郁时，可以预约咨询师进行面对面的交流，咨询师会运用专业知识帮助你分析问题的根源，并提供有效的解决策略。

2. 隐私保护

隐私保护是心理咨询的重要原则。咨询师会严格遵守保密规定，不会将你的个人信息和咨询内容泄露给他人。除非涉及法律要求或危及他人安全等特殊情况，否则你可以放心地在咨询中心表达自己的内心世界。

3. 如何预约

一般可以通过学校的心理咨询中心网站、微信公众号或直接前往心理咨询中心进行预约。预约时需要提供个人信息、咨询问题的大致描述以及期望的咨询时间。咨询中心会根据你的需求安排合适的咨询师和咨询时间。

（二）校外心理咨询机构

1. 专业优势

校外心理咨询机构通常拥有更丰富的专业背景和经验。它们可能专注于某些特定的心理问题。如果你的问题较为复杂或需要更专业的干预，校外机构可能是不错的选择。

2. 选择建议

选择校外心理咨询机构时，要注意其资质和信誉。查看机构是否具备合法的营业执照和心理咨询资质证书，了解咨询师的专业背景和经验。

费用也是需要考虑的因素。校外心理咨询机构需要收费，但不同的机构和咨询师之间价格差异较大。在选择时，可以根据自己的经济状况和需求进行权衡。

（三）线上心理咨询平台

1. 便捷性与多样性

随着互联网的发展，线上心理咨询平台为学生提供了更加便捷的心理求助渠道。通过手机或电脑，你可以在任何时间、任何地点与咨询师进行交流。这种形式特别适合那些时间安排紧张或羞于面对面咨询的学生。

2. 注意事项

线上咨询的安全性和隐私保护是需要关注的问题。在选择平台时，要确保其具有合法的运营资质和严格的信息安全措施。正规的平台会对咨询记录进行加密处理，并且咨询师也会遵守保密原则。

由于线上交流缺乏面对面的互动，可能会对咨询效果产生一定影响。例如，咨询师无法通过肢体语言等非言语信息更全面地了解你的情绪状态。因此，在选择线上咨询时，要清楚其局限性，并与咨询师保持良好的沟通，以确保咨询效果。

二、如何有效利用心理咨询资源

（一）主动寻求帮助

1. 克服心理障碍

很多学生在遇到心理问题时，会因为羞耻感、担心被他人评判等心理障碍而不敢寻求帮助。然而，心理问题就像身体疾病一样，需要及时治疗。要认识到寻求心理咨询是一种积极的自我关爱行为，它体现了你对自己心理健康的重视。

2. 及时识别问题

学会识别自己可能存在的心理问题是非常重要的。当出现以下情况时，可能是需要寻求心理咨询的信号：持续的情绪低落或焦虑，超过两周；睡眠质量严重下降，如失眠、多梦、早醒等；在学习或生活中出现明显的注意力不集中、记忆力减退；与他人关系紧张，经常发生冲突；出现自我否定、自暴自弃的想法等。

（二）积极参与咨询过程

1. 建立信任关系

咨询师是帮助你解决问题的伙伴，与咨询师建立良好的信任关系是咨询成功的关键。在第一次咨询时，可能会感到紧张或不适应，但要努力放松自己，尝试与咨询师进行交流。咨询师会通过专业的引导和温暖的态度来帮助你建立信任。

如果在咨询过程中感觉与当前咨询师不太匹配，例如沟通不畅、咨询师的风格不符合你的期望等，不要害怕提出更换咨询师的请求。不同的咨询师有不同的咨询风格和方法，找到适合自己的咨询师可以获得更好的咨询效果。

2. 真诚表达自己

在咨询过程中，要尽可能真诚地表达自己的想法、感受和经历。不要隐瞒或夸大问题，因为只有咨询师全面了解你的情况，才能为你提供准确的分析和有效的建议。例如，当你感到焦虑时，详细描述焦虑发生的场景、频率、伴随的情绪和身体反应等，有助于咨询师更好地理解你的焦虑问题。

如果在咨询过程中产生了一些新的想法或感受，也要及时与咨询师分享。咨询是一个动态的过程，你的反馈可以帮助咨询师更好地调整咨询策略。

3. 积极参与咨询活动

咨询师可能会根据你的问题为你制定一些咨询活动或练习，如情绪调节训练、认知行为疗法中的行为实验等。要积极参与这些活动，并按照咨询师的指导认真完成。这些活动是咨询过程中不可或缺的一部分，它们可以帮助你更好地理解和解决自己的问题。

除了咨询过程中的活动，咨询师还可能会建议你在日常生活中进行一些自我调整和实践。例如，通过学习时间管理技巧来缓解学业压力，尝试利用新的社交方式来改善人际关系等。要将咨询中学到的知识和方法应用到实际生活中，这样才能真正实现心理问题的改善和个人成长。

课堂活动 11-1

心理活动：角色扮演

形式：将学生分成若干小组，每组 4~5 人，分别扮演咨询师、来访者、观察员等角色。

内容：模拟一个大学生常见的心理困扰场景，如考试焦虑、宿舍人际关系紧张等，由来访者阐述问题，咨询师运用所学知识进行回应和引导，观察员记录互动过程中的亮点和问题。

每组表演结束后，小组成员共同反思和讨论，分享各自的感受和体会，教师进行点评和总结，强调正确的咨询技巧和应对方法。

（三）持续关注自我成长

1. 巩固咨询成果

心理咨询是一个长期的过程，即使在咨询结束后，也需要持续关注自己的心理状态，巩固咨询成果。可以通过写日记、定期自我反思等方式记录自己的情绪变化和成长经历。当再次遇到类似的情绪问题或心理困扰时，回顾咨询过程中的经验和方法，提醒自己如何应对。

如果在咨询后发现自己的问题仍然存在或出现了新的问题，不要犹豫，再次寻求帮助。心理问题是复杂的，可能需要多次咨询才能得到彻底的解决。同时，也可以通过参加心理健康讲座、阅读心理健康书籍等方式，进一步提升自己的心理健康知识和自我调适能力。

2. 培养积极心态

心理健康不仅仅是解决心理问题，还包括培养积极的心态和良好的心理素质。在日常生活中，要学会感恩、乐观、宽容等积极的心理品质。例如，每天花几分钟时间思考自己当天的收获和值得感激的事情，培养感恩的心态；用积极的视角看待生活中的困难和挫折，将其视为成长的机会，培养乐观的心态。

参加社团活动、志愿服务等也是培养积极心态的好方法。这些活动可以帮助你拓展人际关系，增强自信心，提升自我价值感，从而促进心理健康。

心理拓展

心理咨询前该做哪些准备？

心理有问题去看心理医生，如同躯体有病去看大夫。但由于人们对心理咨询了解不多，以至于把看躯体疾病的习惯用于看心理医生，影响了咨询效果。所以去咨询前，最好先了解一些咨询常识。

1. 来访者本人要有心理咨询的愿望。心理咨询是以语言沟通为基础，这种沟通是建立在来访者对咨询师的信任和自愿的基础上的。若来访者没有沟通的愿望或是被亲友带领至此，是不会自愿地谈及真实的自我的，咨询效果会受到影响。

2. 来访者不必担心谈话内容被泄露。咨询师工作的原则之一是为来访者保密，有些来访者因有这种担心，咨询时往往隐去某些问题，不利于咨询师做出诊断和提供帮助。

3. 来访者最好有自助意识。心理咨询除了有心理咨询师的启发引导，还需要来访者积极主动配合。有的来访者没有这种意识，在咨询后对咨询师布置的作业不配合完成。如对恐怖症患者的治疗是先练习放松法，再进行系统脱敏疗法，这是一个连贯程序，有的来访者回家不练习，总想在咨询师那里讨一种简单的治疗方法或药物，导致咨询半途而废。

4. 来访者勿急于追求效果，欲速则不达。心理问题、心理疾病不是一天两天形成的，它可能是多种原因造成的。比如人际交往障碍，有的来访者出现障碍的原因是性格偏内向、口吃、怕别人讥笑、拒绝与人交往等，咨询时首先要打破这一循环链，使来访者改变对口吃的认识，消除紧张焦虑情绪，学习与人交往的方法技巧。这是一个积累的过程，并不是短期就能达到的。还有些心理问题或疾患需要有关人员同步参与咨询，如孩子的问题父母参与、婚姻问题夫妻参与等。

5. 理解咨询的时间限定。咨询时间约 50 分钟，若时间长、内容多，不便于来访者清晰地理解和接受主要问题的核心部分。

问题思考

1. 通过本章的学习，你对心理咨询有了哪些新的认识？

2. 如果自己或身边的同学出现心理问题，应该如何正确看待和应对？如何消除对心理咨询的误解和污名化？

3. 心理咨询与辅导对大学生的个人成长有哪些积极影响？结合自身经历，谈谈你对自我认知和自我成长的理解。

推荐阅览

[1] 钱铭怡. 心理咨询与心理治疗[M]. 北京：北京大学出版社，2016.

[2] 杨凤池. 咨询心理学[M]. 北京：人民卫生出版社，2018.

[3] 岳晓东. 登天的感觉：我在哈佛大学做心理咨询[M]. 北京：民主与建设出版社，2023.

[4] 推荐影片：《心灵捕手》《美丽心灵》《飞越疯人院》《爱德华大夫》《当尼采哭泣》。

即测即练

自学自测

扫描此码

参 考 文 献

[1] 习近平. 高举中国特色社会主义伟大旗帜 为全面建设社会主义现代化国家而团结奋斗：在中国共产党第二十次全国代表大会上的报告[N]. 人民日报，2022-10-26(001).

[2] 中共中央，国务院. 深化新时代教育评价改革总体方案[EB/OL]. (2020-10-13) [2025-04-10]. https://www.gov.cn/zhengce/content/202010/content_5567871.htm.

[3] 国务院. 国务院关于实施健康中国行动的意见（国发〔2019〕13 号）[EB/OL]. (2019-07-15) [2025-04-10]. http://www.gov.cn/zhengce/content/2019/07/15/content_5429115.htm.

[4] 教育部等十七部门. 全面加强和改进新时代学生心理健康工作专项行动计划（2023—2025 年）[EB/OL]. (2023-05-11) [2025-04-10]. http://www.moe.gov.cn/jyb_xwfb/gzdt_gzdt/s5987/202305/t20230511_1059224.html.

[5] 中共教育部党组. 高等学校学生心理健康教育指导纲要（教党〔2018〕41 号）[EB/OL]. (2018-07-04) [2025-04-10]. http://www.moe.gov.cn/srcsite/A12/moe_1407/s3020/201807/t20180713_342992.html.

[6] 朱永新. "五育并举"构建一体化青少年心理健康教育体系——关于青少年心理健康教育问题的探讨[J]. 苏州大学学报（教育科学版）. 2025, 13(1): 6-17.

[7] 俞国良. 心理健康问题的当代诠释：学理与系统视角[J]. 北京师范大学学报(社会科学版). 2024, (2): 29-43.

[8] 陶进，马建青. 新时代我国高校心理健康教育的新发展[J]. 学校党建与思想教育，2024(11): 84-88.

[9] 俞国良. 大学生心理健康[M]. 北京：北京师范大学出版社, 2022.

[10] 方晓义，夏翠翠. 大学生心理健康教育[M]. 北京：人民邮电出版社, 2022.

[11] 彭彪. 高校心理健康教育实效性研究[M]. 北京：九州出版社, 2023.

教师服务

感谢您选用清华大学出版社的教材！为了更好地服务教学，我们为授课教师提供本书的教学辅助资源，以及本学科重点教材信息。请您扫码获取。

教辅获取

本书教辅资源，授课教师扫码获取

样书赠送

公共基础课类重点教材，教师扫码获取样书

清华大学出版社

E-mail: tupfuwu@163.com
电话：010-83470332 / 83470142
地址：北京市海淀区双清路学研大厦 B 座 509

网址：https://www.tup.com.cn/
传真：8610-83470107
邮编：100084